세계교육·비교교육 총서 **2** World Education & Comparative Education

세계의 교육제도와 교육개혁
아시아·오세아니아를 중심으로

한국비교교육학회 편

정일환 · 권동택 · 주동범 · 윤종혁 · 곽재성 · 구자억 · 김라나 · 김병찬 · 김숙이
김지연 · 라혜수 · 박선형 · 박채원 · 백순근 · 신태진 · 신효숙 · 어규철 · 이원석
이정미 · 이한승 · 이현철 · 정동철 · 정영근 · 정종진 · 조시정 · 최영표 공저

World Education Systems and Education Reform
Asia and Oceania

학지사

🐳 머리말

우리나라 초 · 중등교육의 학업성취 수준은 세계적으로 우수하다. 이는 국제학업성취도 평가인 OECD의 PISA(Programme for International Student Assessment), 국제수학 · 과학성취도 평가인 TIMSS(Trends in International Mathematics and Science Study)의 결과에서도 잘 드러난다. 물론 학업성취도와는 대조적으로 능동적 · 창의적 학습수준을 측정하는 '자신감'과 '흥미도' 부분에서 하위권에 머무르고 있지만, 학업성취도만 놓고 본다면 세계적인 수준이라고 할 수 있다.

이러한 교육적 성과에도 한국 교육은 코로나19 팬데믹 이후 교육격차의 심화, 공교육의 경쟁력 약화 등으로 인해 교육체제를 세계 각국의 교육개혁의 흐름을 토대로 전반적으로 재진단할 필요가 있다. 특히 현재와 같은 교육 방식으로는 4차 산업혁명, 인공지능(AI) 시대에 적합한 창의적 · 융합적 사고를 지닌 미래인재를 양성하기 어려워 한국 교육에 대한 개혁의 목소리도 높아지고 있다.

이러한 점에서 한국 교육에 대한 재조명과 재설계가 필요할 것으로 판단된다. 우리나라 교육의 재설계를 위해서는 우선 다른 국가의 교육에 대한 올바른 인식과 이해가 필요하다. 세계 각국은 급변하는 4차 산업혁명, AI 시대, 디지털 교육혁신의 요구에 부응하기 위해 새로운 교육 패러다임을 구성하고, 교육개혁을 위한 다양한 노력을 기울이고 있다. 이러한 세계 각국의 교육개혁 노력을 제대로 이해하는 것은 우리 교육의 현주소를 제대로 파악하기 위한 선행조건이다.

비교교육학은 국제적 시야에서 교육 문제를 이해하고 교육 법칙을 발견하기 위한 학문적 노력이다. 비교교육은 여러 국가의 교육에서 유사성과 차이점을 만드는 요인들을 이해하기 위하여 다양한 측면에서 교육제도와 현상을 분석한다. 비교교육학을 통하여 교육의 모든 측면이 국제적 시야에서 비교될 수 있다.

한국비교교육학회는 사단법인 한국교육학회 산하의 다른 어느 분과학회보다 오랜 기간 회원들과 함께 학술·연구활동을 실천하고 있다. 한국비교교육학회는 1968년 2월 24일 유네스코회관에서 창립총회를 개최하였다. 본 학회는 창립 당시부터 세계 교육정보 교류, 세계교육학자 교류, 한국 교육의 문호개방이란 설립 취지를 살려 활동하고 있으며, 세계비교교육학회(World Council of Comparative Education Societies: WCCES)의 5개 창설학회(유럽, 미국, 캐나다, 일본, 한국) 중 하나이다. 한국비교교육학회는 1971년 전문학술지인『세계문화와 교육』을 발간한 이후 1992년부터『비교교육연구』를 정기적으로 발간하면서 한국연구재단 등재지를 유지하는 등(영문학술지 포함 연 6회 발간), 한국 비교교육학의 학문적 발전을 도모하기 위한 다양한 노력을 기울였다.

그 일환으로 2012년 한국비교교육학회는『비교교육학: 이론과 실제』의 학술 저서와 2017년『비교교육학, 접근과 방법』(번역서), 그리고 2018년 학회 창립 50주년을 맞이하여『비교교육학과 교육학』을 편찬·발간하였다. 이를 기초로 2023년 한국비교교육학회는『세계의 교육제도와 교육개혁』이라는 학술 저서 편찬 계획을 수립하였고, 이제 그 결실을 보게 되었다. 각 국가에서 연구·수학한 경험이 있는 한국비교교육학회 회원들 중 권위자들을 중심으로 집필진을 구성하였다. 그러한 점에서 이 책은 세계 주요국의 교육제도와 교육개혁 동향을 이해하는 데 도움이 될 것이며, 비교교육학 입문서로서 그 역할을 다할 것으로 기대한다.

전체 4권으로 구성된 '세계교육·비교교육 총서'의 1권은 비교교육학의 학문적 성격과 비교교육학과 교육학의 관계, 그리고 한국비교교육학회의 학회사와 비교교육학의 국제 동향을 다루고 있다. 2권은 일본, 중국, 대만, 베트남, 인도네시아를 중심으로 아시아의 교육제도와 교육개혁, 호주, 뉴질랜드를 중심으로 오세아니아 교육제도와 교육개혁의 내용을 다루고 있다. 3권은 영국, 프랑스, 독일, 핀란드, 러시아를 중심으로 유럽의 교육제도와 교육개혁을, 4권은 미국, 캐나다를 중심으로 북미의 교육제도와 교육개혁, 브라질, 칠레, 탄자니아를 중심으로 남미·아프리카의 교육제도와 교육개혁을 다루고 있다.

2권인 이 책의 내용은 아시아와 오세아니아의 교육제도와 교육개혁으로 총 7개의 장으로 구성되어 있다. 먼저 아시아의 교육제도와 교육개혁으로 제1장 일본의 교육제도와 교육개혁 동향은 윤종혁(숙명여자대학교) 연구교수, 제2장 중국의 교육제도와 교육개혁 동향은 구자억(서경대학교) 교수와 김숙이(서경대학교) 교수, 제3장 대만의 교육제도와 교육개혁 동향은 최영표(동신대학교) 전 명예교수, 제4장 베트남의 교육제도와 교육개혁 동향은 김지연(베트남 교육전문컨설턴트) 선생, 윤종혁(숙명여자대학교) 연구교수와 이한승(한국교육개발원) 박사, 제5장 인도네시아의 교육제도와 교육개혁 동향은 정동철(한국교육개발원) 박사와 윤종혁(숙명여자대학교) 연구교수가 집필하였다. 오세아니아의 교육제도와 교육개혁으로 제6장 호주의 교육제도와 교육개혁 동향은 박선형(동국대학교) 교수, 제7장 뉴질랜드의 교육제도와 교육개혁 동향은 정종진(대구교육대학교) 명예교수가 집필하였다.

모든 집필자가 해당 국가에 대한 최고의 전문가들로 구성되었지만 완벽하다고는 볼 수 없다. 앞으로 다양한 의견을 수렴하여 지속적으로 수정·보완해 나가야 할 것이다. 학회 회원과 독자 여러분의 각별한 관심과 지적으로 이 책의 미흡한 부분과 오류가 완벽하게 수정될 수 있기를 기대한다. 끝으로 이 책이 나오기까지 격려를 아끼지 않으신 학지사 김진환 사장님과 책이 곱게 편찬되도록 수고하신 편집부 직원들께도 고마움을 표한다.

2024년 10월
집필진을 대표하여 정일환, 권동택, 주동범, 윤종혁

차례

◐ 머리말 _ 3

제**1**부

아시아의 교육제도와 교육개혁

제2부

오세아니아의 교육제도와 교육개혁

제1부

아시아의 교육제도와 교육개혁

제**1**장

일본의 교육제도와 교육개혁 동향

1. 사회문화적 배경: 레이와(令和) 시대 일본형 교육의 추진

메이지유신 이후 일본의 근대교육은 150년 이상의 개혁성과를 거두고 있다. 일본의 교육은 아시아 지역을 선도하는 대표적인 성공사례로 꼽히면서도 21세기 이후 새로운 패러다임으로 전환하는 데 많은 시행착오를 겪고 있다. 그것은 특히 코로나19 대유행 시기를 겪으면서 재난에 대비하는 개혁 자체가 원점에서 새롭게 출발하는 의미이기도 하다. 배움을 통해서 학생이 즐겁고 안심할 수 있는 학교 현장과 교육의 미래를 보장하지 못하는 과정을 거치면서 특히 디지털 교육혁신을 적극적으로 수용할 수 있는 교육환경이 주목되었다. 즉, 학습과 교수활동, 포괄적인 교육활동을 건강하고 즐겁게 실천할 수 있는 여건 속에서 Society 5.0 기조의 디지털 혁신 등 미래 교육을 상징하는 변혁과 웰빙이 개혁 실천과제로 부각되었다.

이런 배경에서 2021년 1월 26일 문부과학성은 「레이와(令和) 시대 일본형 학교교육'을 구축하기 위해: 모든 아이의 가능성을 발현하고, 개별 맞춤형 배움과 협동학습의 실현」이라는 중앙교육심의회 답신을 공개하였다. 이 답신은 미래 디지털사회를 준비하는 'Society 5.0 시대'가 도래하고, 코로나19 대유행에 따른 불투명하고 예측하기 어러운 시대 상황을 교육개혁으로 극복해야 한다고 보았다. 여기에서 '일본형 학교교육'은 세계 최고 수준의 학력과 기본능력을 갖춘 일본 학생들을 위한 새로운 학습지도요령을 착실하게 준비하고, 모든 아동이 ICT를 적극 활용하여 비대면 사회에 적응하며, 풍요로운 인생을 준비하고 지속 가능한 사회를 건설할 수 있는 인재로 육성하기 위한 개혁과제를 실천하는 것을 의미한다(日本文部科學省, 2021). 학생이 풍요로운 인생을 누릴 수 있는 여건을 조성하고 미래 비대면 사회까지 적극적으로 개척할 수 있는 디지털 혁신, 지속 가능한 발전교육을 실천하는 과정에서 교육에 대한 안정적이고 안심할 수 있는 여건, 즉 웰빙을 위한 교육여건을 마련하자는 것이다.

그런데 답신은 '일본형 학교교육'을 새롭게 구축하기 위해서 현재 교육 현장이 지니고 있는 새로운 현상에 주목해야 한다고 보았다. 즉, 학교가 지역공동체의 중심 거점이 되면서 교사의 책무성과 역할이 더욱 커졌으며, 특별지원교육 대상자가 더욱 다양화되는 등 학생 특성도 다양해지고 있다. 이런 과정에서 예기치 않게 교사 소진 현상이 심각해지면서 교직에 대한 매력도 저하되고, 학교 현장은 디지털 기반 학습체제가 부진한 상황에서 교육정보화 및 인공지능 기반 교육체제를 마련하는 대책이 새로운 개혁과제로 부각되었다. 특히 코로나19 대위기와 저출산 인구감소시대를 극복하기 위한 새로운 교육전략은 교육의 질을 안정적으로 보증하는 시급한 실천조치를 강조한다. 결국 답신은 현재 일본의 학교교육 현장이 자연재해에 따른 후유증과 배움 공동체가 붕괴되고 있음을 우려하였다.

그러므로 일본형 교육이 적극적으로 학교 현장에 실천되는 과정과 성과로서 웰빙이 새로운 가치관으로 중시되었다. 이런 웰빙을 지향하는 교육은 사회 다양화 현상, 즉 장애 유무와 연령, 문화적·언어적 배경, 가정환경 등과 관계없이 누구나 공정하고 활기차게 인생을 누릴 수 있는 공생 사회를 실현하도록 한다. 특히 웰빙적인 교육 가치와 디지털 교육혁신이 적합하게 결합·혼융됨으로써 인간의 정신과 신체, 사회를 일체적으로 발전시키고 학생의 배움에서 가장 중요한 미래 성장역량이 될 수 있다. 사실상 웰빙을 통한 교육개혁은 이미 2010년대 초반부터 지속적으로 추진된 다양한 교육혁신 조치 속에서 전개된 내용이 체계적으로 계승되어 통합하는 과정 자체라고 볼 수 있다.

2. 교육제도 및 교사교육

1) 최근 일본의 학제 동향

일본의 기본학제는 1945년 제2차 세계대전 패전 이후 미군정청이 진행한 개혁을 통해 미국식 단선형 학제를 받아들였다. 그로부터 대략 80년 가까이 지난 현시점에서 초등 6년, 중학교 3년, 고등학교 3년, 대학 등의 고등교육기관 4년을 중심으로 하는 체제는 큰 변화가 없다고 볼 수 있다(다음의 [그림 1-1] 참조 요망). 그럼에도 불구하고 그간 여러 번에 걸친 개혁을 통해서 초등교육과 중등교육을 다양한 방식으로 연계하는 전략을 추진하고, 특히 2000년대 이후로는 고교와 대학 간 접속·연계 전략이 본격적으로 추진되었다. 이는 주로 교육과정 편성·운영, 입학자 선발방식, 중등교육의 단위이수 방안 등과 연계된 학교교육개혁정책이라고 할 수 있다. 그래서 글로벌 교육개혁 동향을 반영하고 미래 인재 양성전략 차원에서 초등 및 전기 중등교육, 즉 소학교와 중학교를 연계하는 9년제 의무교육학교, 그리고 중학교와 고등학교를 연계·접속하는 6년제 중등교육학교가 운영되기도 한다.[1] 이 경우, 의무교육학교는 6년의 전기과정(소학교 과정)과 3년의 후기과정(중학교 과정)으로 구성되며, 중등교육학교는 각각 3년의 전기과정(중학교) 및 후기과정(고등학교)을 포함한다.

이와 같은 기본학제는 2006년 1월 18일 정부가 제안한 '교육개혁을 위한 중점행동계획'을 기반으로 확립되었다. 이런 중점행동계획은 새로운 시대의 의무교육을 창조하고, 활력 있는 인재를 육성하며, 충실한 교육 조성을 위해 환경을 정비하고, 가정·지역의 교육력을 향상시키기 위해 다음과 같은 4대 추진전략을 구축하였다. 첫째, 교육전략은 의무교육의 사명과 제도 운영의 탄력화에 중점을 두고 있다. 그런 관점에서 설립주체별로 소학교와 중학교를 연계·병합·제휴하여 9년제 의무교육학교를

---

[1] 2000년대 중반 이후 문부과학성은 교육력 제고 및 학생의 '살아가는 힘'을 육성하기 위해 「교육기본법」을 개정하는 배경에서 초·중등교육 연계 및 중등통합교육 등을 추진하였다. 그러나 이미 1980년대 이후부터 본격적으로 유아 및 초등·중등교육과정까지 통합·연계한 12년 교육과정을 운영하는 학력지향 방식의 사립학교(학원)가 학부모들의 호응을 받으면서 이런 전략이 공교육에 일부 반영된 것으로 볼 수도 있다(윤종혁, 1997: 108-116; 윤종혁, 2007: 36-64).

운영하고 있으며, 유치원과 보육시설을 병합·운영하는 유보연계형 인정 어린이원도 본격적으로 운영하였다. 둘째, 교사 전략은 주로 교원양성·자격제도를 개혁하고, 교원평가의 개선을 통해 다양한 인재가 학교 현장에 등용될 수 있도록 한다. 그래서 교직 과정의 질적 수준을 향상시키기 위한 '교직대학원' 제도를 운영하였다.

셋째, 지방·학교전략은 학교 및 교육위원회의 조직운영을 개혁하고, 국가와 지방 간 혹은 광역자치와 기초자치 간 관계·역할을 개혁한다. 즉, 학부모·지역주민이 학교 운영에 참여하는 등 학교운영협의회 제도와 커뮤니티 스쿨(Community School)

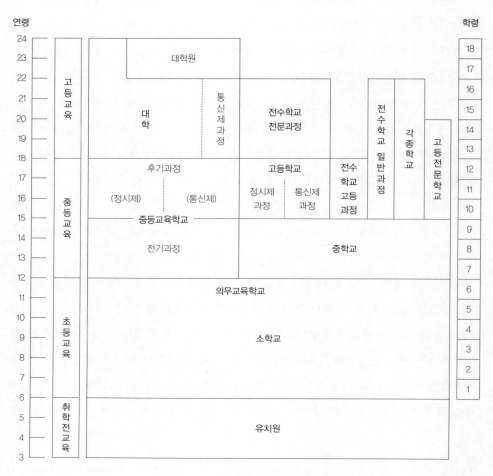

[그림 1-1] 최근 일본의 학제 구도

주: 기존 중등교육학교 이외에 '소학교와 중학교' 혹은' 소학교와 중등교육학교 전기과정'이 연계한 학교유형으로서 '의무교육학교'가 새로운 학교유형으로 추가되었음.
출처: 한국교육개발원(2006: 115) 재인용.

제도를 본격적으로 학교 현장에 적용한다. 넷째, 교육조건 전략은 주로 의무교육비 국고부담제도를 개선하여 지방의 자율재량을 확대하도록 한다. 이런 중점행동계획 은 이후 내각자문기구인 '교육재생회의(2006. 10.~2008. 1.)' 및 '교육재생실행회의 (2013. 1.~2021. 12.)', 그리고 현재의 '교육미래창조회의'(2021. 12.~2023. 현재)까지 핵심 개혁전략으로 계승되었다.

2) 유·초·중등교육 변화와 새로운 과제

(1) 2023년 어린이가정청의 발족과 유치원 교육 쟁점

대체로 유아기는 전 생애에 걸쳐 인격을 형성할 수 있는 기초를 마련하는 중요한 시기이다. 그런 측면에서 일본 정부는 유아교육에 정책적으로 많은 배려를 하고 있 으며, 이와 관련된 교육기관으로서 유치원과 보육소 등을 두고 있다.[2] 유치원은 만 3세부터 초등학교에 입학하기 전까지의 모든 아동이 입원할 수 있는 학교이다. 특히 최근에는 유치원과 보육소가 연계·제휴하여 시설과 교원, 지원인력 등을 연계·제 휴하여 운영하는 유보연계형 인정어린이원이 유아교육의 중심 역할로 부각되고 있 다(김지영, 2023. 6. 14.). 2021년 5월 1일 현재 일본은 15,687교의 유치원 및 유보연계 인정어린이원에서 약 180만 명의 유아가 재원하고 있다(日本文部科學省, 2021). 일본 의 5세 유아 중에서 약 56%가 유치원 및 유보연계형 인정어린이원에 입학하고 있다.

일본 정부는 유아교육의 중요성을 강조하여 2006년 12월에 개정한 「교육기본법」에 서 '유아기의 교육'이라는 조항(제11조)을 신설하였다. 유아기는 유아의 인격 형성에 중요한 시기이므로 국가 및 지방공공단체가 나서서 유아가 건강하게 성장할 수 있는 양호한 환경과 적정한 방법을 통한 교육실천을 주도해야 한다고 보았다. 이에 따라서 2007년 6월에 개정한 「학교교육법」도 학교종별로 규정하는 순서에서 유치원을 최초로

---

2) 일본의 유치원과 보육소는 여러 측면에서 차이가 있고 소관 부처도 다르다. 만 3~5세 유아를 대상으로 하 는 유치원은 「교육기본법(敎育基本法)」에 근거하고 있으며 '문부과학성(文部科學省)'이 소관하는 기관으로 '교육'을 목적으로 하는 교육시설이기 때문에 '유치원 교사' 자격증을 소지한 직원이 '유치원 교육요령(幼稚 園敎育要領)'에 따라 과정을 지도한다. 반면, 만 0~5세 영유아를 대상으로 하는 보육소는 「아동복지법(兒 童福祉法)」에 근거하고 있으며 '후생노동성(厚生勞働省)'이 소관한다. 설치목적은 '보육'이므로 '보육사' 자 격증 소지자가 '보육소 보육지침(保育所保育指針)'에 따라 보육을 실시한다(김지영, 2023. 6. 14.).

변경·규정하고, 유치원의 목적과 목표, 가정과 지역사회에서 유아교육을 지원하는 규정을 신설하며, '위탁보육' 등을 적정하게 제안하였다(日本文部科學省, 2022. 12. 19.).

　　현재 일본은 유아교육 실천계획에 따라 다음과 같은 몇 가지 과제를 추진하고 있다. 첫째, 유치원의 교육내용을 충실하게 개선하여 유치원과 소학교 연계교육을 모색하고 있다. 그래서 유치원 교육은 규범의식과 사고력이 형성될 수 있는 기초적인 여건을 확보하며, 유치원과 가정교육을 연결하는 '위탁보육'사업 등도 본격적으로 추진하고 있다. 둘째, 유치원에 취원하는 사업을 장려하기 위하여 정부 차원에서 유치원 교육경비를 일부 보조하고 있다. 유치원에 자녀를 취원시키는 학부모의 교육비 부담을 경감하는 방안으로서, 특히 다자녀 가구에 대한 집중적인 경제 지원방식을 강조하고 있다. 셋째, 유치원·보육소와 소학교 간의 교육적인 연계를 위한 교류활동을 강조하고 있다. 교사 간 교류 및 교육과정 연계사업, 그리고 맞벌이 가정 등을 배려하는 차원에서 인정어린이원 운영을 위한 보육교사 제도를 신설하였다. 이 보육교사는 유치원 교사 면허와 보육사 자격을 모두 갖추어야만 인정어린이원 교사로 활동할 수 있도록 조치하였다(日本內閣官房こども家庭庁, n.d.).

　　2023년 4월 일본정부는 저출산 사회 문제를 극복하고 본격적인 아동정책 및 육아정책을 통합 추진하기 위해 어린이가정청을 신설하고, 저출산 대책과 육아, 청소년 문제 등에 집중하고 있다. 또한 어린이가정청은 현재의 보육과 유아교육이 후생노동성과 문부과학성으로 양분된 체계를 통합하기 위해 우선적으로 '유보연계형 인정어린이원'을 통괄 관리하고 있다(日本內閣官房こども家庭庁, n.d.). 그러나 당초 어린이가정청이 보육소, 유치원, 인정어린이원의 업무를 모두 통합하여 유보일원화가 더욱 촉진될 것으로 기대했다. 그러나 이관을 예정 중인 내각부와 후생노동성과는 달리 문부과학성은 유치원과 초·중등교육의 업무를 모두 이관하면 어린이가정청이 부담될 것으로 보고 '연계' 수준에 머물기로 하면서 유보일원화 논의가 미루어지고 있는 실정이다(김지영, 2023. 6. 14.).

(2) 학습지도요령 개편을 통한 초·중등교육 활성화

　　문부과학성은 초·중등교육을 통해 학생 개인의 인격을 완성하고, 미래에 걸쳐 행복한 생활을 준비·실천하는 것을 지향하고 있다. 특히 최근에는 세계화 및 지식 기반사회의 도래, 저출산 고령화가 진전되는 급속한 사회 변화에 따라서 미래 교육혁신

전략이 추진되고 있다. 2018년 이후 학습지도요령을 개정하는 주된 논리 배경도 정보기술이 급격하게 진전하는 사회적 변화를 통해 인공지능(AI)이 비약적으로 진화하고, 세계화가 진전하는 과정에서 복잡하고 예측하기 어려운 미래 VUCA³⁾ 시대를 대비하는 것에 두고 있다. 그러므로 모든 학생이 자신의 장점과 가능성을 분명하게 자각하고 타인을 가치 있는 존재로 존중하고 다양한 사람들과 협동하면서 다양한 사회적 변화를 극복하고 풍요로운 삶을 개척하여 지속 가능한 사회를 창조할 수 있도록 해야 한다.

그래서 문무과학대신 자문기구 중앙교육심의회는 학생이 미래를 개척하기 위해서 필요한 자질·능력을 확실히 육성하기 위한 전략으로서 2016년 12월 「유치원, 초등학교, 중학교, 고등학교 및 특별지원학교의 학습지도요령 등의 개선 및 필요한 방책 등에 대하여(답신)」를 문부과학성에 제출하였다. 이를 근거로 하여 2017년부터 2019년까지 본격적으로 학습지도요령을 개정하였다. 이런 학습지도요령은 2018년 4월부터 유치원에서 실천·적용하였고, 이후로 초등학교는 2020년 4월, 중학교는 2021년 4월부터 전면적으로 적용한 후에 2022년 4월부터는 고등학교에서 연차적으로 진행하고 있다. 또한 특별지원학교(한국의 특수학교)에 대해서도, 유·초·중·고등학교 학습지도요령에 준하여 실천·적용하고 있다.

문부과학성은 이런 배경 속에서 초·중등교육에 대한 중요한 정책 과제를 실천하고 있다. 첫째, 학생의 교육기회를 확보하고, 교육수준을 유지·향상시키기 위해 학습지도요령을 기준으로 학교교육을 실천한다. 둘째, 교사의 교육현장 복지와 학교교육 교수학습역량을 촉진시키기 위한 혁신 방안으로서 학교의 근무방식에 대한 개혁을 본격적으로 추진한다. 셋째, 교육을 통한 미래 국가발전의 근간을 확보하기 위해 교육체제를 획기적으로 개편한다. 즉, 과학기술인력을 집중적으로 양성하기 위해 과학·수학교육에 중점을 두며, 글로벌 미래사회에 적합한 인재를 육성하기 위해 국제교육과 진로교육, 직업교육을 내실 있게 운영하는 방향으로 고등학교 개혁도 본격 추진한다. 넷째, 학교경영과 관련하여 교사의 자율성을 보장하고, 저출산 추세에 대

---

3) 미국 국방성의 미래 예측전략에서 출발한 개념으로서 미래 사회 그 자체가 급속하게 변화하면서(volatility), 불확실한 상황이며(uncertainty), 복잡한 관계 속에서(complexity), 결정하기가 쉽지 않은 모호한 환경(ambiguity)이라는 가상설정 시나리오에서 착안한 각 어두에서 'VUCA'라는 개념이 나왔다.

응하는 방식으로 활력 있는 학교 만들기 사업을 중점 추진한다. 그래서 학생의 따돌림·부등교 현상 등을 대비하고 예방하기 위한 교수학습활동 및 진로교육, 도덕교육을 충실하게 운영하고, 학생의 건강과 안전을 확보하며 교사가 배려하는 생활지도와 인권교육, 지속가능발전교육 등을 적극적으로 실천한다. 특히 최근의 교육웰빙과 디지털 교육혁신을 새롭게 제안·적용하면서 야간중학교를 설치하여 충실하게 촉진하고, 어린이가정청과 연계하여 유아·아동·학생에 대한 경제적 지원을 내실화하는 방안도 강력하게 추진하고 있다.

(3) 미래인재 비전에 적합한 고교체제 개혁[4]

일본 문부과학성은 2022년 2월 25일에 학교교육개혁에 초점을 맞추어 '교육진화(敎育進化)를 위한 개혁비전'을 발표하였다. 이 비전은 '단 한 명도 빠짐없이 각 개인의 가능성을 최대한 살리는 교육'과 '교직원이 안심하고 학교 본연의 업무에 집중할 수 있는 환경'을 최종 목표로 설정하였다. 그래서 핵심 의제로서 첫째, 현실세계와 디지털 간에 최적 상황으로 조합하여 가치창조적인 학습을 추진한다. 즉, 문과와 이과의 틀에 한정되지 않는 탐구적 학습과 교과융합적인 학습을 대학 및 기업과 연계하여 집중 추진한다는 것이다. 둘째, 지금까지 학교에서 충분한 교육과 지원을 받지 못한 학생에 대한 교육기회를 보장한다. 셋째, 지역 공생사회를 실현하기 위해 학교, 가정, 지역 간의 연계를 강화한다. 그래서 2024년도까지 모든 공립학교에 커뮤니티 스쿨(Community School)을 도입하고, '지역학교협동활동추진원'을 본격 배치한다. 넷째, 교직원이 안심하고 본 업무에 집중할 수 있는 환경을 정비한다. 특히 교원의 신분보장과 우대를 위한 각종 교원 관련 법안을 정비하며, 교원의 ICT 활용기술의 한계점을 해소하기 위해 '학교DX(Digital Transformation)추진본부'를 설치·운영할 것임을 강조하였다.

특히 교육과정에 대한 혁신전략으로서 지속 가능한 사회를 만들어 나갈 자질과 능력을 육성하기 위해서 지역사회와 고등학교가 협동하여 매력 있는 교육환경을 구축해야 함을 강조하였다. 상황에 따라 지역사회가 소멸할 수 있다는 우려에서 소규모

---

4) 이 소절의 내용은 필자가 2022년 8월 제주특별자치도교육청에서 발행하는 『월간 제주교육』 통권 제195호에 집필한 "일본의 신자본주의 '미래인재 비전'과 고교체제 개혁"의 내용을 수정·보완한 내용임을 밝힌다.

학교 특색화 사업을 적극 권장하기도 하지만, 공권력이 개입하여 학력제고 실적이 부진한 지역학교를 통폐합하는 강경대책까지 다양한 개혁 스펙트럼이 드러나고 있다.

이와 같은 고교특색화 개혁사업은 2022년 7월 경제산업성의 '미래인재회의'가 발표한 '미래인재 비전'을 통해서 고용과 인재 육성을 포괄하는 정책 구상에서 교육시스템을 전면 개편하는 방식으로 본격 적용되었다. '미래인재 비전'은 '기존 일본형 고용시스템을 전환'하고 '학생이 좋아하는 것에 몰두할 수 있는 교육'으로 전환해야 함을 강조하였다. 고등학교 체제는 PISA를 통해 드러난 일본 학생들의 높은 수학, 과학리터러시를 활용하여 디지털 기반 지식 습득 체계와 사회적 책무성을 절감하는 탐구력 연마방식으로 전환해야 한다. 즉, 사회 문제의 당사자로서 필요한 지혜를 축적하고 타인과 소통하는 협동학습을 통해서 창업가 교육에 관한 지식과 연계해야 한다는 것이다. 이런 교육을 통해서 육성한 인재가 바로 소득의 분배와 성장의 선순환 공유구조를 선도하는 '신자본주의' 사회를 만들 수 있음을 강조한다.

'미래인재 비전'은 기시다(岸田) 정부가 뉴노멀 일상에서 고등학교 체제가 '좋아하는 것에 몰두할 수 있는 교육으로 전환'해야 한다는 원칙에서 다음과 같은 몇 가지 시책을 제시하였다. 첫째, 교육과정을 탄력적으로 편성하고 다양한 인재와 직장인이 학교교육에 참여할 수 있는 체제를 정비하여 시공간, 교재, 교수지도 측면에서 자율적 조합을 높이는 교육체제로 전환한다. 둘째, 고등학교는 전일제와 정시제, 통신제 과정에 상관없이 필요에 따라 대면교육과 디지털시스템(온라인교육)을 조합할 수 있는 유연한 방향으로 전환한다. 셋째, 공교육 밖에서 영재교육을 하는 민간 프로그램에 대한 전국적 네트워크를 구축하고, '지식을 습득하기' 위한 기업과 대학의 강의, 연수자료 등은 디지털 플랫폼을 통해 개방하며 교원은 '학교교육 탐구력을 연마'하는데 집중한다.

이미 부등교 학생이 주류를 구성하고 있는 통신제 고등학교 과정과 보통과(일반계 고교) 교육과정은 디지털 연계망과 학교교육과정을 결합하는 방식을 본격적으로 추진하고 있다. 예컨대, 전국 단위 광역제 통신제 고교인 클라크기념국제고등학교는 전국 9개 캠퍼스를 통해서 2022년 3월 현재 매일 통학하는 '전일형(2,654명)', 온라인 학습과 대면수업을 병행하는 '온라인+통학형(829명)', 자택학습을 위주로 하는 '재택형(169명)' 과정을 동시 운영하고 있다. 현재 일본 문부과학성은 2023년도부터 2027년까지 실천하고자 하는 제4기 교육진흥기본계획을 책정하기 위해 중앙교육심의회에 자문을 요청하였다. 이 자문에서도 향후 5년간의 교육정책 방향성을 '디지털'과 '현실'의 조합, 그리고 교육 자료의 플랫폼 활용방안 등에 초점을 맞추고 있다. 이런 관점에서 제4기 교육진흥기본계획은 '초스마트 사회(Society 5.0)' '웰빙'을 실현하며, '향후 교육정책의 기본방향, 특히 디지털과 현실의 최적의 조합'과 '공생사회를 실현하기 위한 학습 충실과 환경 정비'를 꾸준하게 검토하고 있다.

3) Society 5.0 미래 시대를 개척하는 고등 · 평생교육 혁신전략

고등 · 평생교육 정책은 기본적으로 모든 국민이 출생 환경에 관계없이 의욕과 능력에 따라 대학 등의 고등교육을 받을 수 있도록 교육기회를 보장하는 측면에 중점을 두고 있다. 기본적으로 고등교육에서 중점 추진하고 있는 개혁방안을 보면 다음과 같이 정리할 수 있다.

첫째, 학생에 대한 급여장학금제도를 대폭 확충하여 학비 및 최저생활비까지 이용할 수 있도록 한다. 둘째, 대학개혁을 위한 국가의 지원체제를 구축함으로써 시대가 요청하는 인재 · 지식 거점을 형성하는 대학으로 발전시킨다. 셋째, 전문 기술인력 양성을 위해 전수학교와 각종학교 등에 대한 충실한 재정지원과 교육제도상의 필요한 조치를 강구한다. 넷째, 평생학습사회를 실현하기 위해 기술의 고도화, 전직 및 재취업 준비, 지역활동 리더의 양성, 교양강좌 등 다양한 교육 요구에 대응할 수 있는 방안을 실천한다.

또한 세계화나 저출산 고령화가 진전하는 추세 속에서 Society 5.0[5]을 완성하는 산업구조와 사회구조가 형성되는 것으로 보고 있다(日本文部科學省, n. d., 文部科學白書 2022). 그러므로 대학 등의 고등교육기관은 교육재생실행회의(2022년 이후로는 교육미래창조회의)와 중앙교육심의회 답신을 통해서 검토한 고등교육 혁신에 적극 나서야 한다는 측면이 부각되었다. 이런 관점에서 문부과학성은 2018년 11월 26일 '2040년을 향한 고등교육의 그랜드 디자인' 중앙교육심의회 답신을 기점으로 중장기 고등교육개

---

5) 2018년 이후로 일본정부가 제안한 새로운 시대 개념으로서 Society 1.0 체제가 원시수렵채집사회, 2.0 체제가 농경사회, 3.0 체제가 근대산업혁명, 4.0 체제가 1970년대 이후 정보화 시대라고 한다면, 이후 21세기의 인공지능 중심 제4차 산업혁명을 지칭하는 표현이 Society 5.0 체제라는 것이다.

혁구상을 발표하였다. 이 답신은 2040년경 사회변화의 방향은 지속 가능한 개발을 위한 목표(Sustainable Development Goals: SDGs), Society 5.0 및 제4차 산업혁명, 인생 100세 시대, 세계화, 지방창생 등의 5대 과제를 혁신하는 개혁이 요청된다고 분석하였다. 그래서 향후 고등교육의 개혁 지침으로서 다음과 같은 세 가지 방향성에 따른 실천방안이 강조되었다.

첫째, 대학의 학습자 및 연구자가 '무엇을 배우고 익힐 수 있는가'를 명확하게 제시함으로써 다양하고 유연한 교육연구 체제를 준비하는 등 질적 보증체제가 완성되어야 한다. 둘째, 2040년에는 18세 인구가 현재의 70% 수준인 88만 명까지 감소한다는 예측에 관한 교육적 위기를 극복할 수 있는 대책이 마련되어야 한다. 즉, 대학 적정화 전략과 교육연구의 질 제고 전략을 결합하여 새로운 대학개혁 방안을 마련하고, 대학의 새로운 학습자로서 사회인 및 유학생을 적극 확대·수용하도록 한다. 셋째, 각 지역 사회별로 고등교육의 그랜드 디자인을 적극 실천·수렴하는 거점이 상설화해야 하며, 각 지역사회의 요구에 부합하는 고등교육 연계·통합전략을 추진해야 한다.

이런 관점에서 고등교육을 충실하게 성공하기 위해서는 평생교육의 연계전략이 필수적인 항목으로 부각되고 있다. 또한 2020년 이후 지난 3년간의 코로나19 위기 상황 속에서 고등교육 분야도 교육봉쇄조치로 인한 대안으로서 인공지능사회를 준비하고 적응하는 디지털 교육혁신의 일환으로 Society 5.0, 그리고 온라인 교육망의 새로운 연구과제를 마련하는 등 고등교육의 영역을 확대하고 있다. 또한 포스트 코로나 고등교육체제를 준비하는 과정으로서 교육예산을 충실하게 운영하는 방식으로 2040년 고등교육의 그랜드 디자인을 설계하고 있다. 최소한 누구나 "배울 권리"를 실천한다는 측면에서 고등교육 재학생에 대한 교육비 지원정책을 획기적으로 개선하기 위한 방안도 모색하고 있다. 나아가서는 점진적인 측면에서 고등교육 연구·교육의 다양화 및 재원 확보를 통한 교육무상화 정책을 완전 실현하고자 노력하고 있다.

4) 2010년대 이후 새로운 교원정책과 교사교육

(1) 교원정책의 개혁-교원면허갱신제의 해소

법률로 정한 학교 교원은 자신의 숭고한 사명을 깊이 자각하고 끊임없이 연구와 수양에 진력하여 그 직책을 수행하여야 한다. 그러므로 학교 교원은 그 사명과 직책이 지닌 중요성에 비추어서 신분이 존중되고 적정한 대우를 마련해야 하며 양성과 연수를 충실하게 도모해야 한다(敎育基本法. 日本文部科學省, n.d.). 정부는「교육기본법」제9조에 따라서 교원이 직책을 수행하기 위하여 필요한 연구와 수양에 진력해야 함을 강조하며, 이와 관련하여 교원의 신분, 대우, 양성과 연수를 중요한 개혁항목으로 제안하고 있다.

그런 배경에서 2023년 5월 11일 국회는「교육공무원 특례법 및 교육직원 면허장법」의 일부를 개정하는 법률을 통과시켰다(日本文部科學省, 2022. 5. 11.). 이는 공립소학교 등의 교장과 교원 임명권자가 요청하는 연수 기록을 작성하고, 자질을 향상시키기 위한 지도와 조언 관련 규정을 정비하고, 그간 논란이 되었던 보통면허장 및 특별면허장의 갱신제를 발전적으로 해소하는 방안을 촉진하였다. 즉, 보통면허장 및 특별면허장의 유효기간을 특정하지 않음으로써 갱신제 관련 규정을 삭제하도록 조치한다.. 이에 따라서 충실한 연수제도를 확립하기 위하여 연수와 관련된 교장 및 교원의 상담대응 내용, 교원 자질을 향상시키기 위한 정보와 지도제언 등을 기록할 수 있는 실질적인 방식으로 연수제도를 개선한다.

이와 같은 개혁은 일단 글로벌화 및 정보화가 진전됨에 따라서 교육을 둘러싼 상황이 급변하고 있으며, 교사 자신이 주체적으로 고도한 전문직 역할을 수행할 수 있는 배움 공동체에 적극 참여하는 것에서 시작하였다. 그러므로 온라인 연수까지 포함하여 다각적인 연수 혁신방안을 실천하고, 배움 환경의 변화에 따라서 레이와(令和) 시대 일본형 학교교육을 실현하기 위한 '새로운 교사의 배움 방식'으로서 주체적인 배움, 개인별로 최적상황의 배움, 협동적인 배움이 요청된다.

(2) 교사 양성 및 채용 · 연수제도 현황과 변화

2022년 12월 19일 중앙교육심의회는「'레이와(令和)의 일본형 학교교육'을 담당하는 교사의 양성 · 채용 · 연수 등의 정상화 방안에 대해: '새로운 교사의 배움 방식'을 실현하고 다양한 전문성을 가진 질 높은 교직원집단의 형성」(이하 교사혁신 답신)이라는 답신을 제출하였다. 이는 이미 2021년 1월에 발표한 중앙교육심의회 답신 "'레이와(令和)의 일본형 학교교육' 구축을 지향하며"에서 이후 새롭게 검토할 사항으로 지적한 각 개인별 맞춤형 배움과 협동적인 배움에 따라서 '레이와의 일본형 학교교육'을 실현하기 위해 필요한 교직원 양성 · 채용 · 연수 등에 대한 정상적인 운영방안을 검토한 것이다.

　2021년 중앙교육심의회의 '교사혁신 답신'은 '레이와 시대 일본형 학교교육'을 담당할 교사 및 교직원집단의 모습을 다음과 같이 제안하였다. 첫째, 변화를 적극적으로 받아들여 평생의 교직생활을 통해서 계속 배우는 자세로 실천한다. 둘째, 학생 개개인의 배움을 최대한 끌어내는 역할을 수행하며, 학생의 주체적인 배움을 지원하는 동반자 다운 능력도 갖추어야 한다. 셋째, 교육계 내외에서 다양한 인재를 교사로서 확보하고 이들의 자질·능력을 향상시킴으로써 질 높은 교직원집단을 구축한다. 그래서 다양한 외부인재 혹은 전문스태프 등과 팀으로서 교육에 대한 힘을 발휘할 수 있도록 한다. 넷째, 교사가 창조적이며 매력적인 직무라는 것을 재인식시키고, 교사 자신도 포부와 기개를 높임으로써 자부심을 가지고 근무할 수 있다.

　현재 일본의 교육 현황은 교사가 적극적으로 실천하기에 상당히 많은 과제를 지니고 있다. '일본형 학교교육'은 학생들의 국제학업성취도가 최상위권을 유지하는 호평을 받는 상황에서 국제적으로 높은 평가를 받는 한편으로 교사의 장시간 근무가 최대 개선과제로 되고 있다. 더구나 교사가 상대해야 할 학생집단도 특별지원학생(특수교육대상 학생), 이주민·난민 배경의 외국인학생, 특정분야의 특이한 재능을 지난 학생 등으로 점점 더 다양화되고 있으며, Society 5.0 시대 인공지능사회를 준비하기 위한 교육전략이 교육과정 개편작업으로 본격화되고 있다. 이런 과정에서 임시임용 교원조차도 확보할 수 없는 교사부족 문제가 발생하는 등 학교근무방식 개혁과 관련해서도 많은 논란이 벌어지고 있다. 대표적으로 소학교 교육환경을 개선하는 과정에서 다른 국가보다 늦게 법정 인원 35명 학급 개편, 소학교 고학년 교과담임제 실시, GIGA 스쿨 개혁전략과 관련된 교사연수 제도 확충 등이 새로운 과제로 부각되었다.

　첫째, 교사양성은 교원양성학부·학과 이외에도 중학교·고등학교·특별지원학교 교사에 대해서는 다른 학과에서도 교직과정을 개설할 수 있도록 하는 개방형 체제를 구축하고 있다. 교직과정은 교과의 전문적 사항이나 지도법, 교육의 기초적인 이해 등에 대한 단위를 취득하는 것이 필요하다. 교직과정은 2~4주 정도의 교육실습이 필수사항인데, 다만 일부 단위는 학교체험활동으로도 대체할 수가 있다. 2022년 기준 국립 교원양성대학 및 학부 수는 45개이며, 정원은 11,021명, 교원 취직율(졸업생 중에서 진학자 및 기타 취업자를 제외한 인원)은 67%로서 임시채용교원까지 포함하여 2011년 71%에 비해서 4% 포인트가 감소하였다. 한편, 소학교의 초등교직과정을 가진 사립대학은 10년 사이에 30%가 늘어났으며, 2022년 기준으로 교직전문대학원도 49개 국공사립 교육기관에서 운영되고 있다. 이에 대한 대안으로서 문부과학성은 교원양성 플래그십(flagship)대학을 지정하여 교사양성 교육 및 운영체제를 혁신하고 있다.

둘째, 교원면허장은 보통면허장 이외에 특별면허장과 임시면허장이 있는데, 원칙적으로 광역자치 수준의 각 도도부현교육위원회에서 수여한다. 교직과정을 이수하면 각 도도부현교육위원회에서 보통면허장을 수여하는데, 보통면허장 소지자를 채용할 수 없는 특별한 경우에 한정하여 3년 유효기간을 두고 임시면허장을 수여할 수 있다. 한편, 특별면허장은 교과에 대한 전문적인 지식경험·기능과 사회적인 신망·열의와 식견을 가진 자에게 수여한다. 2010년 기준으로 특별면허장 수여자는 총 45명이었는데 2020년 기준으로 237명으로 약 5배 이상 늘어났다. 2020년 기준으로 보통면허장의 수여건수는 10년 전에 비해서 중학교와 고등학교 교사자격은 감소하였고, 소학교는 비슷한 수준이며 특별지원학교는 증가하였다. 비록 특별면허장의 수여건수가 늘어났지만 보유자는 상대적으로 교직계에서 소수집단이라고 할 수 있으며, 학교유형별로는 고등학교, 교과별로 보면 영어와 간호학 등에 집중되고 있다.

셋째, 교사채용은 공립의 경우는 각 교육위원회가 주관하는데, 소학교와 중학교 교사는 도도부현 및 정령시[6] 교육위원회에서 채용한다. 공립학교 교사 채용과 관련하여 2022년 기준으로 지난 10년간 채용 경쟁률은 점차 떨어지는 추세이다. 예를 들면, 2012년의 공립학교 교원채용을 위한 경쟁률은 소학교 4.4대 1, 중학교와 고등학교는 각각 7.7대 1, 7.3대 1을 기록한 반면에 2022년에는 소학교 및 중학교, 고등학교 교원채용 경쟁률은 각각 2.5대 1, 4.7대 1, 5.4대 1까지 낮아졌다. 이는 그간 베테랑급의 경력교원을 중심으로 대량 퇴직이 일어나고 특별지원학급이 급증하는 상황을 반영하여 교원채용 정원이 늘어나고 기졸업자 중심의 수험생층이 감소함에 따라 경쟁률이 완화된 것을 의미한다.

한편, 교사의 연령별 구성은 각 지역 및 학교유형별로 크게 다르다. 그러나 일부 지역의 소학교는 경력교사들이 대량으로 퇴직한 이후 채용의 절정기가 지나면서 이미

---

6) 정령시: 일본의 「지방자치법」 제252조의 19에 따라서 "정령에서 지정하는 인구 50만 명 이상의 시"로 규정된 도시를 말한다.

청년교사집단이 점유하는 비율이 높아지고 있다. 각 공립학교 교원공개채용을 준비하는 수험생 규모도 소학교는 약간 늘어났지만, 중학교와 고등학교는 감소하는 추세에 있다. 더구나 임시임용 교원이 부족한 상황에서 '교사 부족' 현상은 더욱 심각해지고 있으며, 민간기업 경력자 등의 교원임용 준비 수험생 비율이 약 4% 수준에 이를 정도로 수험생 다양화 현상도 일어나고 있다.

넷째, 교사연수는 공립학교의 경우 교육위원회가 주관 실시하고 있는데, 소학교와 중학교는 도도부현 교육위원회와 정령시 및 중핵시[7] 교육위원회에서 각각 분담하여 실천하고 있다. 임명권자인 교육위원회 등은 국가(문부과학대신)가 정한 지침을 참작하여 교원육성지표를 책정하고, 이에 기초하여 체계적인 교원연수계획을 책정한다. 이 연수제도는 2016년 「교육공무원 특례법」 개정에 따라서 새롭게 도입한 제도로서 연수를 실시하는 자는 이와 같은 연수계획에 따라서 실시해야 한다. 이때 교원임명권자인 교육위원회는 관련 대학 등과 연계하여 협의회를 구성함으로써 교원육성지표를 책정하거나 이 지표에 기초하여 교장 및 교원의 자질을 향상시키기 위한 테마에 대해 협의·조정할 수 있다.

(3) 향후 교원정책 개혁을 위한 방향과 과제

문부과학성은 교원정책의 핵심기제라고 할 수 있는 교원의 양성, 면허, 채용, 연수 등과 연계하여 교원의 대우 및 근무방식 개혁 등을 포괄하여 다음과 같은 방향으로 실천하고자 한다.

첫째, 새로운 교사의 배움 방식을 적극적으로 실현한다. 학생의 배움(수업 관점·학습 관점)과 함께 교사 자신의 배움(연수 관점)을 전환하여 교사의 새로운 배움 모습, 즉 개인별로 맞춤형 학습과 협동 학습을 충실하게 함으로써 '주체적이면서도 상호 소통하는 깊이 있는 배움'을 실현시킨다. 그래서 양성 단계를 포함한 교직생활 전체를 통한 배움에 있어서 '이론과 실천의 상호 원활한 교섭·소통'을 실현하고, 이론지식(학문적 지식)과 실천지식 간의 '이항대립' 함정에 빠지지 않도록 한다.

둘째, 다양한 전문성을 지닌 질 높은 교직원집단을 형성하도록 한다. 교사 개개인

---

7) 중핵시: 일본 「지방자치법」 제252조의 22 제1항에서 규정한 "법정인구 20만 명 이상의 시"로 정령에 따라 지정된 시를 말한다.

의 전문성을 향상시키고 다양한 전문성과 배경 경력을 가진 인재를 영입함으로써 교직원집단의 다양성을 확보하고 학교조직의 회복탄력성 및 복원력(resilience, 견인력, 堅靭力)을 향상시킨다. 학교관리직의 리더십 아래 심리적인 안정성을 확보하고 교직원의 다양성을 배려하여 자율적인 학교경영을 실현한다. 이런 관점에서 일과 여가를 조화시키는 방향으로 학교 교직원의 열악한 근무환경과 여건을 개선하는 학교 근무방식 개혁을 추진하도록 한다.

셋째, 교직 지망자의 다양화 혹은 교사의 생활주기(life cycle)에 따른 변화를 근거로 해서 교사를 육성하고 안정적으로 확보해야 한다. 그래서 다양한 교직 지망자에 대응하기 위해 교직과정의 유연성을 향상시켜야 한다. 또한 출산휴가 및 육아휴직자가 늘어나고 정년연장 등 교사 생애주기의 변화를 적극적으로 수용하여 채용이나 근무지·근무부서 배치 등에 대한 대책을 마련한다.

이와 같이 2022년 교사혁신답신은 교사가 새로운 배움의 모습을 실천하고, 다양한 전문성을 가진 질 높은 교직원집단을 형성하여 교직 지망자를 다양화 관점에 따라서 육성·안정적으로 확보한다는 세 가지 방향을 토대로 하여 다음과 같은 개혁을 목표로 하고 있다.

첫째, '레이와(令和) 시대 일본형 학교교육'을 담당하는 교사가 이에 필요한 자질능력을 갖추어야 한다. 교사가 갖추어야 할 자질능력은 '문부과학대신지침'에서 ⓐ 교직에 필요한 소양, ⓑ 학습지도, ⓒ 학생지도, ⓓ 특별한 배려와 지원을 필요로 하는 아동에 대한 대응방안, ⓔ ICT와 정보·교육데이터의 이용·활용 등의 다섯 가지 항목으로 정리하였다. 이에 따라 임명권자인 각 교육위원회는 '문부과학대신지침'을 참작하면서 교원양성지표를 변경하는 등 필요한 수정·보완조치를 실시한다. 교직과정은 이미 ⓓ의 특별한 지원아동을 위한 과목(2019년)과 ⓔ에 대응하는 '정보'과목(2022년)을 필수교과로 마련하였다. 또한 '교원양성 플래그십(Flagship)대학'을 통하여 선도적이며 혁신적인 교직과목을 연구·개발하고, 특별지원학교 및 학급, 통합학급지도(通級指導) 등을 포함하여 특별지원교육을 충실하게 운영하는 데 기여하는 방향으로 '간호·요양체험' 등의 교과목을 활용한다.

둘째, 다양한 전문성을 지닌 질 높은 교직원집단을 형성하기 위해 교직과정을 개선하고, 우수한 예비교사를 확보하기 위해 교원채용 및 유치 전략을 혁신한다. 나아가서는 학교경영전략으로서 우수한 교장을 육성하기 위한 자질능력을 명확하게 계획적으로 실천한다. 교직과정에서 다양한 전문성을 가진 교사를 양성하기 위해서는 교직에 대한 강점이나 전문성(예를 들면, 데이터 활용, STEAM 교육, 장애아동·학생의 발달 지원, 일본어 지도, 심리, 복지, 사회교육, 어학력, 글로벌 감각 등)을 체득하는 활동과 양립할 수 있어야 한다. 그래서 4년제 대학은 최단 2년간에 걸쳐 필요한 자격을 얻을 수 있는 교직과정의 특례적인 개설 혹은 이수 모델을 설정해야 할 것이다. 특히 소학교의 전문적 지도를 우선 실시하는 교과목(외국어, 과학, 산수, 체육)을 담당할 수 있는 중학교 교원양성과정을 개설하는 학과에서 소학교 교원양성과정을 설치할 수 있도록 한다. 이와 관련하여 중학교 2종면허장에 있어서 '교과에 관한 전문적 사항'의 필요과목에 대한 수정·보완이 이루어져야 할 것이다.

셋째, 교원면허갱신제를 발전적으로 해소하고 고도화된 수준으로 교원연수를 실시하며, 의무교육 9년간을 포괄하는 교원면허 개선방안을 포함한 정상화 방안을 추진한다. 2021년 11월 중앙교육심의회 통합심의서를 통해서 교원면허갱신제를 발전적으로 해소하기로 제언하였으며, 이에 따라서 2022년 5월 「교육직원면허법」을 개정하여 2022년 7월 1일부터 실행하고 있다. 그리고 연수이력을 활용하여 교사의 자질을 향상시키기 위한 지도조언 추진계획 등을 통해서 교사의 '각 개인별 맞춤형 배움'과 '협력을 통한 배움'을 충실하게 달성함으로써 '교사의 새로운 배움 모습'을 실현한다. 그래서 교사의 자질을 향상시키기 위하여 '문부과학대신지침'을 개정하여 '대화 소통과 장려권장 중심의 가이드라인'을 책정하도록 한다.

넷째, 우수한 인재를 확보할 수 있는 교원채용 방식이 재검토되어야 한다. 교원채용선발시험의 조기화 및 복선화를 포함하여 다양한 입직 스케줄과 관련하여 국가 및 임명권자, 즉 문부과학성과 교육위원회 간의 연계·제휴를 통해서 기존 일정에 대한 검토가 이루어져야 한다. 현재는 대학교 4학년 학생을 대상으로 매년 7월에 1차 시험, 8월에 2차 시험, 9~10월에 합격자 발표 및 채용을 내정하는 것이 일반적인 상황이라고 할 수 있다. 향후로는 대학 3학년 때 교직임용선발시험에 응시함으로써 2차 시험 및 집단면접 등을 1년간 유예하여 4학년 단계에서 결정할 수 있는 유연한 체제를 추진한다. 그리고 이와 관련하여 특정한 강점이나 전문성을 가진 자에 대해 특별채용선발시험 등을 별도로 실시할 수 있도록 한다.

다섯째, 다양한 전문성이나 경력배경 등을 가진 인재를 교사로서 추가 영입하기 위한 방책도 마련하고 있다. 특별면허장에 관한 운영방침을 수정·개편하여 수여기준이나 절차를 분명하게 알리고, 특별면허장 보유자가 다른 학교유형의 특별면허장을 별도로 받을 때의 기준도 명확하게 한다. 임명권자인 문부과학성은 특별면허장을 활용하여 특별채용선발시험을 적극 실시할 것을 촉진하고, 특별면허장을 활용한 입직을 지원하는 전략으로서 특별면허장을 통한 채용자 대상 연수를 적극적으로 지원·실시한다. 또한 고교 단계의 '정보' 교과에 대한 교사채용을 포함하여 교원자격인정시험을 확대하며, 중학교 면허취득자가 소학교 교원채용시험에 응시할 경우에는 일부 면제조치도 마련한다.

여섯째, 교장 등의 관리직을 육성하는 데 필요한 자질능력을 명확하게 하고 이를 계획적으로 육성해야 한다. 즉, 문부과학대신지침을 개정하여 교장의 자질능력으로서 학교경영능력, 평가, 업무추진역량(facilitation) 등을 제시하고, 각 임명권자는 교사와 별도로 교장에 관한 독자적인 육성지표를 분명하게 책정한다. 그래서 신임 교장을 대상으로 하는 연수를 충실하게 운영하는 등 학교장 자신의 배움을 적극 지원한다.

(4) 우수교원 확보를 위한 교사 육성대책

한편, 최근의 교원양성과정에서 소학교 고학년 교과전담교사를 확보하는 방안과 관련하여 의무교육 9년간을 관철하는 교원면허 정상화 방안을 마련하는 대책도 요청된다. 특히 소학교교사와 중학교교사 간의 양쪽 면허장을 병행 활용할 수 있는 방안을 촉진하도록 한다. 이런 배경에서 교직과정에서 의무교육특례를 신설 개정하였으며, 전문적 지도를 우선 실시해야 하는 교과목을 소학교 교원양성과정에도 확대 개설하는 것이 필요하다. 그러므로 교원자격인정시험에서 중학교 면허보유자가 소학교 교원임용시험에 응시할 경우에는 일부 면제조치가 이루어져야 할 것이다. 이런 취지에서 다른 학교유형의 면허장을 취득할 때 필요한 근속연수의 산입 대상을 확대하는 방안을 적용하고 있다.

이와 함께 교원양성대학·학부, 교직대학원의 고도화 및 기능을 강화하는 등 정상적인 운영방안을 추진해야 한다. 학부와 교직대학원 간의 연계·제휴 및 접속을 강화함으로써 실질적인 성과를 낼 수 있는 혁신을 추진해야 한다. 즉, 교직대학원 진학 희망자를 대상으로 하는 코스를 별도로 설정하고, 선행과정을 이수한 성과에 따라서 교직대학원의 재학연한을 단축하는 방안 등이 마련되어야 한다. 또한 교육위원회와 대학이 연계·제휴하여 교원육성협의회를 통하여 협의를 활성화하고, 교육위원회와 인사교류를 추진하며, 교육위원회와 연계 · 제휴 · 협동하여 연수프로그램 등을 본격적으로 실천한다. 그리고 교사 양성과 관계된 이론과 실천 간에 상호 소통하고 교호하는 작용을 통해서 인재육성을 위한 선순환 과정이 실현될 수 있도록 한다. 교직대학원의 배움을 살린 캐리어경로를 확립하고, 교원양성학부는 실무가교원을 등용하기 위한 구체적인 기준을 설정하고, 교수요원의 전문성 개발을 충실하게 실천한다. 궁극적으로는 교사양성 단계에서 교원취직율을 향상시키기 위한 프로그램을 조성하고, 교육위원회와 연계 · 제휴하여 지역사회의 과제를 해결하기 위한 커리큘럼을 구축하여 교원양성체제를 수정 · 개선한다. 교사 양성정원을 수정 · 개선하고 대학 간 연계 · 제휴 · 통합을 통하여 더욱 혁신적인 교원양성체제를 구축하는 것이 가장 중요한 쟁점이 되고 있다.

그리고 배움을 성찰할 수 있는 환경을 지원할 수 있도록 하며, 다양한 근무방식 등을 고려하는 등 교사를 지원하는 환경을 정비할 수 있도록 한다. 교사로서 축적한 배움을 효율적으로 활용하기 위해서 교육위원회 · 대학 · 민간 등이 제공하는 연수 콘텐츠를 일원적으로 수집 · 정리 · 제공하는 시스템으로서의 플랫폼 및 연수이력기록 시스템을 일체적으로 구축하도록 한다. 그러므로 교육위원회와 학교관리직 등은 연수이력의 기록 · 관리를 개인 목적으로 유용하지 않는 의식이 절대적으로 필요하다. 연수와 관련된 긴급교육과제로서 온라인 연수 콘텐츠도 충실하게 마련되어야 한다. 또한 교사를 위한 다양한 근무방식을 실천하고 지원하는 환경이 조성되어야 한다. 교사면허장의 효력을 상실했거나 휴면상태의 면허장 소지자가 원활하게 입직할 수 있는 환경을 촉진하기 위해 면허장 재발급 절차를 간호화하며, 소위 '페이퍼 티처'[8] 등에 대한 연수를 강화하는 혁신방안을 추진한다. 나아가서는 교사에 대한 근무방식 개혁을 강력하게 추진하여 교사의 처우 및 지위 향상, 일과 가정의 안정적이고 균형 있는 교원복지정책을 달성하도록 한다. 그래서 본격적으로 교직원 정원을 개선하고 지원스태프를 충실하게 가동하며 학교 디지털 교육혁신(Digital Transformation: DX)을 통한 획기적인 근무방식 개혁전략을 달성하고자 한다. 또한 교사 업무경감 전략과

---

8) 페이퍼 티처(Paper Teacher)는 최근 일본에서 사회문제가 되고 있는 교원 부족 현상과 관련하여 등장한 교원 면허장을 소지하고 교직에 참여하지 않는 인력을 의미한다. 이들은 교원면허장을 가진 채로 교단에 서지 않는 장롱면허 소지자이지만 교원 부족 현상을 해결할 실마리로서 아주 중요한 역할을 할 수 있는 집단으로 상정되고 있다(日本文部科學省, 2019. 1. 25.).

연계하여 커뮤니티 스쿨과 지역학교협동활동을 일체적으로 추진하는 등 교사의 근무실태조사 결과를 통해서 처우를 개선할 수 있도록 한다.

3. 교육행정제도

1) 교육행정제도의 특성과 변화

일본의 교육행정조직은 법률주의, 민주행정주의, 중립주의, 조건정비주의 및 지방분권주의 등과 같은 원칙에 따라 편성·운영된다. 국가 또는 중앙정부 수준의 교육행정조직 및 권한은 「교육기본법」과 「문부과학성설치법」 등에 규정하고 있으며, 이는 내각, 내각총리대신, 문부과학성, 문부과학대신으로 구분할 수 있다. 내각은 국가 수준 최고행정기관으로서 교육에 관한 국가의 최고 행정권도 내각에 속해 있다(「日本國憲法」 제65조). 교육행정과 관련하여 내각은 교육에 관한 법률안 및 교육예산안을 결정하며, 법률에 필요한 정령을 제정하고 기타 중요한 교육시책에 대한 각의 결정을 하고 있다.

교육행정에 대한 기본원칙은 2006년 개정한 「교육기본법」 제16조와 제17조에 잘 드러나고 있다. 이 시기부터 일본 정부는 교육행정에 대한 기본적인 방향, 즉 대강을 중심으로 교육을 새롭게 구상함과 아울러서 교육진흥기본계획을 통해서 교육행정의 혁신적 원칙과 실천방향, 방침 등에 대해 매 5년 단위로 국가 수준에서 책정·관리하고 있다. 그러므로 교육은 부당한 지배에 굴복하는 것 없이 「교육기본법」 등이 정하는 바에 따라서 실시해야만 하며, 교육행정은 국가와 지방공공단체가 적절하게 역할 분담을 하고 상호 협력하여 공정하고 적정하게 실천해야만 한다(「교육기본법」 제16조 제1항). 그래서 국가는 전국적으로 교육의 기회 균등과 교육수준을 유지 향상시키기 위해 교육에 관한 시책을 종합적으로 책정하여 실시하며, 지방공공단체는 각 지역의 교육을 진흥시키기 위해 지역 실정에 따라 교육시책을 책정하여 실천해야 한다. 이는 곧바로 교육행정의 역할 분담과 책임의식, 책무성을 명확하게 분담하는 원칙을 강조하는 것이며, 교육의 분권주의 원칙과 중앙정부의 통괄 원칙이 조화된 것으로 이해할 수 있다. 이에 따라서 국가 및 지방공공단체는 교육이 원활하면서도 계속적으로 실시될 수 있도록 필요한 재정상의 조치를 마련해야 한다(「교육기본법」 제16조 제4항). 이런 원칙에 따라 교육재원을 자율적으로 조성하여 각 지방공공단체별로 특성화된 교육을 실천할 수 있는 근거가 마련되었다.

대체로 「교육기본법」 제16조를 통해서 알 수 있듯이, 일본의 교육행정은 교육권한과 책무성 원칙이 중요하게 활용되고 있다. 첫째, 교육권한, 즉 교육에 관한 의사결정은 주로 중앙정부와 지방공공단체, 혹은 상급 지방공공단체와 기초 지방공공단체 간의 권한 위임, 이양 혹은 위탁 방식으로 협력체제를 구축하고 있다. 그러므로 교육권한은 「지방교육행정법」을 포함한 다양한 교육 관련 법령을 통해서 문부과학성을 비롯한 중앙정부, 도도부현 및 시정촌교육위원회를 포함하는 지방공공단체, 그리고 단위학교로 이어지는 협력관계로 나아가고 있다. 둘째, 교육행정 영역의 책무성은 일정한 권한과 위임 성과와 현황 등에 대해 점검·평가하고 후속조치 등을 마련하는 것에 초점을 맞추고 있다. 이미 문부과학성은 그런 관점에서 다양한 정책 평가와 집행 역량에 대한 후속조치 관련 매뉴얼 구축과 협력 네트워크를 적용하고 있다. 이와 같은 교육행정 권한의 범위와 책무성을 강조함으로써 각 지역공공단체 등의 교육위원회와 단위학교 수준에서 자율적이고 다양한 혁신정책이 나올 수 있다. 예를 들면, 도쿄도를 중심으로 초·중등교육 수준에서 사립학교 육성대책을 강력 실천하거나, 동북부 지역 및 홋카이도 지역 등을 중심으로 소규모 학교 활성화 방안이 나오는 것이 대표적인 사례라고 할 수 있다(정일환 외, 2022).

이와 같은 교육행정 원칙에 따라서 교육을 진흥시키기 위한 전략과 방안 등이 중앙정부를 중심으로 마련되어야 한다. 즉, 정부는 교육을 진흥시키는 것에 관한 시책을 종합적이면서도 계획적으로 추진하기 위해 교육진흥 관련 시책의 기본방침과 실천계획, 기타 필요한 사항에 대해 기본적인 계획을 세우고 이를 국회에 보고·공표하여야 한다(「교육기본법」 제17조 제1항). 이에 호응하여 지방공공단체도 교육진흥기본계획을 참작하여 해당 지방공공단체에서 교육을 진흥시키기 위한 기본적인 계획을 정할 수 있도록 한다(「교육기본법」 제17조 제2항). 당초 일본 정부가 추진하는 교육진흥기본계획을 구상할 2000년대 초반에는 한국의 국가인적자원개발계획 등 여러 국가들의 사례를 많이 참조·활용한 것으로 보인다. 실제로 2008년부터 추진하기 시작한 교육진흥기본계획은 매 5년 단위로 중요한 쟁점을 혁신하는 과제로 계승하면서 2023년부터 제4기 교육진흥기본계획을 본격적으로 실천하고 있다. 이에 대해서는 이 절의 마지막 소절에서 상술하고자 한다.

2) 중앙정부 수준의 교육행정

국가 수준의 실제적인 교육행정은 내각의 통괄 아래 문부과학대신을 장으로 하는 문부과학성이 시행하고 있다. 2001년 이후 문부과학성은 문부성과 과학청 등을 통합하여 학교교육, 사회교육, 학술·문화, 스포츠, 과학의 진흥과 보급을 도모하는 것을 통괄하는 체제로 변화하였다. 대체로 문부과학성은 교육행정을 진흥하고, 학교교육과 지방교육행정에 관한 사항에 대해 지방공공단체 및 사립교육기관 등과 협력하는 식으로 지원하며, 국제교류 및 협력 등의 국제교육행정과 기타 내부조직 편성에 관한 사항을 관리한다.

한편, 문부과학성이 통괄 운영하는 교육관계 정책심의회로는 중앙교육심의회, 교육과정심의회, 교육직원양성심의회, 사회교육심의회 등이 있다. 이 심의회의 위원은 문부과학대신이 임명하며, 이들 심의회는 문부과학대신의 자문에 응해서 조사·심의하고 있다. 특히 중앙교육심의회는 1950년대 이후로 현재까지 일본의 교육·학술·문화에 관한 중요 시책을 다루고 있는데, 이는 일본의 중앙정부 및 지방교육행정 기관을 비롯한 학교현장에서 교육정책과 혁신사업을 결정하는 데 아주 중요한 역할을 담당하고 있다.

문부과학성은 2019년 3월 문부과학대신 결정으로 '문부과학성 창생실행계획'을 통해서 새로운 조직혁신을 단행하고 있다. 이의 기본방침은 조직과 인적 혁신을 통한 국민에게 봉사하는 새로운 조직으로 거듭나는 것을 지향하고 있다. 즉, 문부과학성은 사람과 지식의 힘을 통해서 풍요로운 미래를 창출하는 것을 기본방침으로 책정하였다. 이에 따라서 국민 전체에게 봉사하고, 대화·협동을 통해서 인간의 힘을 높이 살리면서 변화를 포착하여 계속 배우는 것을 행동지침으로 강조하였다.

3) 지방교육행정의 특성과 역할

지방교육행정은 지방분권화, 일반행정 업무로부터 상대(관계)적인 독립, 민주적인 행정을 특징으로 하고 있다. 지방교육행정은 도도부현 수준과 시정촌 수준으로 구분되며, 이 외에도 중간 수준으로서 정령시와 중핵시를 통해 소학교 및 중학교 교육정 책을 별도 집행하고 있다. 「지방교육행정의 조직 및 운영에 관한 법률」(이하 「지방교육 행정법」으로 함)은 지방공공단체의 교육행정을 「교육기본법」의 취지에 따라서 교육의 기회균등, 교육 수준의 유지 향상 및 지역 실정에 따른 교육진흥을 도모할 수 있도록 국가와 적절하게 역할 분담을 하고, 상호 협력체제를 구축하면서 공정하고 적정하게 이루어져야 함을 강조한다(「지방교육행정법」 제1조의2).

　여기에서 지방공공단체의 장은 도도부현 지사 및 시정촌의 장을 지칭하는데, 이들 은 지방공공단체를 전체적으로 통괄하는 지위에 있다(같은 법 제1조의3). 광역단위 수 준에서는 지사 등의 지자체 수장과 도도부현 교육위원회에서 교육행정에 관여하며, 기초단위 시정촌 수준에서는 지방공공단체의 장과 교육위원회에서 참여하고 있다. 여기에서 지방공공단체의 장은 「교육기본법」 제17조 제1항에서 규정하는 기본적인 방침을 참작하여 지역사회 실정에 따른 지방공공단체의 교육, 학술, 문화진흥에 관한 종합적인 시책의 대강(大綱)(이하 '대강'이라 함)을 정하는 것으로 한다. 지방공공단체 의 장은 대강을 정하거나 변경하려고 할 때 미리 종합교육회의에서 협의해야 한다(같 은 법 제1조의3 제2항). 종합교육회의는 지방공공단체의 장과 교육위원회로 구성하는 데, 사전에 지방공공단체의 장 혹은 교육위원회에서 필요한 사항에 대해 협의하는 절 차 모두를 공개하는 것으로 한다(같은 법 제1조의4).

　교육위원회는 도도부현, 시정촌 및 지방공공단체 조합에 설치할 수 있으며(같은 법 제2조), 교육장과 4인의 위원으로 구성된다(같은 법 제3조). 교육장과 교육위원은 해당 지방공공단체의 장이 의회의 동의를 얻어서 임명한다(같은 법 제4조). 교육장의 임기 는 3년이며, 교육위원은 4년으로 한다(같은 법 제5조).

　교육위원회는 「지방교육행정법」 제21조에 따라 다음과 같은 직무를 수행한다. 첫 째, 학교 및 기타 교육기관을 설립, 관리, 폐지하는 업무를 집행한다. 둘째, 학교 등 교육기관의 교육재산에 대한 관리, 교육직원의 임면에 관한 업무, 그리고 학령아동 · 학생의 입학, 전학 및 퇴학 관련 업무를 수행한다. 셋째, 교육위원회 소관 학교의 조 직편제, 교육과정, 학습지도, 학생지도 및 직업지도에 관한 업무, 교과서 및 교재 취 급 업무, 그리고 교사(校舍) 등의 학교시설, 기자재, 교육설비 등에 관한 업무를 정 비 · 관리한다. 넷째, 학교장, 교원, 기타 교육지원 등의 연수 지원, 교육직원과 학생 등의 보건, 안전, 후생복리 관련 업무 등을 지원한다. 다섯째, 교육위원회 소관 학교

시설 등의 환경위생, 학교급식 등의 업무를 수행한다. 이 외에도 같은 법 제21조는 교육위원회가 청소년교육, 여성교육, 공민관 사업 등의 사회교육 관련 업무와 스포츠, 문화재 보호, 유네스코 활동, 교육 관련 법인 업무, 교육조사 및 통계업무, 기타 교육위원회 홍보활동 등을 포함한다고 규정하였다.

한편, 지방공공단체의 장은 종합교육회의를 통해서 교육대강을 책정하는 것 이외에도 대학 관련 업무, 유아교육·보육연계형 인정어린이원 관리 업무, 사립학교 관리 업무, 교육재산의 취득과 처분행위, 교육위원회 소관 계약 체결 업무 및 예산 집행 등을 수행한다(같은 법 제22조). 특히 지방의회는 주민 선거로 선출한 대표로 구성된 도도부현 및 시정촌의 입법기관이다. 의회는 교육과 관련하여 조례 제정 및 개정, 예산 결정, 학교 수업료와 입학금 징수 관련 사항의 의결, 교육위원의 임명 동의안 등의 권한을 가지고 있다. 반면에 지방공공단체의 수장, 즉 도도부현 지사와 시정촌장 등은 전체적으로 일반행정을 통괄하는 지위에서 교육행정에 관한 권한을 가지고 있다. 지방공공단체의 장이 지니고 있는 교육행정에 대한 권한은 다음과 같다.

ⓐ 도도부현립 및 시정촌립 학교 설립 및 관리
ⓑ 사립학교의 설립·폐지 등에 대한 인허가, 사립학교에 대한 조성 등
ⓒ 교육에 대한 예산안 및 조례안의 의회 제출 상정
ⓓ 교육재정의 취득·처분, 예산의 집행 등

정부가 추진하는 지방교육행정개혁은 주로 "국민 모두가 공생·참여할 수 있는 교육개혁을 추진"하는 것이라고 할 수 있다. 즉, 교육에 대한 국가 책임을 명확하게 하고, 그 이외의 교육정책에 대해서는 지방자치단체로 이관하는 방안을 검토하고 있다. 그리고 학부모와 지역주민 등이 함께 참여하는 방식으로 '학교이사회'를 설치하여 단위학교의 학교 자율성을 강화하는 방안도 적용하였다.

한편, 교육에 대한 공공재정 지출을 OECD 선진국 평균 수준으로 확충하는 등 국내총생산(GDP) 비율을 교육예산지표로 추진하는 방안을 통해 GDP의 5% 이상을 교육예산 목표로 제시하였다. 특히 「교육법」 속에서 교육예산을 안정적으로 확보하기 위해 교육재정 지출과 관련해서는 GDP에서 차지하는 비율을 지표화하는 방식을 추진하고 있다.

4) 교육진흥기본계획의 추진과 미래 개혁과제 설정 제안

일본 문부과학성은 중앙교육심의회에 답신 자문을 요청하여 현재 **제4기 교육진흥기본계획(2023~2027)**을 실천하고 있다. 특히 2023년부터 시작하는 제4기 교육진흥기본계획 5개년 구상은 2040년 이후의 일본 미래사회를 공생사회와 글로벌 혁신, 지역사회에 연계하는 웰빙을 구축하는 전략에 중점을 두고, 본격적으로 인공지능사회를 완성하기 위해 디지털 교육혁신(Digital Transformation: DX)을 핵심으로 새로운 교육개혁, 교육혁신을 실천하고 있다.

2040년 이후의 미래 일본사회는 Society 5.0 초스마트 사회로서 지속 가능한 개발을 위한 목표(Sustainble Development Goals: SDGs)를 달성하기 위해 다양한 배움과 생활진로에 따른 재교육을 강조하여 인간에 대한 투자를 중시한다. 그러나 최근의 코로나19 대위기와 러시아의 우크라이나 침공, 저출산과 인구 감소, 격차 심화 및 사회연계가 취약해지는 혼동의 VUCA 시대가 미래 예측을 어렵게 하는 요인으로 작용한다. 함께 살아가는 글로벌 공생사회를 실현하기 위한 전제조건으로서 일본 사회에 뿌리를 내리고 있는 '웰빙(well-being)'을 증진하는 것도 새로운 교육혁신의 과제가 되고 있다.

그런 배경 속에서 중앙교육심의회가 제4기 교육진흥기본계획에서 제안한 기본적인 방침은 다음과 같이 정리할 수 있다. 첫째, 일본사회에 뿌리를 둔 웰빙을 향상시키며, 공생사회를 실현하기 위한 교육을 추진한다. 단 한 사람도 뒤처지지 않도록 모든 사람의 가능성을 끌어내는 배움을 일상적인 교육활동에 투여함으로써 각 개인의 웰빙을 향상시킨다. 그러므로 조화와 협조를 실현하는 일본발 웰빙으로서 '주관적인 행복감(삶의 보람과 가치)' '개방적인 협조성과 다양한 연계' '자아긍정감과 자기실현' 등을 중시하도록 한다.

둘째, 글로벌화를 추구하는 사회의 지속적인 발전을 향해서 계속 배울 수 있는 인재를 육성한다. 그러므로 기후 변동, 탄소 중립 등의 지구환경문제, 혹은 도시와 지방 간의 격차 등의 사회문제를 해결하기 위해 경제성장과 연동하는 혁신전략을 실천하고, 각 개인별로 생산성을 높이기 위해 인간에 대한 투자가 필요하다. 주체적인 사회를 형성하는 데 계획적으로 참가하는 태도를 기르고, 디지털 혁신 혹은 그린 혁신과 같은 미래 성장분야의 인재를 육성하기 위해 과제해결학습이나 진로교육, 탐구학습 및 STEAM 교육, 문이과 횡단·융합교육을 적극 추진한다.

셋째, 지역사회와 학교에서 함께 배우고 지지하는 사회를 실현하기 위한 교육을 추진한다. 그래서 사회교육을 통해서 지속적인 지역공동체의 기반을 형성하기 위해 공민관 등의 사회교육시설 기능을 강화하고, 사회교육을 통해 인재를 양성하고 활약할 수 있는 기회를 확충한다. 그리고 커뮤니티 스쿨(Community School)과 지역학교협동활동을 일체적으로 추진하고, 가정교육을 충실하게 지원하기 위하여 학교, 가정, 지역사회 간의 연계를 강화한다. 나아가서 평생학습을 통해 자아를 실현하고, 지역사회에 대해 적극 공헌함으로써 고령자를 포함한 모든 인간의 웰빙을 향상시키고, 장애인의 평생학습에 대한 기회를 확충할 수 있는 활동 프로그램을 추진한다.

넷째, 교육 디지털 혁신(DX)을 본격적으로 추진한다. 디지털 혁신에 이르는 3단계, 즉 '전자화(digitization) → 최적화(digitalization) → 새로운 가치(DX)' 측면 단계 중에서 당면한 제3단계를 목표로 하여 제1단계에서 제2단계로 착실하게 이행할 수 있도록 한다. 각 학교급별로 정보활용능력을 육성하고, 교무 디지털 혁신을 통해서 교육데이터를 이용·활용하여 근무방식을 개혁하고 교사의 ICT 활용지도력을 향상시키는 등 GIGA 스쿨 구상과 디지털 혁신 인재육성정책을 더욱 촉진시킨다. 그러나 디지털 매체를 활용하는 것과 동시에 현실의 대면활동도 반드시 필요하므로 학습 장면 등에 따라 가장 적합한 상황의 맞춤형 교육을 실천하도록 한다.

다섯째, 제4기 교육진흥기본계획의 실효성을 확보하기 위한 기반을 정비하고, 상호 소통하는 발전역량을 기르도록 한다. 그래서 경제적이고 지리적인 상황에 제약되지 않는 배움을 확보하고, 학습지도체제와 ICT 환경 등을 정비하여 학교교직원의 일하는 방식에 대한 개혁을 거듭 추진할 수 있도록 한다. 특히 이번 교육진흥기본계획을 더욱 정교하게 다듬기 위하여 유관단체 및 부처, 교육이해관계자 등을 포함하여 다각적인 대화를 통해서 계획을 책정할 수 있도록 한다.

이와 같이 제4기 교육진흥기본계획은 2040년을 지향하는 초스마트 사회의 교육혁신을 실천하는 기반을 만드는 데 초점을 두고 있다. 문부과학성과 중앙교육심의회는 향후 5년간의 교육정책 목표와 기본시책을 좀 더 정교화하는 과제를 해결함으로써 중앙교육행정과 지방교육행정, 혹은 지방공공단체가 포함된 교육위원회와 단위학교까지 포괄하는 협력적인 교육개혁을 구상하였다.

4. 교육개혁 동향

1) 코로나19 위기 극복과 포스트 코로나 교육체제 구현

(1) 코로나19 위기와 초기 대응방안

2020년 3월 이후 일본문부과학성은 '신형코로나바이러스감염증(COVID-19)에 대응하는 초·중·고교 교육활동 재개대책'을 중점적으로 실천하였다. 이는 2020년 5월 현재까지도 전체 초·중·고교가 사실상 장기 휴교상황에 처한 상황에서 주로 학교를 재개하기 위한 방안, 그리고 임시휴교 기간의 교육조치 등 크게 두 가지 대책에 초점을 두었다. 특히, 교육위기 상황에 따른 학생의 심리적·정서적 안정 지원, 학습지도, 보건관리, 학교급식, 각종 학교행사 등의 대책을 세부적으로 진단하며, 임시휴교 상황에서 학생과 교사, 학교당국이 일체적으로 연계·협력해야 함을 강조하였다.

그래서 교육당국은 총리대신 자문기구인 '코로나위기대책 전문가위원회'가 권고한 보건위생 실천원칙을 기반으로 교육대책을 마련하였다. 우선, 환기가 나쁜 밀폐 공간, 많은 사람이 밀집한 현상, 가까운 거리(밀접 거리)에서 대화하거나 얘기하는 것 등의 이른바 '3밀(밀폐, 밀집, 밀접)' 조건이 겹치는 위험한 교육현장을 차단하는 데 주목하였다. 교육현장은 이런 세 가지 위험조건이 차단된 환경과 함께 올바른 손 씻기와 기침예절 등이 결합되어야만 안전한 공간이 된다. 일단 정부의 교육대책은 아동·청소년 집단이 코로나19에 감염될 가능성이 아주 희박하다는 가설을 전제로 하였다. 그러면서도 학교 현장에서 발열, 오한을 포함한 감염자가 발생하지 않도록 발열체크 절차와 감염자 격리조치 등 다양한 안전조치를 마련하였다. 이와 같은 안내 지침에 따라서 등하교를 할 때 일정한 거리를 두는 보행을 강조하며, 교실 수업은 물론이고 체육·음악수업 등의 실외활동에서 밀접한 개별접촉을 제한하는 방식으로 사회적 거리 두기를 실천하였다.

이와 관련하여 2020년 4월 21일자로 문부과학성에서 새로 발표한 '임시휴업(臨時休業) 중의 학습보장에 대하여'라는 지침은 학생이 최저한도로 수행해야 할 학습전략을 제안하였다. 첫째, 학교당국은 가정학습을 충실하게 관리·운영해야 한다. 학생이 가정에서 교과서와 참고교재 등을 적극 활용할 수 있는 학습계획을 지원하며, 이

때 불가피하게 교과서가 없는 학생을 위해 우편발송 방식으로 교과서를 보급해야 한다. 또한 교사는 ICT 혹은 전화 등을 활용한 학습지도와 학습상담을 적극 지원하며, 이런 학습지원활동을 위해 문부과학성은 '아동의 배움지원 사이트' 홈페이지를 개설하여 적극 활용할 수 있도록 조치하였다. 둘째, 교사는 가정학습을 적절하게 부과한 후에 학생의 학습상황을 수시로 파악하고 지도해야 한다. 교사는 정기적으로 전자메일 등의 ICT, 전화상담, 우편물 등을 활용하여 학생의 학습상황과 생활지도 등을 실천해야 한다. 특히 ICT를 활용한 학습지도는 비상 상황을 고려하여 학교현장의 원격매체 외에도 개인 컴퓨터, 스마트폰 등의 개별 단말기까지 적극 활용할 수 있도록 진력한다. 셋째, 임시휴교 상황에서 학생의 정신적·신체적 상황을 파악하고 정서적인 안정·치유활동을 실천해야 한다. 담임교사를 중심으로 임시휴교 기간 동안 가정에서 지내는 학생의 정서적인 안정을 위한 전화 상담을 최소 2주마다 1회 정도는 실시하도록 한다. 특히 특별지도가 요청되는 교육배려계층 학생은 교사가 직접 1주일에 1회 이상 전화 상담을 통해 생활지도를 할 수 있도록 한다.

한편, 2020년 5월 1일 문부과학성은 수도권을 중심으로 하는 7개 대도시지역에서 코로나 위기가 극심해지는 상황 속에서도 조심스럽게 '포스트 코로나 교육대책'을 발표하였다. 새로운 대책은 분산등교 원칙을 중심으로 한 최소한의 교육조치를 검토한다. 그래서 정부는 현재 임시휴교 상황 속에서도 초·중·고교 각 학교급별로 최종학년을 우선적으로 등교시키는 방안을 언급하였다. 휴교 상황에서 소학교 6학년, 중학교 3학년, 고등학교 3학년 등을 우선 대상으로 하는 등교절차는 분산등교 방식을 원칙으로 한다. 분산등교는 각 학급별 학생을 복수의 그룹으로 나누어서 각각 오전, 오후로 교대 수업하는 방식, 혹은 여유 교실공간을 확보하여 요일별로 교대 수업하는 방식 등을 제안하였다. 또한 분산등교를 하는 우선 대상학년 속에 교사와 직접 대면하는 활동이 절대적으로 중요한 소학교 1학년도 추가적으로 검토하고 있다. 이와 같은 분산등교는 학교보건의사, 학교약제사 등의 사전 진단을 통해 학교의 보건관리체제가 안전하고 안심할 수 있음을 전제로 한다. 이후로 생활방역이 안정적으로 이루어지면 단계적으로 학교교육활동을 재개하고, 모든 학생이 학교 안에서 교육을 받을 수 있도록 하는 전략을 담고 있다.

(2) 교육재생실행회의의 제언에 기초한 포스트 코로나 교육개혁 추진[9]

2021년 당시의 내각자문기구인 교육재생실행회의는 6월 3일 문부과학성의 교육개혁을 강력 권고하는 '포스트 코로나 시대에 있어서 새로운 '배움'의 방향에 대해'라는 제12차 제언을 발표하였다. 이 제언은 코로나19 대위기 이후 뉴노멀 사회에서 실천해야 할 초·중등교육과 고등교육, '배움'을 실현하기 위한 교육과 사회의 연계·제휴방안, 데이터 기반 교육체제로 전환 등 4대 개혁과제를 제안하였다.

그래서 교육재생실행회의는 일본 사회가 종래 경험하지 못한 '디지털 전환체제(Digital Transformation: DX)'의 Society 5.0 시대를 수용해야 한다고 주장하였다. 학교현장은 사회적 거리 두기, 그리고 ICT 교육환경을 조속히 정비하는 것이 최대 과제라고 보았다. 더구나 학교교육이 제대로 이루어지지 못하는 상황에서 학생의 교육력은 저하되고, 사회 전체적으로 '대충 묻어가는' 식의 소시민의식에 안주함으로써 경제재생, 사회재생이 더욱 어려운 상황이 되었다. 12차 제언은 이런 위기의식을 타개하고 다양한 상황에 적극적으로 대응하는 학생의 회복탄력성을 강조하며, 일본이 지닌 독자적인 강점과 특성을 살리는 뉴노멀 교육개혁을 요청하였다.

교육재생실행회의는 포스트 코로나 시대의 새로운 '배움' 개념이 학생 개개인의 다양한 행복임과 동시에 사회 전체적인 행복을 의미하는 '웰빙(well-being)'을 실현하는 것으로 이해하였다. 이 '웰빙'은 경제적인 풍요와 정신적인 풍요, 건강을 포함하며, 이런 행복이 실현된 사회는 곧바로 다양성과 포용성을 갖춘 지속 가능한 사회라는 것이다. 이런 사회를 만들려면 각 개인이 자신의 주변에서 타인과 사회의 다양한 문제에 대해 관심을 기울이고, 사회 구성원으로서 주체적으로 생각하고 책임 있는 학생(Student Agency)으로서 교육실천을 해야 한다. 이런 배경에서 교육재생실행회의는 초·중등교육과 고등교육개혁, 교육과 사회 연계개혁, 그리고 특별히 데이터 기반 교육체제 구축 등이 미래 교육체제를 선도할 개혁과제라고 보았다.

사실상 일본의 디지털 교육 인프라 구축은 지난 1년간 코로나 위기 상황에 따른 학교교육 봉쇄상황에서 겨우 학교현장의 15%만이 쌍방향 온라인 강의를 실시했던 정

---

9) 이 소절의 내용은 필자가 2021년 7월 제주특별자치도교육청에서 발행하는 『월간 제주교육』 통권 제189호에 집필한 "일본 교육재생실행회의의 포스트 코로나 교육개혁 제언"의 내용을 일부 수정·보완하여 작성한 것임을 밝힌다.

도로 시급한 개선정책이 되었다. 그래서 원격·온라인 교육 중심의 개혁체제를 구축함으로써 앞으로 부닥칠 수 있는 각종 자연재해, 감염질환 대유행 등에 대비하는 '제2의 교육혁신'을 강조하였다. 우선적으로는 2021년 상반기부터 학생 1인당 1대씩 교육용 단말기를 제공하는 'GIGA(Global and Innovative Gateway for All) 스쿨 구상'을 조기 달성할 수 있도록 조치하였다.

그러므로 포스트 코로나 시대의 초·중등교육을 디지털 시스템으로 전환하고 교육격차를 해소하는 과정에서 다음과 같은 원칙을 강조하였다. 첫째, 학교는 교사와 학생, 학생과 학생 간의 직접적인 관계를 유지하며, 다양한 체험을 통해 배우는 장으로서 '함께 모여서 어울리는 기능'에 주목해야 한다. 둘째, ICT를 활용함은 초·중등교육의 새로운 가능성을 개척하는 것이라는 점에 착안하여 대면등교수업을 기본으로 하면서도 학생의 발달단계와 학습내용에 따라 원격·온라인 교육을 적절하게 병행·수용하는 등 양쪽의 장점을 최대한 활용할 수 있어야 한다. 특히, 건강장애 등으로 학교에서 배우기 어려운 학생은 온라인 교육을 적극적으로 활용하여 교육 효과를 높이는 측면도 유의해야 한다. 셋째, 원격·온라인 교육의 효과에 대해서는 데이터를 통해서 현황을 파악하고, 교육실천을 검증·평가함으로써 관련 정보와 지식을 축적해야 한다.

그리고 교육재생실행회의는 제12차 제언의 향후 미래 과제로서 다음과 같은 네 가지 개혁방안을 권장하였다. 첫째, 대학입시제도 개혁을 비롯한 학교교육을 정상 운영하기 위한 방향으로 고교와 대학 간의 연계협력전략을 계속 실천해야 한다. 둘째, 교사의 자질 향상대책을 포함하여 교직에 다양한 인재를 활용하는 정책이 마련되어야 한다. 셋째, 대면등교수업과 원격·온라인 교육의 운영 방향에 대해 학생의 개별 교육상황과 배우는 학습내용에 따라 적절하게 조절·실천해야 한다. 넷째, 국가 수준에서 데이터 기반 교육으로 전환하려면, 우선 문부과학성을 중심으로 디지털청 등의 관련 부처가 연계·제휴하여 교육의 디지털 혁신(DX) 전략을 강력하게 추진해야 한다. 또한 수집한 데이터를 적절하게 분석·이용함으로써 심각한 사회경제적 배경, 지역, 성별 요인 등에 따른 교육격차를 근본적으로 해소하고, 교육현장에서 독자적으로 해결하기 어려운 과제를 타 정부부처 및 지자체 등과 연계·협력하는 개혁방안까지 조속히 추진해야 한다.

2) 교원의 '근무방식 개혁' 정책과 향후 웰빙 과제

문부과학성은 '일하는 방식' 개혁을 통해 교원의 근무여건을 개선하는 것이 '일억인 총활약 사회'를 실현하는 과정에서 중요한 과제로 보고 있다. 그런 측면에서 2019년 1월 25일 중앙교육심의회도 문부과학대신의 자문을 받아서 "새로운 시대의 교육과 지속 가능한 학교지도·운영체제를 구축하기 위한 학교 내 '근무방식개혁' 종합대책"에 대한 답신을 제출하였다. 이 답신은 2018년 OECD TALIS(Teaching and Learning International Survey, 국제교수학습 실태조사)를 통해서 일본 교사들이 회원국 중에서 가장 오랜 시간을 근무하는 교육환경에 대한 개선대책으로 출발하였다. 이미 오래 전부터 교사들은 이른바 '어둠의 학교(Black School)'라는 식으로 비유되는 열악한 교육환경 속에서 장시간 교육노동에 혹사당하는 실정이다. 그래서 문부과학대신은 2017년 6월 중앙교육심의회에 관련 연구를 의뢰한 후 현장조사와 토론회 등을 거쳐서 같은 해 12월에 중간보고서, 그리고 2018년 1월에 최종보고서를 발표하였다. 이는 우수한 성과를 거두고 있는 일본의 학교교육을 유지·향상시키고 지속할 수 있는 체제로 발전시키기 위해서라도 가장 시급한 대책이 학교현장에서 교원의 근무방식을 개선하는 것에 있다고 보았다.

현재 일본의 학교현장은 '학생을 위해서라면 장시간의 어떤 근무라도 좋다'는 가치관 속에서 교사가 육체적·정신적으로 피폐해지는 상황 자체를 크게 우려한다. 그래서 교사를 혹사시키는 기존의 교사 근무방식을 전면 재검토함으로써, 교사가 전적으로 수업에 집중하면서도 일상생활과 교직인생을 풍요롭게 누리는 환경에서 학생을 위해 효과적인 교육활동을 실천해야 한다. 특히 교육에 헌신하는 교사가 과로사 등으로 불행을 맞이해서는 안 되며, 지역사회와 학교, 가정이 연계함으로써 학생 교육을 더욱 충실하게 운영해야 한다.

그런데 2016년 교원근무실태조사에 따르면, 일본 초·중등학교 교사의 근무시간은 2006년 조사 결과와 비교해도 상당히 늘어난 것으로 분석되었다. 근무시간이 늘어난 요인은 젊은 교사가 늘어난 점, 총 수업시수가 증가한 점, 중학교 부활동에 대한 지도시간이 늘어난 점 등 세 가지 측면을 거론한다. 그러므로 교원의 '일하는 방식을 개혁'하려면 문부과학성과 교육위원회, 관리직 등이 책무성을 가지고 학교경영혁신을 수행해야 한다. 즉, 근무시간 관리는 「노동법」에 따라 학교장과 교육위원회 등이 반드시 수행해야 할 책무로서 ICT 시스템, 혹은 타임카드를 활용하여 교사 근무시간을 객관적·합리적으로 파악하고 관리해야 한다.

한편, 문부과학성은 학교와 교사가 담당해야 할 업무를 다음과 같이 세 가지 유형으로 분류하고 업무분장에 대해 강조한다. 첫째, 기본적으로 학교 밖에서 담당해야 할 업무이다. 즉, 학생의 등하교 대책, 방과 후부터 야간에 걸친 순찰활동, 학생의 교외선도활동과 대응조치, 학교징수금의 수금·관리, 지역 자원봉사자와 연락 조정 등이 이에 해당한다. 이 업무는 지방공공단체와 교육위원회, 지역사회주민, 학부모 등이 주관해야 할 업무라는 것이다. 둘째, 학교의 업무이지만 반드시 교사가 담당할 필요가 없는 업무로서 각종 교육조사·통계 등에 대한 응답조치, 학생의 휴식시간 관리, 교내 청소, 방과후 부활동 등을 포함한다. 이는 주로 학교교육을 지원하는 스태프, 자원봉사자, 전문요원 등과 연계하는 방식을 취한다. 셋째, 교사의 업무이지만 영양교사, 스쿨 소셜워커, 스쿨 카운슬러, 지역 코디네이터 등의 교육지원스태프 등을 통해 업무 경감을 할 수 있도록 한다. 급식 지원활동, 수업준비, 학습평가와 성적처리, 학교행사의 준비·운영, 진로지도, 교육지원이 필요한 학생·가정에 대한 지원대책 등이 이에 해당한다.

이런 관점에서 정부는 교사가 교수학습에 전념하고 학생지도를 충실하게 할 수 있는 조건으로서 「노동법」에 따라 '주52시간 최저근로제'를 학교현장에 적용하려고 한다. 이런 최저근로제는 ⓐ 수학여행과 체육대회 등의 특별교육활동, ⓑ 정례적인 교무회의, ⓒ 학생 교외실습 등의 인솔, ⓓ 천재지변에 따른 학교활동 등 네 가지 유형은 예외사례로 규정하는 등 사실상 '총량 대체휴무제'를 적용하는 '변형 노동시간제'의 특성이 있다. 당시 일본 교직원노조 조사에 응답한 고등학교 교사의 40%가 이와 같은 변형 노동시간제에 반대하는 등의 논란이 있었다. 교사들은 '최저근로제' 이상의 보상근무는 시간외근무수당의 전면 법제화를 통해 보상해야 한다고 주장한다. 이미 중앙교육심의회가 작성한 제4기 교육진흥기본계획과 교사정책에 대한 2021년 답신 등에서 이런 대책이 충분하게 검토되어야 함을 강조하는 상황이기도 하다. 당분간 일본의 교육현장은 교원의 근무여건 개선과 일과 가정을 조화시키는 '워라밸' 정책을 균형 있게 보상하는 정책적인 대안이 필요한 것으로 보인다.

3) Society 5.0과 디지털 교육혁신 실천방안[10]

일본이 국가 수준에서 인공지능사회에 적합한 교육체제로 변혁하고, 이를 교육적인 충격을 완화한 상태 즉 웰빙 가치로 적응시킨 대표적 조치가 Society 5.0 선언이라고 할 수 있다. 문부과학성은 2018년 6월 5일 부처 내 기획전략 태스크포스 팀을 중심으로 작성한 'Society 5.0을 향한 인재육성: 사회가 변하고, 배움이 변한다'(이하 'Society 보고서')는 보고서를 공식 발표하였다. 이는 문부과학성을 중심으로 산업기술계, 문화체육계, 시민사회계 등 다양한 집단의 전문가들이 새로운 시대를 선도하는 '삶을 개척하는 능력' 중심의 교육체제를 준비한 것이다. 즉, Society 5.0은 인공지능 기술을 통해 산업과 노동방식이 근본적으로 변화하듯이, 교육체제도 질적으로 전혀 다른 패러다임을 모색한다는 것이다.

Society 5.0은 인공지능(AI), 빅 데이터, 사물인터넷(Internet of Things: IoT), 로보틱스 등의 첨단기술이 모든 산업과 사회생활에 영향을 미치는 방향으로 고도화하는 것으로서 사회 시스템 자체가 '비연속적'이라고 할 정도로 극적으로 변화하는 데에 초점을 둔다. Society 5.0은 '초스마트 사회'라고도 하는데, 이 시스템은 새로운 서비스와 비즈니스를 통해 일상생활에 극적으로 편리하고 쾌적한 상황, 즉 교육을 통한 웰빙적 가치를 창출한다.

이와 같은 문제의식에서 출발하여 Society 5.0을 실현하는 과정과 내용에 대해 국민은 어떤 능력을 갖추어야 하며, 사회를 창조하고 선도하는 데 필요한 인재상은 무엇인지 등을 중심으로 미래 사회를 구상하는 것에 초점을 맞추었다. Society 5.0의 변화과정에서 학교교육은 수동적으로 대응해서는 안된다. 인공지능(AI) 등이 본격적으로 보급되는 과정에서 교육과 배움의 시스템도 변혁을 불러일으킬 것이다. 예를 들면, 교육용 인공지능이 발달하고 보급됨에 따라 인공지능이 개인의 스터디 로그(학습이력, 학습평가, 학업성취도 등)나 건강 관련 정보를 파악·분석하여 개인별로 대응하는 학습계획이나 학습 콘텐츠를 제시한다. 또한 스터디 로그를 축적하는 과정에서 개인의 특성이나 발달단계에 따라 지원할 수 있고, 학습자와 학습의 장에 대한 매칭을 통해 보다 정확한 수준에서 실천할 수 있다. 이는 바로 제4기 교육진흥기본계획과

---

10) 이 절의 내용은 일본 문부과학성 홈페이지를 검색하여 작성하였다(日本文部科學省, 2018. 6. 5.).

포스트 코로나 교육체제에서 중시하였던 디지털 교육혁신이 웰빙적인 교육가치를 실천할 수 있는 환경을 조성할 수 있는 선행 사례라고 할 수 있다.

이런 전략적 관점에서 제3기 교육진흥기본계획(2018~2022)은 Society 5.0에서 학교, 교사와 학생이라는 주체, 교과서와 교재, 교실, 교육과정과 같은 기본적인 교육요소가 여전히 중요한 기반임을 강조하였다. 사실상 일본의 의무교육 역량은 PISA, TIMSS 등의 국제학업성취도 성과에서 알 수 있듯이 OECD 회원국 중에서도 높은 수준에 있다. 앞으로도 Society 5.0 체제를 구축하여 기초적인 독해력, 수학 사고력 등의 기초학력과 정보 활용능력을 모든 학생이 습득할 수 있도록 새로운 학습지도요령을 충실하게 실시하고 있다. 즉, 가정환경이 변화하고 정보화가 진행되는 과정에서 특히 의무교육단계 학생들의 독해력이 해결해야 할 과제로 되고 있다. 사회가 변하고 노동방식이 변하는 현재 상황에서 일본인의 기본 독해력이 저하된다면, 이는 곧 일본 산업의 품질과 서비스 저하로 직결될 것이다. 그래서 공교육은 학생들이 각 학교급별로 교과서 내용을 이해할 수 있도록 하고, 일생에 걸쳐 실행할 수 있는 기초 독해력을 익힐 수 있도록 해야 한다. 이는 기본능력을 갖춤으로써 사회적 웰빙과 역량을 증진하고, 각 개인에 대한 맞춤형 학습을 통해 자아 효능감과 만족도를 높이는 성찰 중심의 자아형 웰빙도 실천한 것으로 볼 수 있다.

그래서 'Society 보고서'는 다음과 같이 몇 가지 측면에서 학생이 안심할 수 있는 학교교육 개선방침을 강조하였다. 첫째, 글로벌화·정보화가 진전되고 빈곤 격차 및 지역 간의 격차가 확대되는 것으로 인해 아동의 배움에 격차가 생기는 것을 차단해야 한다. 현재도 사회경제적인 격차에 따른 학력 격차가 초등학교 3, 4학년 무렵부터 확대, 고착화되는(빈곤이 대물림되는) 현상에 대해 조기 대응책이 웰빙 전략으로 마련되어야 한다. 둘째, 따돌림, 등교 거부 등 학생 생활지도에 대한 해결책도 마련되어야 하며, 우수한 능력과 높은 학습의욕을 가지면서도 필요한 배움 환경을 보장받지 못한 학생이나 언어 장벽 등을 가진 외국인 국적 아동이나 장애아동 등도 배려해야 한다. 셋째, 아동이 정보 격차와 경제 격차 등에 따른 사회적 약자계층이 되지 않도록 모든 아동의 개별적인 요구에 대처해야 한다. 그래서 모든 아동이 Society 5.0 시대에서 요청하는 기초적인 역량을 확실하게 습득할 수 있음을 강조하였다. 이와 같이 디지털 시민의식과 안전·안심할 수 있는 교육여건을 조성하는 정책목표가 제4기 교육진흥기본계획에는 웰빙교육으로 계승된다.

한편, 디지털 교육혁신을 위해 학교현장의 혁신방안도 강조하였다. 첫째, 학교와 배움 시스템은 획일적인 '일원화 모델', 즉 "○○만을 위한" 구조에서 탈피해야 한다. 즉, "교직원만으로" 실행하는 학교경영에서 벗어나서 스쿨 카운슬러, 스쿨 소셜워커, 부활동 지도사 등의 전문 스태프 그룹과 협동하는 '팀 학교'로 발전해야 한다. "교사만이" 학생지도에 관련하는 학교를 탈피하여 교사와 다른 전문식견을 가진 각종 단체 및 민간 사업자를 비롯한 다양한 지역주민과 연계·협동하면서 "열린 교육과정"을 실천하는 학교로 변신해야 한다. 둘째, 모든 학생에게 "똑같은 내용만을" 가르치는 교육에서 "개인별 특성"에 따른 교육으로 변하고, "칠판과 종이만으로" 지도하고 운영하는 학교에서 ICT 등 첨단기술을 활용하는 학교로 발전해야 한다. "학교제일주의" 관점에서만 교육의 터전을 인식하였던 시대에서 자유학교(대안학교)와 지역미래숙(지역사회학습 지원센터) 등 "학교 이외의 장"에서 교육기회를 확보할 수 있는 시대로 전환되어야 한다. 셋째, '교사'의 역할도 변해야 한다. 학교교육의 직접 담당자인 교사는 '사람을 만드는' 교육기수 역할을 계속해야 한다. Society 5.0 체제에서 교사는 학생을 가르치고 올바르게 이끄는 역할과 함께 '배움'의 지원자라는 역할도 수행해야 한다. 이와 같이 교사가 팀 학교체제에서 자기 효율성을 높이고 교육에 대한 무리한 소진 현상을 예방하는 전략은 교사의 복지와 처우개선, 근무방식의 혁신방안까지 포함된 교직유인대책으로서 새로운 웰빙 개념이 정착된다.

결국 Society 5.0 체제의 다원적인 개혁 모델에서 핵심적인 요소는 인지과학과 빅데이터 등을 활용하여 "교육과 학습을 과학화하는 혁신"이라고 할 수 있다. 지금까지 일본 교육은 획일적으로 교육을 관리하는 일원화 모델에서 나름대로 성공하였는데, 이처럼 경험과 직감 등을 중시하는 시스템이 교원양성과정과 연수과정에 그대로 전수·계승되었다. 그러나 미래 지향적인 다원형 모델의 교육 시스템은 인공지능, 빅데이터 등의 새로운 기술을 활용하는 Edtech 등을 도입함으로써 교육현장에 다양한 교육수단을 도입·적용할 수 있다. 미래는 교육방법과 수단을 결정하는 근거로서 인지과학과 빅 데이터를 활용하여 '교육과 학습을 과학적으로 실천하는 시각'을 중시해야 한다. 그런 시각에서 단순한 비용 대비 효과론을 뛰어넘는 진정한 '증거 기반 정책결정'(Evidence-Based Policy Making: EBPM)을 실천할 수 있다. 그러므로 당면한 과제는 국가, 지방공공단체, 민간사업자 등의 다양한 주제가 각자 개별적으로 보유하고 있는 데이터를 집약적으로 활용할 수 있도록 데이터 규격을 표준화하고 데이터를 공개하는 데 중점을 두어야 한다. 이런 개혁 구상에 기반을 두고 제4기 교육진흥기본계획은 디지털 리터러시와 교사의 디지털 교육혁신까지 요청하는 웰빙전략으로 좀 더 구체화된 변혁으로 발전한 것이다.

4) 일본형 학교교육 완성과 웰빙을 통한 교육변혁 방향

현재 문부과학성은 '일본형 학교교육'을 완성하는 개혁과제로서 교육진흥기본계획의 이념(자립 · 협동 · 창조)을 계승하고, 학교 내 근무방식개혁을 추진하며, GIGA (Global and Innovation Gateway for All) 스쿨 구상을 기반으로 하여 새로운 학습지도요령을 학교현장에 정착시키는 과제에 주목하였다. 새로운 학습지도요령은 개인 맞춤형 학습과 협동학습을 강조하고, 학습지도방법과 지도체제를 정비함으로써 컴퓨터와 정보통신네트워크를 활용하기 위한 교육환경을 조성하고자 하였다. 즉, GIGA 스쿨 구상을 실천함으로써 새로운 ICT 환경을 활용하고, 소규모 그룹별 학습지도체제를 중심으로 개별 맞춤형 학습을 구축한다. 특히 학생에 대한 맞춤형 교육을 실천하기 위해서는 ICT를 통해서 학습이력(Study Log), 학생생활지도 데이터, 건강진단정보 등을 활용하여 교사 부담을 해소하는 것을 긴급과제로 한다.

또한 문부과학성은 학교수업혁신을 위해서 학생이 주체적으로 소통하며 협력하는 학습체제를 갖추는 것을 장려한다. 그래서 개별 맞춤형 학습지원이 고립된 학습이 되지 않도록 탐구학습이나 체험활동 등을 통한 또래집단 형성, 혹은 다양한 집단과 협동하면서 타인의 가치와 배려를 존중하는 사회정서역량 교육으로 확대 · 발전시킨다. 결국 '일본형 학교교육'은 모든 아동의 지덕체를 일체적으로 육성하기 위해 학습기회와 학력을 보장하고, 전인적인 발달 · 성장을 보장하며, 학교가 안전하고 안심한 교육안전망의 역할을 수행함에 주목한다.

그래서 일본형 학교교육은 모든 아동의 가능성을 끌어내고, 개별 맞춤형 배움을 통해 협동학습체제를 구축하고자 한다. 첫째, 학교교육의 질과 다양성, 포용성을 높이고 교육의 기회균등을 실현한다. 둘째, 학교 주체들의 연계 · 제휴 · 분담을 통해 학교경영을 실현한다. 셋째, 지금까지 수행한 개혁 실천성과와 ICT 시스템을 최적의 상태로 결합할 수 있도록 한다. 넷째, 학교교육의 양대 기능, 즉 학업이수주의(연령주의)와 과정중심 성과주의를 적절하게 결합시킨다. 다섯째, 감염질환이나 재해 발생에 따른 국가적 위기를 극복하고 교육의 배움을 보장한다. 여섯째, 사회구조가 변화하는 과정에서도 지속적으로 매력 있는 학교교육을 실현한다.

특히 답신은 코로나19 사태 이후 자연재난에 따른 교육대책을 ICT 기반 교육체제에서 구하고 있다. 즉, 레이와(令和) 시대의 '일본형 학교교육'을 구축하고 모든 아동에게 개별 맞춤형 교육과 협동학습을 실천하기 위해 ICT는 필수불가결한 요소이다. 지금까지 실천한 교육개혁 성과를 ICT와 최적 조건으로 결합하여 어려운 과제를 해결하고 교육의 질을 높여야 한다. 다만, ICT를 활용하는 기능 자체를 목적으로 하지 말고, PDCA(Plan-Do-Check-Act) 주기를 살려서 아동 건강, 정신 성장까지 지원하는 시스템으로 변화해야 한다. 결국 ICT를 전면적으로 활용하여 학교의 조직문화, 교사의 자질과 역량을 혁신하는 등 일본 정부가 추진하는 Society 5.0 시대에 부합하는 학교를 재건해야 한다.

궁극적으로 일본 문부과학성이 추구하는 미래 교육가치는 ICT를 적극적으로 활용하여 대면·비대면 교육활동, 온라인·오프라인 병행학습을 성공적으로 수행하는 것을 지향한다. 특히 GIGA 스쿨 구상을 성공적으로 수행하여 학생 1인당 1대의 디지털단말기를 제공하는 학교환경을 정비하는 목표가 대표적이다. 현재 일본 정부는 디지털 교육환경의 완비와 교사의 디지털 리터러시 역량을 선진국 수준으로 끌어올리는 것을 중점 개혁과제로 보고 있다. '일본형 학교교육'은 ICT 교육환경 속에서 디지털 역량을 제고한 교사와 학생이 협업체계를 구축함으로써 성공할 수 있다.

참고문헌

고전(2014). 일본교육개혁론–21세기 교육개혁의 해설과 비판Ⅱ. 박영Story.

김지영(2023. 6. 14.). 일본의 영유아 교육 및 보육체계. 한국교육개발원 교육정책네트워크 정보센터. https://edpolicy.kedi.re.kr/frt/boardView.do?nTbBoardSeq=&strCurMenuId=10091&nTbCategorySeq=10060&pageIndex=1&pageCondition=10&nTbBoardArticleSeq=839034&searchTopic=&searchObject=&searchCondition_D=36&searchKeyword_SD=&searchKeyword_ED=&searchCondition_W=6&searchKeyword_W=

윤종혁(1997). 제3의 개혁을 꿈꾸는 일본의 교육. 구자억 외 공저, 동서양 주요국가들의 교육 (pp. 108–116). 문음사.

윤종혁(2007). 최근 일본의 대학입시제도 변화. 송순재 외 편저, 대학입시와 교육제도의 스펙트럼. 학지사.

윤종혁(2021a). "일본 교육재생실행회의의 포스트코로나 교육개혁 제언". 월간 제주교육, 제189호.

윤종혁(2021b). 일본 레이와(令和)시대의 교육실천: GIGA스쿨 구상의 성과와 과제. 월간 제주교육, 제191호.

윤종혁(2022a). 일본의 신자본주의 '미래인재 비전'과 고교체제 개혁. 월간 제주교육, 제195호.

윤종혁(2022b). 일본의 2023년 제4기 교육진흥기본계획 추진과 미래 개혁과제. 월간 제주교육, 제199호.

윤종혁(2023). 일본 제4기 교육진흥기본계획의 웰빙 이념과 미래 과제. 월간 제주교육, 제203호.

정일환, 김병주, 구자억, 권동택, 김병찬, 김정희, 박남기, 박선형, 박희진, 신태진, 신효숙, 유성상, 윤종혁, 이병진, 이화도, 정영근, 정종진, 주경란, 최영표, 팽영일, 한만길, 한용진, 한일조(2012). 비교교육학: 이론과 실제. 교육과학사.

정일환, 정종진, 박선형, 최영표, 박덕규, 윤종혁, 김정희, 신효숙, 주동범(2003). 현대비교교육 발전론. 교육과학사.

정일환, 주동범, 박찬호, 윤종혁, 김상규, 정현숙, 전영권, 이대희, 강호원, 정수정, 현재균(2022). 소규모학교의 교육. 가람문화사.

한국교육개발원 교육정책네트워크 정보센터 (n.d.). http://edpolicy.kedi.re.kr

한국교육개발원(2006). 미래 사회에 대비한 학제개편방안. 한국교육개발원 연구보고, RR2006-10.

日本教育再生實行會議 第12次提言 (2021. 6. 3.). ポストコロナ期における新たな学びの在り方について(答申). https://www.kantei.go.jp

日本內閣官房 敎育未來創造會議 (2023. 4. 27.). 未来を創造する若者の留学促進イニシアティブ(第二次提言). https://www.cas.go.jp/jp/seisaku/kyouikumirai/dai6/siryou1-1.pdf

日本內閣官房こども家庭庁 (n.d.). https://www.cfa.go.jp/top

日本內閣官房総合科学技術·イノベーション会議 (2022. 4. 6.). Society 5.0 の実現に向けた教育・人材育成に関する政策パッケージ.

日本文部科學省 (2018. 6. 5.). Society5.0に向けた人材育成～社會が変わる、學びが変わる～(本文). https://www.mext.go.jp/component/a_menu/other/detail/__icsFiles/afieldfile/2018/06/06/1405844_002.pdf

日本文部科學省 (2019. 1. 25.). 新しい時代の教育に向けた持續可能な學校指導・運營體制の構築のための學校における働き方改革に關する總合的な方策について(答申). https://

www.mext.go.jp/b_menu/shingi/chukyo/chukyo3/079/sonota/1412985.htm

日本文部科學省 (2020. 4. 21.). 臨時休業中の學習の保障等について. https://www.mext.go.jp/content/20200421-mxt_kouhou01-000004520_6.pdf

日本文部科學省 (2021. 1. 26.).「令和の日本型学校教育」の構築を目指して～全ての子供たちの可能性を引き出す, 個別最適な学びと, 協働的な学びの実現」(答申). 中央教育審議会. https://www.mext.go.jp/content/20210126-mxt_syoto02-000012321_2-4.pdf

日本文部科學省 (2022). 次期教育振興基本計画の策定に向けた基本的な考え方(案). https://www.mext.go.jp/kaigisiryo/content/000202442.pdf

日本文部科學省 (2022. 12. 19.).「令和の日本型学校教育」を担う教師の養成・採用・研修等の在り方について(答申). 中央教育審議會. https://www.mext.go.jp/content/20230320-mxt_kyoikujinzai01-1412985_00004-11.pdf

日本文部科學省 (2022. 5. 11.). 教育公務員特例法及び教育職員免許法の一部を改正する法律等の施行について(通知). https://www.mext.go.jp/b_menu/activity/detail/2022/20220511.html

日本文部科學省 (n.d.). 教育基本法. https://www.mext.go.jp/b_menu/kihon/about/mext_00003.html

日本文部科學省 (n.d.). 文部科學白書2021. www.mext.go.jp

日本文部科學省 (n.d.). 文部科學白書2022. www.mext.go.jp

日本文部科學省 (n.d.). 新型コロナウイルス感染症對としての学校の臨時休業に係る学校運営上の工夫について.

地方教育行政の組織及び運営に関する法律 (1956). 법률 제162호. https://elaws.e-gov.go.jp/document?lawid=331AC0000000162

제**2**장

중국의 교육제도와 교육개혁 동향

1. 사회문화적 배경

중국에 중화인민공화국(The People's Replibic of China, 약칭 중국)이라는 공산정권이 세워진 것은 1949년이다. 중국은 아시아 동부에 위치하고 태평양 서안에 인접해 있으며 국토 면적은 총 960만 평방 킬로미터이다. 행정 구역은 4개 직할시, 22개성, 5개 자치구, 2개의 특별행정구로 나눌 수 있으며 수도는 베이징에 위치하고 있다. 중국 인구는 2022년 기준 14억 1,175만 명이며, 그중 인구의 주류를 차지하는 한족은 전체 인구의 91% 이상을 차지하고 있다. 중국 내에서 공식적으로 확인된 56개 소수민족은 전체 인구의 8.89%로 1억 2천만 명이다(中國 國家統計局, 2023).

중국의 교육체제는 지난 수십 년간 엄청난 변화와 발전을 거듭해 왔다. 개혁개방 이전에 중국의 교육체제는 마르크스주의의 영향을 받아 학생들의 집단주의 사상과 노동기술 함양에 중점을 두었다. 그러나 개혁 · 개방 이후 시장경제와 세계화의 길을 택해 교육체제에 큰 변화를 가져 왔다.

1949년에 집권한 중국 공산당은 소련의 교육체제를 전면 벤치마킹하였다. 그리고 거기에 맞게 모든 교육제도를 일치시키고자 하였다. 1966년 문화대혁명을 거치면서 중국의 모든 교육제도는 철저히 파괴되었다. 교육보다는 이념이 중시된 시기였다. 그러다가 1980년대 덩샤오핑(鄧小平)이 현대화된 교육정책을 추진하면서 중국의 교육은 다시 살아나기 시작했고, 이때부터 고등교육은 새로운 발전의 길로 들어서게 되었다.

1990년대 들어 중국의 전반적인 경제가 크게 성장하게 되었고, 이 과정에서 중국은 국가 인적 자본 축적을 위한 교육의 중요성을 인식하게 되었다. 중국은 교육 시스템을 현대화하여 우수한 인력을 양성하여 국가 경쟁력을 높이고자 하였다. 이에 따라 중국 정부는 취학보조금 제공, 졸업생 취업, 지방교육과 민간(사립)교육 조직 발전 등 교육단계별 개혁을 추진하였다.

이처럼 중국의 교육 시스템은 점차 학문적 지식과 과학 기술 혁신의 육성을 강조하고 학생들의 혁신 정신과 실천 능력의 발전을 중시하는 방향으로 발전하기 시작하였다. 동시에 중국의 교육체제도 개인의 발전과 다양한 교육수요에 관심을 가지기 시작했다.

인구가 많고 지역경제와 문화 발전이 불균형한 중국은 국민의 수준 향상을 위해 다양한 정책을 추진하기 시작하였다. 예를 들어, 1998년에 발표된 '21세기 교육진흥행동계획(面向21世紀敎育振興行動計劃)', 「교육법」 및 「중국교육개혁과 발전요강(中國敎育改革和發展綱要)」과 같은 법령 등을 통해 교육개혁과 미래발전의 비전을 명확히 드러냈다. 특히 1998년 발표된 '교육진흥행동계획'에서 전국 9년 의무교육의 기본 보급을 전면적으로 실시하고, 도시 및 경제발달지역의 교육 수준을 고등학교 단계까지 보급하며, 전국 인구의 교육 연한을 개발도상국의 수준에 도달하도록 명시하였다. 아울러 고등교육 규모를 확대하여 고등교육 입학률이 15%에 이를 수 있도록 하고, 주요 대학과 학문이 세계 일류 대학의 수준으로 향상될 수 있도록 지원하고자 하였다. 동시에 국가 지식 혁신 및 현대화 건설을 위한 충분한 인재를 제공하기 위해 평생 학습 시스템을 구축할 것이라고 발표하였다(中华人民共和国 敎育部, 1998). 또한 2002년에 공포된 '전국교육사업 제10차 5개년 계획(全國敎育事業第十個五年計劃)'에서는 다음과 같은 정책을 집중 추진하고자 하였다. 9년간의 의무교육 보급을 공고히 하고, 직업교육을 대대적으로 발전시키며, 광범위한 노동시장의 요구에 부응하고 211과 985공정 목표를 계속하여 고등교육의 질을 지속적으로 향상시키고자 하였다. 이러한 목표에 기초하여, 제10차 5개년 계획기간에는 덕육교육과 교과과정 개혁 강화, 낙후지역의 의무교육 보급, 서부지역 교육의 계획 강화, 각급 학교 컴퓨터 설비 및 정보교육의 보급 촉진, 일류 대학 및 학과 건설 발전, 산학협력 강화 등 여섯 가지 중요한 사업을 추진하였다(中华人民共和国 教育部, 2002).

이 밖에 중국이 2010년 발표한 '2010~2020년 국가 중장기 교육개혁 및 발전계획 요강(國家中長期教育改革和發展規劃綱要)'은 중국의 미래 교육개혁과 발전을 제시한 강령적 문서이다. 특히 2020년까지 인적자원 강국에 진입하겠다는 중국의 의지를 천명하고 교육 현대화와 학습형 사회 건설을 최우선 목표로 하고 있다. 이에 따라 중국은 기초교육 보급, 청장년 문맹 퇴치, 고등교육 대중화 등을 적극 추진하고 있다. 또 교육개혁 목표를 달성하기 위해 중국 국무원은 2012년 국가 재정적 교육비 지출 비율을 중국 내 총생산(GDP)의 4%로 정했다. 최근 몇 년 동안 중국 정부가 교육 재정 투입 비율을 적극적으로 확대한 것을 보면, 인적 자원 향상과 국가 경쟁력 유지에 많은 노력을 기울이고 있음을 알 수 있다.

한편, 중국은 사회주의국가로서 교육의 목적은 마르크스 이론에 입각하여 사회주의 특성과 요구를 반영하여 규정화하고 있다. 따라서 교육방침은 "교육은 반드시 사회주의 현대화 건설을 위해서 일해야 하고 반드시 생산 노동과 상호 연계 결합해야 하며 덕육, 지육, 체육이 조화롭게 발달된 건설자와 후계자를 양성해야 한다"로 명시하고 있다. 중화인민공화국 건립 초기 중국의 교육방침은 '교육은 공업과 농업을 위해서 봉사하고, 생산과 건설을 위해서 봉사'하는 것이었다. 그리고 당시의 교육 목표는 '국가의 건설자와 보호자를 배양'하는 것이었다. 이러한 교육의 방침은 당시의 국민경제 발전 방침에 맞추어 제정된 것으로 당시 시급히 수요가 많은 인재 양성에 부분적으로 기여하였다. 이후 사회주의 현대화 건설을 표방하는 시대 흐름에 부합하는 새로운 지도 사상이 필요하게 되었다. 이에 중국공산당 중앙위원회는 1985년에 발표한 '중국공산당 중앙위원회의 교육체제개혁에 관한 결정'에서 '교육은 반드시 사회주의 건설을 위해 봉사해야 하며, 사회주의 건설은 반드시 교육에 의지해야 한다.'고 명시하였다. 즉, 교육이 '현대화, 세계, 미래를 향하여 나아가서, 1990년대에서 2000년대 초까지 중국 경제와 사회 발전을 위해 필요한 사회주의 방향을 견지하는 각급 각류 인재를 양성할 것'을 요구한 것이다.

이어서 1986년 4월「중화인민공화국 의무교육법」의 제3조에서 '의무교육은 반드시 국가의 교육방침을 관철하여야 한다. 교육의 질을 높이어 아동으로 하여금 품덕, 지력, 체질 등의 방면에서 전면적인 발달을 이루어 전 민족의 소양을 높여야만 한다. 그리고 이를 통하여 이상, 도덕, 문화, 기율이 있는 사회주의를 건설할 기초적인 인재를 양성해야 한다.'고 밝히고 있다.

중국은 개혁개방 이후 새로운 전환기에 들어서면서 중국 교육의 역할을 네 가지 현대화를 실현하고 동시에 세계의 신기술 혁명의 도전에 대응할 수 있는 인재 양성에 두었다. '중국공산당중앙위원회 교육체제 개혁의 결정'에서 교육체제 개혁의 목적은 민족의 소양을 높이고, 역량 있는 인재를 양성하는 것 이었다. 특히, 사회주의 현대화 건설의 중요한 임무는 현재 인재의 수준을 높여야만 할 뿐만 아니라 반드시 전체 당(黨)이 교육에 대한 인식을 높여서 교육이 현대화, 세계, 미래를 향하도록 해야 한다고 강조하였다.

최근에는 중국 교육의 목적이 보다 현실적으로 변화되었다. 이는 2020년 '샤오캉(小康) 사회의 전면적 건설', 2050년 '사회주의 현대화 강국 건설'이라는 거시적인 계획에 의하여 '교육 현대화'라는 국가 미래교육 발전 로드맵을 수립하고 이를 실행해 왔다. 그러나 2020년 1월 시작된 코로나 팬데믹은 중국의 교육 현실에 큰 변화를 불러옴과 동시에 교육 발전 로드맵에도 적지 않은 영향을 미치고 있다.

2. 교육제도 및 교사교육

중국의 학제는 각종 유형의 유아교육, 초등교육, 중등교육 및 고등교육을 포함한다. 그 가운데 보통교육, 직업기술교육, 고등교육, 특수교육 등의 계통이 있고, 학교 운영 형태로는 전일제학교(全日制學校),[1] 반공반독학교(半工半讀學校),[2] 우편통신학교(函授學校), 업여학교(業餘學校),[3] 방송학교 등이 있다. 이들을 살펴보면 다음과 같다.

---

[1] 전일제학교는 학생이 종일 수업을 하는 학교 유형을 말한다.
[2] 반공반독학교는 노동과 학습을 동시에 중요시하는 학교의 형태이다.
[3] 업여학교는 본래 농촌에서 농번기를 피하여 농한기에 학교를 운영하는 형태이다. 또한 평생교육에서 현직에 종사하는 자가 자신의 직업에 필요한 지식과 기능을 향상하기 위하여 고등교육기관에서 수업을 받고 있으며, 이러한 교육기관도 업여학교의 한 유형이다.

1) 교육제도

중국은 다양한 학제를 운영하고 있다. 대도시와 중소도시, 일부의 농촌에서 초중등 학제는 6·3·3제를 시행하며, 일부 농촌지역과 지방의 향진(鄕鎭)에서는 5·3·3제로 초등학교는 5년, 중학교는 3년, 고등학교는 3년을 실시하고 있다. 그러나, 이러한 학제는 사회경제의 발전에 따라 대부분 6·3·3제로 바뀌었다. 5·4·3학제는 5년제 초등학교와 4년제 중학교의 기초 위에 3년제 고등학교 교육의 단계에서 직업기술학교, 실업계 고등학교 및 인문계 고등학교를 운영하는 것을 말한다. 실업계 고등학교는 공, 농, 의학, 사범, 체육, 예술 등의 계열(과)로 구분되며, 일반계 고등학교는 문이과로 구분한다. 이러한 중국의 학제를 학교의 특성과 역할에 따라 구분하면 ⓐ 보통 학교교육 체계, ⓑ 직업기술교육 체계, ⓒ 사범교육 체계, ⓓ 농·공교육 체계, ⓔ 현직연수 교육 체계, ⓕ 당정 간부교육 체계: 각급 당 학교, 각종 간부학교, 관리대학 등으로 나눌 수 있다.

(1) 취학 전 교육

3~6세의 유아를 대상으로 지덕체미(智德體美)의 전인적인 발전을 추구하고, 심신건강의 활발한 성장을 위한 교육을 실시하고, 초등학교 교육의 기초를 준비한다.

(2) 초등교육

초등교육은 주로 전일제 초등학교를 말한다. 6세 혹은 6세 반의 아동을 입학 대상으로 하고 있고, 학제는 6년이다. 전일제 초등학교의 교육 역할은 사회주의를 계승할 후세대를 위하여 중등교육의 기초를 마련하기 위함을 목적으로 하고 있다. 아울러 평생교육 차원에서 초등교육 정도의 업여교육도 실시되고 있다.

(3) 중등교육

중등교육은 전일제 중학교, 중등전문학교, 직업중학교, 기술학교, 농업중학 및 기타 반공반독중학, 업여중학 등이 있다. 전일제 중학교의 학제는 6년(중학교 3년, 고등학교 3년)이다. 중등전문학교, 직업중학, 농업중학의 수업 연한은 일정하지 않으며, 중급기술자, 관리자, 기능공 및 기타 노동자를 양성하는 데 있다.

(4) 고등교육

고등교육으로는 대학,[4] 전문대학 및 각종 형식의 반공반독대학, 업여대학과 대학원이 있다. 대학의 학제는 일반적으로 4년이며, 전문대학의 학제는 3년이고, 대학원은 2~5년이다. 고등교육의 기본 역할은 사회주의 현대화 건설에 필요한 각급 고급 전문 인력을 양성하는 데 있다. 각종 유형의 업여대학 및 고등 평생교육기관은 일반 대학의 보완적 기능을 시행하며, 설립 유형과 운영 방식은 다양하게 실시되고 있다. 고등평생교육기관으로는 대학에서 운영하는 야간대학 및 우편통신부, 독립적으로 설립된 우편통신대학, 방송대학, 교육대학의 교사연수학교, 노동자대학(職工大學)[5]과 농민대학, 퇴직한 전문가 및 과학 인사들이 설립한 사회대학, 각종 보습학교 및 보습반, 간부 편·입학과, 간부 대학 등이 있다.

고등교육의 목적은 우홍우전(又紅又專), 즉 정치사상면에서도 혁명적이며 기술면에서도 뛰어난 사회주의 건설을 위해서 필요한 각종 전문 인재와 과학기술과 문화를 발전시키는 데 필요한 인재를 배양하는 것이다. 이러한 인재들은 반드시 이상, 도덕, 문화, 규범이 있고, 국가와 민족의 부강을 위하여 헌신하는 정신과 실사구시의 정신, 독립적인 사고력, 창조정신을 가질 것이 요구되고 있다.

고등교육은 전문과, 본과, 대학원의 3개 부분으로 구성되어 있다. 전문과는 고급중학 졸업생을 대상으로 하며 수업 연한은 3년이다. 본과도 고급중학 졸업 학력이 있어야만 입학할 수 있으며 수업 연한은 4년이다. 의과대학과 소수 이공계통의 대학은 수업 연한이 5년 내지 6년이다. 대학원 과정은 석사학위 과정과 박사학위 과정의 2개 단계가 있다. 석사학위 과정은 일반적으로 3년이며, 박사학위 과정도 3년이다.

중국의 대학 유형은 세 가지로 분류된다. 첫째 유형은 종합대학과 전문 성격을 가진 대학이다. 이들은 전문성이 높은 대학들로 이공대학, 의과대학, 농업대학, 재경, 정법대학 등이 있다. 둘째 유형은 전문성 대학과 성격이 비슷한 대학으로서 중국에서는 학원이라고 불리고 있는 대학이다. 이런 대학은 본과 교육을 위주로 하고 있으며 또 한편으로는 여러 가지 과학 연구 활동을 한다. 셋째 유형은 고등전문학교이다. 이들 학교에서는 응용과학 전문 인재를 양성하는 데 목적을 두고 있다. 전문학교 학

---

4) 중국에서 일반 4년제 대학을 전일제 본과라고 한다.
5) 노동자대학은 중국에서 직공대학이라고 한다.

생으로 하여금 일정한 전공지식을 갖추도록 하는 것 이외에 전공과 관련한 일정한 기능을 갖출 것을 요구하고 있다.

이 외에도 대학원 과정이 있으며 대학원은 '연구생원'이라고 한다. 중국에서 석사학위와 박사학위는 일정한 요건을 갖춘 대학에서만 수여하도록 하고 있으며, 이는 '국무원학위위원회'에서 결정한다. 현재 중국에서 박사학위를 수여할 수 있는 권한이 부여되어 있는 대학은 제한적이다. 박사학위는 반드시 '박사점(博士点)'이라고 명칭하는 대학에서만 수여하도록 하고 있다. 박사점은 국무원 학위위원회가 심사를 통하여 결정을 하게 되며, 대학의 연구 능력, 교수 수준, 시설 등을 종합하여 결정한다.

(5) 성인교육

성인교육을 실시하는 기관으로는 성인초등학교, 성인중등학교, 성인대학과 독학시험이 있다. 성인초등학교에는 문맹식자반과 성인여가초등학교가 있다. 여가초등학교에서는 주로 어문과 산수 2개 과목을 가르치고 있다. 문맹식자반에서는 1,500개 내지 2,000개의 상용한자를 졸업할 때까지 학습하도록 하여, 문맹을 벗어날 수 있도록 하고 있다. 성인중등학교는 각종 성인여가학교, 예를 들어 야간학교, 통신학교, 방송텔레비전학교 등을 포함한다. 이러한 유형의 학교들은 보통 수준의 문화 지식을 가르치기도 하고, 중등전문교육의 특성을 가지고 있는 경우도 있다. 방송텔레비전학교는 각종 중등학교 수준의 전공들을 개설하고 있어서 성인들이 선택하도록 하고 있다. 성인대학의 유형으로는 직공대학, 농민대학, 교육학원, 관리간부학원, 방송텔레비전대학, 통신학원 등이 있다. 보통 일반대학에는 대부분 통신부와 야간부가 설치되어 있어서 중등 학력을 가진 직장에 다니는 청년들이 여기에서 공부하고 있다. 고등교육독학시험은 각 성의 '고등교육독학시험위원회'에서 주관하며, 사회의 필요에 따라 다양한 전공들을 설치하고 있다. 독학시험에 참가하는 사람은 연령 제한이 없으며 스스로 원하는 전공을 선택하여 공부할 수 있다. 매 1개의 과목이 시험에 통과하게 되면 '고등교육 독학시험위원회'는 단과합격증서를 발급한다. 규정에 따른 학점을 이수하면 졸업증서를 발급하게 되며, 일반 대학 졸업자와 동등한 학력을 소지하게 된다.

2) 교사교육

중국은 문화대혁명이 끝난 1976년 이후 대학운영이 정상화 되면서 사범교육이 활기를 띠게 된다. 특히 1985년 발표된 '중공중앙의 교육체제 개혁에 관한 결정(中共中央國務院關於深化敎育改革, 全面推進素質敎育的決定)'에 나타난 사범교육의 발전과 현직 교원의 연수는 사범교육을 발전시키는 혁신적인 개혁이라고 할 수 있다. 이 결정에서 '종합대학과 기타 비사범계열 대학에서는 교육학원(敎育學院)을 설치하거나 혹은 교사 자격을 얻는 데 필요한 교육과정을 개설해야 하며, 4년제 대학 학력을 가진 중학교 교사를 길러야 한다.'고 명확하게 제시하였다. 이후 1993년 「중화인민공화국 교사법(中華人民共和國敎師法)」에서 중등교사 자격을 취하려면 고등전문사범학교, 고등사범대학 또는 그 이상 학력을 가져야 한다고 규정하여 법제화하였다. 1996년 「사범교육 개혁과 발전에 관한 여러 가지 의견」에서 독립적으로 설치된 각급 사범대학을 주체로 하고, 비사범계 대학들이 공동으로 참가하여 양성과 훈련을 서로 결합하는 사범교육체계를 구축해야 한다고 처음으로 명확히 제기하였으며, 초 · 중등학교 교사 및 교장을 대상으로 연수를 실시할 것을 규정하였다.

2001년 국무원의 '기초교육개혁의 발전적 결정(國務院關於基礎敎育改革與發展的決定)'에서 교사교육을 '사범교육'으로 수정하였다. 이는 단순히 개념을 바꾸는 것이 아니라 내재적 의미, 즉 초 · 중등교사 양성에 대하여 새로운 의미를 부여한 것이다. 즉, 전통적 교사교육은 초임교사를 대상으로 하여 직후에 관한 교육 개념이 없었으나 개정된 사범교육은 '직전, 직후 및 현직 교사교육'을 포함하여 실시하는 혁신적인 개념이라고 할 수 있다.

2002년 6월 중국 교육부가 발표한 '초 · 중등학교 교사 대오건설 15계획(中小學敎師隊伍建設十五年計劃)'에서, '교사 집단의 전체적 소양을 향상시키고 교사 자격제도를 전면적으로 개편하여 국가에서 규정한 일정한 학력 수준에 이르러야 할 것'을 명시하였다(中華人民共和國 敎育部, 2002). 이 계획에 근거하여 중국 교사들의 학력 수준을 유치원 교사의 자격은 사범학교 졸업, 초등교사는 중등사범학교 또는 사범계열 전문대를 졸업해야 하며, 중학교 교사는 3년제의 사범계열 전문대학을 졸업하고, 고등학교 교사는 4년제 사범계열 대학을 졸업할 것을 구체화하였다. 2007년에는 '교육부 직속 사범대학생 무상교육 실시방법[6]'에 따라 사범대학 신입생들에게 무상교육을 실시하였다(中國人民共和國 敎育部, 2007). 이후 2009년에는 교사교육을 개혁하고, 교사의 질적 수준을 향상시키기 위해 북경에서 교사교육 전문가 회의를 소집해 연구와 실천 기능을 강화하였다. 이로서 현직 교사는 교사 연수과정을 통해서 재교육을 받을 수 있게 되었다.

(1) 임용제도

시장경제체제가 도입되면서 '개인의 노동에 대한 보수와 이를 위해 투입된 노력이 일치될 때 일에 대한 적극성을 이끌어 낼 수 있다'는 관념이 사회적으로 보편화되기 시작하였다. 또한, 중국 정부는 기존의 낡은 방식이 변화하는 사회경제체제와 부합하지 않는다는 점을 인식하고 1990년대에 들어 '교사초빙임용제'를 제안하게 되었다. 교사초빙임용제는 중국이 사회주의 시장경제체제에 적응하기 위해 도입된 것으로 이는 '근로 계약제(勞動合同制)'를 교육영역에 적용시킨 것이라 할 수 있다.

중국 초·중등교사 임용제도에 대한 개혁은 1980년대부터 시작되었고, 1990년대 들어 임용제 개혁을 원활히 진행하기 위해 일련의 법규와 정책이 발표되었다. 1993년 「중화인민공화국교사법」 제17조에서는 "학교와 기타 교육기관은 점차적으로 교사초빙임용제를 실시하여야 한다. 교사의 임용은 응당 상호평등의 원칙을 따라야 하며, 학교와 교사는 임용 계약을 상호 체결하고 쌍방의 권리, 책임 및 의무를 명확히 규정해야 한다"고 밝혔다. 1995년에는 「중화인민공화국교육법」을 발표하고 "국가는 교사의 자격, 직무, 임용제도를 수립하고 평가, 상벌, 교육과 연수를 통해 교사의 질을 제고해야 한다"고 명시하였다. 이어 1999년 교육부가 제정한 '21세기를 향한 교육진흥행동계획'(이하 '행동계획')에서도 초·중등학교에서 교사초빙임용제를 실시하고, 평가를 강화하며 경쟁을 통해 교원의 역량을 최적화할 것을 강조하였다. 또한, '행동계획'에서는 교원선발 대상의 범위를 확대하고 교사 자격을 갖춘 비사범계열 대학의 우수 졸업생들이 초·중등학교 임용에 적극 지원하여 교원 구조가 개선되도록 할 것을 명시하고 있다. 2002년 발표된 '사업 단위 인원 임용제도 시행에 관한 의견 통지(關於在事業單位試行人員聘用制度意見的通知)'와 2003년에 발표된 '초·중등학교 인사제도 개혁 심화에 관한 실시 의견(關於深化中小學人事制度改革的實施意見)'에서는 이러한 임

---

6) '敎育部直屬師范大学師范生免費敎育实施办法(试行)'

용제를 더욱 구체화하고 있다. 이들 문건을 통하여 중국의 교사초빙임용제는 기초교육 개혁을 촉진하기 위한 중요한 역할을 하고 있다고 볼 수 있다.

중국 교사 임용의 주체에 관한 규정은 2002년 발표된 '농촌 의무교육 관리체제 보완에 관한 통지' 제13조에서 "현급 교육행정기관은 법에 의거하여 농촌 초·중등학교 교원의 자격 인정, 임용, 연수, 배치 및 교류, 평가 등에 대한 관리기능이 없으며 농촌 초·중등 교직원을 임용할 권리가 없다"고 명시하고 있다. 그러나 임용제에서 일부 지역은 학교가 아니라 교육국이 교사 임용을 주관하기도 하여, 교원 채용의 주체가 누구인가에 대한 명확성 문제가 제기되기도 한다. 교원 임용은 신임 교원뿐만 아니라 이미 임용된 모든 교원에 대해서도 계약 기간이 만료되면 평가를 통해 재임용 여부를 결정한다. 대부분은 임기 만료 후 재임용되고 있다.

(2) 자격제도

중국 중등교사의 자격제도를 살펴보면, 고급, 1급, 2급, 3급 교사 등 4단계로 분류하고 있다. '중·고등학교 직무시행 조례'에 의하면 고급 교사는 고급 직무를, 1급 교사는 중급 직무를, 중등 2급, 3급 교사는 초급 직무를 수행하는 것으로 규정되어 있다. 중국의 중등교사 자격은 4개 단계로 구분되어 있어 전문대학을 졸업한 경우에도 자격증이 부여된다. 단계의 구분은 있지만, 중등학교 교사의 자격은 하위급의 자격에서 상급 자격으로 올라갈수록 하위 단계의 교사 자격증이 있어야 한다. 이들 자격

표 2-1 중국 중등학교 교사의 자격 구분 및 조건

학교급	자격	자격 조건
중등 학교	고급	중등학교 1급 교사로서 5년 이상 근무 경력자 혹은 박사학위 소지자로 심사를 거쳐 고급 교사의 직무를 수행할 수 있는 자
	1급	중등학교 2급 교사로서 4년 이상 재직 경력 혹은 석사학위 소지자로 심사에 통과하여 1급 교사의 직무를 수행할 수 있는 자
	2급	대학 본과 졸업생으로 1년의 실습 시간을 이수하고, 중등학교 3급 교사로 2년 이상 재직하고, 심사를 거쳐 2급 교사의 직무를 수행할 수 있는 자
	3급	전문대학을 졸업하고 실습 활동을 이수하고, 교육학, 심리학 및 교수법에 대한 기초 지식을 잘 이해할 수 있도록 심사를 거쳐, 중학교 교과 중 최소 한 과목에 대하여 잘 가르칠 수 있으며, 3급 교사의 직무를 수행할 수 있는 자

출처: 류팅팅, 박창언(2013).

은 일정한 기준을 충족하여도 무시험에 의한 자격 부여라기보다는 일정한 심사를 거쳐야 한다는 점이 특징적이다.

또한 중국 교사제도의 특징은 중국 중등교사 양성의 일환으로 교사 자격 취득은 면허증의 성격을 띠고 있으며, 교사 자격시험에 의해 교사 자격 부여가 결정된다. 또한 교사 자격시험 성적의 유효기간은 3년이며 매 5년마다 재등록을 해야 유효성을 인정받는다는 특징을 지니고 있다.

3. 교육행정제도

중국의 국가정책결정은 국무원과 중국 공산당이 작성한 후 전국인민대표대회(전인대)에 회부하여 법령화한 후에야 공포하여 실시하게 된다. 중화인민공화국 「헌법」에 따르면 중국 국무원(즉, 중앙인민정부)은 국가권력의 최고집행기관이다. 국무원은 전국 지방 각급 행정기관을 총괄 지도하는 직책을 가지고 있으며, 중앙과 성, 자치구, 직할시 행정기구인 중국 교육행정 조직과 학제 직권을 구분하는 임무를 가지고 있다. 또 국가교육, 과학, 문화, 위생, 체육과 출산계획 등의 업무를 주도하고 있다.

중국의 교육행정 조직은 중앙, 성(省)급, 지시(地市)급, 현(縣)급, 향진(鄕鎭)급 등으로 구분하고 있다. 그러나 교육행정은 중앙에서 지방 각급 교육행정 기관으로 수직적으로 실시되는 것이 아니라, 각급 지방정부 및 교육행정 기관을 통하여 실시되고 있다. 이는 중앙과 지방 각급 교육행정 기관의 체계와 업무 제도에 있어서 교육행정 체제가 전부 같지 않기 때문이다. 따라서 권한의 구획 문제에 있어서도 각급 교육행정 기관 간에 차이는 존재하지 않고, 오히려 각급 지방정부 간에 그 차이가 존재하고 있다.

중화인민공화국 교육부(중국 교육부)는 국무원 산하 부서로 중국 교육사업을 관리하는 최고 행정기구이다. 교육부는 전국 교육사업의 발전을 총괄하고, 전국 교육 업무를 조정한다. 또 국가교육체제의 개혁을 통일적으로 배치하고 지도하며 국가가 제정한 관련 법률, 법규, 방침을 지켜 교육정책을 집행한다.

현재 중국은 정부 차원에서 학교 운영을 주체로 하고 사회 각계각층이 공동으로 학교를 설립하는 큰 방향을 추진하고 있다. 따라서 기초교육 부분에서는 지방정부의 학교 운영을 위주로 하는 계층적 관리체제이고, 고등교육은 중앙정부와 성(자치구, 직할시)의 2급 정부가 공동으로 학교를 설립하고 사회 각계각층의 학교 운영 참여를 보조하는 체제이다. 그리고 직업교육과 성인교육은 정부가 총괄적으로 관리하고 있으며, 또한 사회의 각 기업과 기관이 공동으로 학교 운영에 참여하고 있다.

교육 재정에 있어서는 중국은 국가 재정 지출을 주요 자금원으로 삼고 교육에 필요한 재정을 여러 경로를 통해 충당하고 있다. 중앙에서 직접 관리하는 학교의 경우 필요한 재정은 중앙 재정에서 직접 지원하고, 지방관리학교의 경우 지방재정에서 지원하도록 하고 있다. 농촌·향·촌과 기업(사업)이 관리하는 학교는 주 운영자가 자금을 지원하고 국가가 적절한 보조금을 지급하는 형태로 재정을 운영한다. 사회단체와 현지인이 설립하는 학교는 전적으로 설립자가 자체 조달하도록 하고 있다. 이처럼 중국은 국가나 지방정부의 교육재정 투입 이외에도 재정 수입을 증가시키기 위한 다양한 노력을 하고 있다.

중국의 교육행정 조직은 중앙과 지방으로 구분하고, 지방은 다시 3급으로 세분하여 성, 현 및 향으로 나누고 있다. 구체적인 교육행정 구조는 [그림 2-1]과 같다.

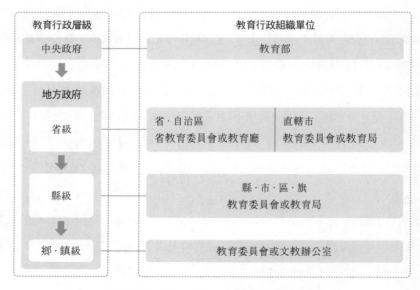

[그림 2-1] 중국의 교육행정 조직 체계

출처: 萧宗六, 贺乐凡(2004).

1) 중앙의 교육행정체계

　중국의 교육행정 조직은 제11기 전국인민대표대회 제1차 회의에서 비준한 국무원 기구개혁방안과 '국무원 기구설립에 관한 통지(國務院關於機構設置的通知)'에 근거하여 교육부를 설립하고, 국무원을 구성하는 부서를 구성하며, 내부적으로 22개의 부서가 운영되고 있다. 구체적인 조직 부서를 살펴보면, 사무청, 정책법규부, 개발기획부, 인사부, 재무부, 기초 교육 1부, 기초교육 2사, 직업교육 및 성인교육부, 고등교육부, 교육 감독단 사무실, 민족교육부, 사범교육부, 체육위생예술교육부, 사상정치공작부, 사회과학부, 과학기술부, 대학 학생부, 직속 대학 업무부, 학위관리 및 대학원 교육부(국무원 학위위원회 판공실), 언어 및 문자 응용 관리 부서, 언어 및 문자 정보 관리부, 국제 협력 및 교류 부서(홍콩, 마카오, 대만 사무실) 등이다.

　교육부의 주요 역할 및 기능은 다음과 같다.

　ⓐ 교육발전과 개혁방침, 정책계획을 수립하고, 관련 법규의 초안을 작성하여 그 시행을 감독한다. ⓑ 각급 교육의 전반적인 계획과 조정 관리를 책임지고 관련 부서와 협력하여 각급 학교의 설립 기준을 제정하고 각급 학교의 교육개혁과 교육 통계, 분석 및 발표를 담당한다. ⓒ 각 교육단계의 지도와 조정을 책임지며, 범위는 일반 고등학교 교육, 유치원 교육 및 특수교육을 담당한다. 아울러 기초교육 교육 표준을 제정하고, 기초교육 국가과정 및 교재를 심사하여 교육의 질을 향상하도록 한다. ⓓ 중등 및 중등 이하의 교육 및 문맹 퇴치 작업의 촉진을 감독한다. ⓔ 직업교육의 발전과 개혁을 감독하고 중등 직업교육 전문 카탈로그, 교육 및 평가 표준을 공식화하는 책임이 있다. ⓕ 고등교육의 발전과 개혁, 체제개혁의 책임을 지고, 고등교육학과의 전문목록과 교수 기준을 제정하고 관련 부서와 함께 대학 설립, 명칭 변경, 폐지 및 조정을 검토한다. 또한, 211공정 및 985공정의 시행 및 조정을 책임지고 다양한 고등교육 및 평생교육을 조정 및 지도하며 고등교육 평가의 개선을 지도한다. ⓖ 교육 재원 충당, 교육 재정 조달 및 교육 기반 구축을 포함하여 부서의 교육 재정의 전반적인 관리를 책임지고 국가의 교육 재정 투입 상황을 관리한다. ⓗ 소수민족 교육 업무를 총괄하고 소수민족 및 지역에 대한 교육 지원을 제공한다. ⓘ 각급 학교의 사상, 도덕 교육, 체육 위생, 예술 및 국방 교육을 지도한다. ⓙ 전국의 교사 업무를 관장하고, 관련 부서와 협력하여 각급 및 다양한 교사 표준, 교육 메커니즘을 공식화한다. ⓚ 각종

고등교육 모집 시험과 학력 관리를 책임지고, 유관부서와 합동으로 고등교육 모집 계획을 수립하며, 일반대학 졸업자의 취업 정책을 수립하고, 일반대학에서 대학생 취업 준비를 실시하도록 지도한다. ⑨ 고등교육의 자연과학과 철학, 사회과학 연구를 계획하고, 고등교육이 국가혁신체계 건설에 참여하도록 지도하고, 국가과학기술 향상 특별사업을 수행하는 등 각종 과학기술계획의 실시와 고등교육 과학기술 혁신 플랫폼의 발전을 지도하며 교육 정보화와 산학연의 네트워크를 활성화한다. ⑩ 교육 분야의 국제 교류 및 협력을 책임지고 해외 유학, 중국 유학, 중외 합작 교육 및 외국인 직원 자녀에 대한 규정을 제정하고 국제어로 한어를 홍보하며 홍콩, 마카오 및 대만 교육 협력 및 교류를 수행한다. ⑪ 국가 언어 및 문자 작업에 대한 지침 및 정책을 수립하고 한어와 소수민족 언어 및 문자 표준을 제정하며, 감독 및 평가 조직을 구축하고 조정하며 표준어와 한어의 교사 교육을 담당한다. ⑫ 국가 학위 수여, 국가 학위 제도 및 국제 학위 인증, 학위 상호 인정 등의 업무를 담당한다. ⑬ 중국 내 관련 부서를 조정하여 유네스코와 교육, 과학 기술, 문화 등의 분야에서 국제 협력을 활성화하고 유네스코 사무국 및 관련 기관, 단체와의 연락 업무를 담당한다. ⑭ 국무원이 위임한 기타 사무를 처리한다.

2) 지방의 교육행정체계

(1) 성급(省級) 교육행정 조직

성급 교육행정 조직은 우리로 따지면 시도교육청에 해당하는 교육행정 조직을 말한다. 이런 조직은 지역마다 다르게 이름이 붙여지는데 교육위원회, 교육청 혹은 교육국이라고 불린다. 각 지역마다 여건이 다르기 때문에 그 내부 조직에 있어서도 약간의 차이가 있다. 중국의 성급 교육행정 기관은 성급의 교육 업무를 종합하는 부서이다.

주요 기능과 역할은, 첫째, 당과 정부의 교육에 관한 방침, 정책을 집행하고, 아울러 실제 집행에 있어 감독과 평가를 한다. 둘째, 전 성(시, 자치구) 교육의 발전과 계획을 분배 통괄한다. 셋째, 교육 관련 업무의 조직, 협조, 지휘를 한다. 넷째, 교육체제 개혁의 역할을 시행한다. 다섯째, 성 위원회(중국 공산당 성 위원회)와 성 국민 정부에 부여된 기타 업무에 협조하고 책임을 진다.

(2) 지시급(地市級)의 교육행정조직

중국의 행정 구분은 성(省)급, 지(地)급, 현(縣)급 3등급으로 이루어져 있다. 지시(地市)의 교육행정 기구는 주로 행정 단위를 위하여 설치된 것으로 성과 현의 중간 교육행정 단위이다. 지시급 교육행정기구의 조직으로 지시 모두 교육위원회 혹은 교육국이 설립되어 있다. 일반적으로 지시교육위원회 혹은 교육국 내에 전문적으로 보통교육을 관리하는 기능과 실이 있다. 지구, 자치주 교육국 조직 및 기구의 설치는 성시·자치구 인민정부 혹은 지시·자치주 지방정부의 결정에 의하여 설치되며 각 지역마다 차이가 있다.

(3) 현급(縣級), 향진(鄕鎭) 교육행정조직

현급이나 향진 교육행정 기구의 조직 구성은 현, 향의 규모가 동일하지 않기 때문에 현 교육행정기관의 내부 조직 또한 동일하지 않다. 현급 교육행정기관에는 행정계획과 집행의 두 역할을 시행할 수 있다. 주로 당의 교육방침, 정책과 법규, 전 현의 교육사업을 관리 지도한다. 대규모의 향진에는 향진의 교육관리를 협조하는 조직으로 별도로 학구(學區)교육위원회와 향진노동자대표회를 설치하고 있다. 향진의 규모 차이가 있음으로 일반적으로 행진 교육행정기관은 반드시 당의 교육방침을 관철시키며, 각급 정부와 상급 교육행정기관의 교육정책을 집행한다.

4. 교육개혁 동향

코로나 팬데믹은 2020년 1월 23일 오전 10시 중국의 우한(武汉) 봉쇄를 기점으로 그 실체에 대한 인식과 대응이 시작되었다. 이후 팬데믹에 대한 모든 대응에서 중국 정부는 2020년 2월 새 학기 시작을 앞두고 전국 학교의 개학을 연기하였다. 그럼에도 불구하고, 중국의 초·중등교육 현장이 팬데믹 상황에서도 크게 동요하지 않고 '공중교실(空中课堂)'이라 불리는 랜선 수업을 통해 대규모 비대면 교육을 시행할 수 있었던 이유는 2010년 「교육 계획 강요」가 발표된 이후 2012년 3월에 교육부 명의로 「교육 정보화 10년 발전 계획(2011-2020)」이 발행되면서 교육 정보화 사업이 꾸준히 진행되었기 때문이라고 할 수 있다. 안정적으로 비대면 교육을 운영하고, 팬데믹이 종식

될 무렵 중국 교육계를 흔든 '쌍감 정책'은 학교와 학부모뿐만 아니라 민간 사업자들에게도 큰 영향을 끼쳤다. 중국 교육제도 개혁의 또 다른 시작을 알리는 '쌍감 정책'과 고등교육에서의 '쌍일류 육성 정책'에 대하여 살펴본다.

1) 학생 부담 경감과 사교육 금지 정책[쌍감(双减) 정책]

중국은 2020년 봄 학기에 전면적으로 실시된 원격 비대면 수업은 2022년 가을학기부터 전면적 정상 등교 수업으로 전환되었다. 2020년의 코로나19는 중국의 기초교육을 주로 교육 정보화 정책에 대한 획기적인 변화를 가져왔다. 전 세계적인 현상이 안정화되면서, 중국 내 교육계를 뒤흔드는 '쌍감 정책'이 발표되었다. 코로나19 대유행으로 학교가 문을 닫으면서 교육격차가 커지는 현상은 전 세계적 고민거리가 되었다. 중국은 이에 의무교육 단계 학생들의 입시 사교육을 전면 금지시키는 강경책을 내놓았다. 이러한 금지 정책은 중국이 교육 불평등을 해소하는 대신 교육 내용과 관련해서 더욱 중국의 '내부'를 단속하기 위한 통제의 기능 강화 조치라는 평가를 받고 있다.

2021년 7월 24일 중국 정부는 중공 중앙 판공청과 국무원 판공청 명의로 「의무교육 단계 학생의 숙제 부담과 학교 밖 사교육 부담의 추가 경감에 관한 의견」(이하 「쌍감 의견」)을 발표하였다. '쌍감'이란 학교 '안(숙제)'과 '밖(사교육)'의 학업 부담을 경감하는 정책으로, 이는 '학생의 휴식 권리를 보장하고 학교 교육의 질을 높이고 학부모의 부담을 줄인다'는 명목으로 추진되었다. 이 정책은 학생들의 학업 부담을 줄이는 한편, 가계의 사교육비 부담을 줄여 낮은 출산율을 상승시키기 위한 조치라고 보기도 한다. 즉, 중국 정부의 산아 제한 정책의 폐지 및 출산 장려 정책에도 불구하고 중국의 출산율이 제고되지 않는 것은 소황제(자녀)에 대한 높은 기대와 투자로 인한 양육비용 부담이 과중되어 이를 해결하기 위한 것이다. 이러한 근거는 쌍감 정책이 발표되기 전, 2021년 6월 26일 발표한 '중국 공산당 중앙위원회 국무원 인구의 장기적인 균형발전을 위한 출산 정책'[7]을 통해 3자녀 출산 허용, 양육비용 경감 조치 등에 기인한 것이라고 할 수 있다.

---

7)「中共中央国务院关于优化生育政策促进人口长期均衡发展的决定」

중국 정부는 양육비용 경감 차원에서 과도한 사교육비 부담 완화를 위해 온라인뿐 아니라 오프라인 학습 또한 금지시켰다. 이에 유아를 포함한 초·중·고(K-12)가 모두 금지 대상에 포함될 것이라는 우려가 있었다. 그러나 최종적으로는 의무교육(초·중등) 학령기 아동을 대상으로 수학 등 학교 수업과 관련한 과목에 대한 사교육 금지 정책인 '쌍감 정책'이 공식적으로 발표되었다. 이로 인하여 초등학생과 중학생을 대상으로 하는 이른바 '학과류', 즉 체육과 문화예술 등을 제외한 학과 수업과 관련된 사교육 기관은 일괄적으로 비영리 기구로 등록되며 신규 허가가 금지되었다. 한편, 온라인 교육의 경우 기존의 등록제이던 것이 허가제로 바뀌었으며, 외국인이 사교육 분야에 투자하는 것도 금지되었다. '쌍감 정책'에서 유아들은 금지 조치의 대상에서 제외되었다. 이는 이미 유아의 온라인 수업과 교과 관련 사교육에 대한 규제가 적용되고 있었기 때문이다. 반면, 체육과 문화예술, 과학 기술 등 비교과의 사교육은 상대적으로 쌍감 정책에서는 적용되지 않았다. 이처럼 초·중등교육에서의 '쌍감 정책'은 향후 공교육에서의 방과 후 수업활동이 제도화될 수 있는 가능성을 열어 주고 있다.

2) 고등교육의 개혁과 다양화 정책

(1) 시장경제에 부합하는 대학교육체제 개선

시장경제 체제를 도입한 이후 중국은 오랫동안 시장경제에 부합하는 교육체제의 완성을 위해 노력해 왔다. 이를 위해 중국 정부와 대학은 국가나 사회가 요구하는 모습으로 대학의 체질을 개선시키고자 다양한 정책을 추진해 왔다. 즉, 대학 교육의 투자체제를 개혁하여, 국가가 재정을 모두 부담하는 형태에서 벗어나 다양한 교육경비 모집체제를 구축하고자 하였다. 과거 중국의 대학 교육에 들어가는 예산은 모두 국가가 책임을 지는 형식을 취하고 있었다. 그러나 중국의 경우 많은 인구를 국가가 모두 책임지고 교육시키기에는 한계를 가질 수 밖에 없었다. 따라서 중국 정부는 우선 대학의 교육경비를 상당 부분 대학 스스로 마련하도록 하는 제도를 시행하고 있으며, 이는 중국의 대학교육 개선에서 대단히 중요한 개혁 내용 중의 하나이다. 이 제도의 시행에 따라 각 대학은 교육 재정을 마련하기 위한 여러 가지 방안을 시행하기 시작하였는데 그 대표적인 것은 학교가 회사를 설립하여 운영하는 것이었다. 이를 통하여 부족한 학교 운영 재정을 확보할 수 있게 되었다. 대표적인 것이 민간 재원의 투자 혹은 민간과의 협력 형태를 다양화하는 정책 추진 등이 그것이다.

(2) 세계적인 대학 교육의 선진화를 위한 집중과 선택

중국 정부는 '교육 발전으로 국가를 부흥하자는 전략'으로 교육을 중시해 왔다. 이 사업의 일환으로 세계 선진 수준의 대학을 만들기 위한 '211공정과 985공정'을 추진하여 왔다. 이 정책들을 합하여 2015년 세계 일류 대학과 일류 학과를 건설(世界一流大學和一流学科建設)하기 위한 새로운 정책으로 '쌍일류(雙一流) 육성 프로젝트'를 추진하기 시작하였다. 쌍일류 육성 프로젝트란 '세계적인 일류 대학의 육성과 세계 일류 학과의 육성'을 의미한다. 즉, '쌍일류(雙一流)'는 고등교육 분야에서 제시한 985공정, 211공정에 이은 또 하나의 국가전략으로, 고등교육 국제경쟁력과 역량을 향상시키며 중국의 비전을 실현하기 위한 정책이라고 할 수 있다.

2017년 9월 21일 중국 교육부는 대학 건설 명단을 발표하여 총 140개 대학에서 465개의 일류 학과가 선정되었다. 또한 2022년 2월 14일 국무원의 비준을 거쳐 교육부, 재정부, 국가발전개혁위원회가 발표한 제2차 '쌍일류' 육성 대학 및 육성학과 명단에 7개 대학이 추가로 선정되어, 현재 중국의 '쌍일류' 대학 수는 총 147개이다. '쌍일류'는 실천적 전략으로 두 가지 유형으로 구분한다. A형 대학은 대학이 구비한 내외적 역량을 갖추고 있어 세계 일류 대학에 진입 가능한 유형이다. B형 대학은 역량이 더욱 강화되어야 할 대학으로서 세계 일류 대학의 목표를 향해 노력하는 대학이다. A형이든 B형이든 구체적인 운영에 있어서는 동등하게 중시하고 평가한다. 이 쌍일류 프로젝트는 2030년까지 더욱 많은 대학과 학과가 세계 일류 대학의 명성을 갖게 되고, 일부 학과들이 세계 일류 학과에 진입함으로써 중국 고등교육의 전체적 역량을 강화하기 위한 것이다. 이러한 정책의 추진으로 중국은 인구 대국으로서 뿐만 아니라 고등교육 강국으로 부상하고자 하는 것이다.

3) 교육의 국제교류 활성화 정책

중국은 자체 교육시스템을 점진적으로 개방하고 다른 국가 및 지역과의 교육 교류 및 협력을 강화하고자 하고 있다. 또 국제 경험을 배우고 흡수하며 중국의 교육 수준을 향상시키고자 하고 있다. 특히, 고등교육의 국제화가 활발하게 추진되고 있다.

중국은 개혁개방 이전에는 외국과의 교류가 거의 이루어지지 않고 있었다. 그러나 1980년대 들어서 국제 교류가 본격적으로 시작되었고, 1990년대에 들어서는 더욱 활발한 교류 활동이 이루어지고 있다. 이러한 활발한 교류 활동은 중국의 대학들을 국제화시키는 데 적지 않은 기여를 하였다. 많은 유학생, 학자들이 중국을 방문하거나, 중국의 학생이나 학자들이 외국을 방문해 학문을 연구하고 있다. 최근 중국은 국제 교류 활성화를 위해 다양한 노력을 기울이기 시작하였다. 미국과의 교류는 감소하는 경향을 보이는 대신 유럽, 한국 등과의 교류가 활발하게 이루어지고 있다.

이상에서 살펴본 바와 같이 중국의 교육개혁은 사회적 시대적 변화에 부응하면서, 중국만이 가지고 있는 사회주의 경제 체제를 유지함과 동시에 중국의 독자성이 강화된 교육 개혁정책을 추진하고 있다. 한편, 중국은 인성교육, 지역 사회와의 균형 발전, 실천 역량 강화를 위한 정책에도 많은 관심을 기울이는 방향으로 나아가고 있다. 또, 국제화를 위한 중국 교육 경쟁력 강화를 위하여 적극적인 개혁 의지를 표방하면서 중국 교육의 전면적인 개혁을 통하여 미래 사회에 대비하고 있다.

참고문헌

경향신문(2021. 8. 10.). 중국 정부는 왜 고강도 사교육 금지를 내놓았나. https://m.khan. co.kr/world/china/article/202108101710001#c2b

구자억(1997). **중국의 교육**. 원미사.

구자억(2002). 사회주의 시장경제와 중국고등교육의 개혁: 1990-2000년 고등교육관리체제의 개혁을 중심으로. **중국교육연구**, 1(1), 109-129.

김숙이(2011). **중국 교육행정의 이해**. 정휘문화.

대외경제정책연구원(2021a). 언택트 시대 중국의 유아 조기교육 실태와 대응 방안: 북경 지역을 중심으로. 대외경제정책연구원 연구보고.

대외경제정책연구원(2021b). 포스트 코로나 시대의 중국 교육 발전 방향 탐색-14차 5개년 (2021~2025) 계획과 교육 현대화. 대외경제정책연구원 연구보고.

류팅팅, 박창언(2013). 한국과 중국 중등교사 양성제도의 비교. **교사교육연구**, 52(3), 589-605.

박영진(2005). 중국의 WTO가입과 세계 일류대학 계획. **아시아교육연구**, 6(2), 117-142.

연합뉴스(2021. 7. 25.). 중국, 초등·중학생 수학 등 교과목 사교육 금지. https://www.yna. co.kr/view/AKR20210725040751083

이수진(2017. 11. 29.). 중국의 교사 채용 시스템. 한국교육개발원 교육정책네트워크 정보센터. https://edpolicy.kedi.re.kr/frt/boardView.do?strCurMenuId=54&pageIndex=1&pageCondition=10&nTbBoardArticleSeq=816527

전자신문(2021. 6. 23.). 중국, 방학동안 온·오프라인 과외 금지… 글로벌 에듀테크 지도 변하나. https://www.etnews.com/20210623000054

최영표, 구자억, 손계림(2002). 사회주의 시장경제체제로의 변혁에 따른 중국고등교육의 개혁에 관한 연구. 한국교육, 29(2), 81-112.

曲铁华, 霍东娇 (2017). 改革开放以来我国中学教师职前培养模式的变迁与发展趋势. 四川师范大学学报: 社会科学版, 3, 102-107.

郭福昌外 (1993). 教育改革發展簡論. 教育科學出版社.

郭濟家主編 (1985). 教育法全書, 中共中央關于教育體制改革的决定. 廣播學院出版社.

萧宗六, 贺乐凡 (2004). 中国教育行政学. 人民教育出版社.

王君 (2018). 改革开放以来我国教师教育政策的发展历程成就及未来展望. 继续教育研究, 6, 102-106.

中國 國家统计局 (2023). http://www.stats.gov.cn/sj/tjzd/202305/t20230523_1939991.html

中國共產黨中央委員會, 國務院 (1993). 中國教育改革和發展綱要. https://www.waizi.org.cn/law/5047.html

中华人民共和国 教育部 (1988). 面向21世紀教育振兴行动计划.

中华人民共和国 教育部 (2002). 全國教育事業第十個五年計劃. http://www.moe.gov.cn/jyb_xxgk/gk_gbgg/moe_0/moe_7/moe_17/tnull_209.html

中华人民共和国 教育部 (2021). 中共中央办公厅国务院办公厅印发, 关于进一步减轻义务教育 阶段学生作业负担和校外培训负担的意见. http://www.moe.gov.cn/jyb_xxgk/moe_1777/moe_1778/202107/t20210724_546576.html.

中华人民共和国国务院办公厅 (2008. 7. 10.). 国务院办公厅关于印发教育部主要职责内设机构和人员编制规定的通知. 国办发, 2008, 57号. http://www.moe.gov.cn/jyb_zzjg/moe_188/

中华人民共和国中央人民政府 (2007). 国务院办公厅转发教育部等部门关于教育部直属师范大学师范生免费教育实施办法(试行)的通知. https://www.gov.cn/gongbao/content/2007/content_638524.htm.

中华人民共和国中央人民政府 (2021). 中共中央国务院关于优化生育政策促进人口长期均衡发展的决定. https://www.gov.cn/zhengce/2021-07/20/content_5626190.htm

제**3**장

대만의 교육제도와 교육개혁 동향

1. 사회문화적 배경

대만의 정식명칭은 '중화민국'으로 1911년 손문 선생이 세운 국민당 정부가 이룩한 나라이다. 이 정부는 19세기 말 청(淸) 제국의 쇠퇴와 한족의 민족운동에 힘입어 남경을 수도로 삼아 중국 천하를 재통일하였으며, 2차 세계대전 중에는 세계 5대 강국으로서 우리 독립운동에 물심양면으로 도움을 준 형제지국(兄弟之國)이었다. 그러나 일제와의 긴 전쟁에 지치고, 마오쩌뚱의 중국공산당과의 주도권 싸움에서 실패하여 마침내는 대륙까지 넘겨주고 1949년 대만으로 천도하게 되었다.

이후 1970년대 후반 미국의 단교로 시작되는 각국의 국교단절사태로 말미암아 국제적으로 고립되고, 국내적으로는 토착민(1949년 이전 이주한 중국인)과 이주민 사이에 분쟁이 폭발되어 고웅사건이 터지는 등 사회적으로 불안했던 적도 있었으나, 국난을 극복하고 안정된 사회 속에서 번영을 지속하고 있다. 총 인구는 2022년 기준 약 2,392만 명으로 선주민족인 고산족이 30만 명 정도이고 나머지는 중국 대륙에서 이주한 한족인데, 민남계열이 주를 이루고 있으며, 다음이 객가계열이다. 중국인이 최초로 중국 대륙의 남부 각지에서 바다를 건너와 이 섬에 정착한 것은 수(A.D. 581~618) 시대이며 13세기경에는 중국의 세력권에 들어갔고, 16세기부터는 집단적으로 이주하기 시작하였다. 1661년에는 민족의 영웅인 정성공이 항청복명하기 위해 이 섬을 근거지로 삼았으며 청 말기에는 중국인의 이주가 증가하여 250만에 달하였다.

1895년 청일전쟁에서 청나라가 패배한 대가로 대만을 일제에 양여하게 됨으로써 식민지가 되었으나 1945년 일제의 무조건 항복으로 다시 중국의 영토로 복귀하여 중화민국의 일개 지방조직인 대만성이 되었으며 1949년부터는 중국공산당에 밀린 국민당 정부가 천도하여 오늘에 이르고 있다. 이와 같이 대만은 근대 이전에는 비록 미개발지로 남아 문화적 후진성을 면치 못하였으나 근대 이후에는 그들의 정치·역사가 중국과 밀접하게 연결되어 왔으며, 또한 사회·문화의 모든 면에서 중국의 전통적인 요소를 근간으로 삼아 발전해 왔다. 따라서 동양문화권의 발상지인 중국 문화를 기본으로 하여 대만의 교육제도를 살펴보는 것이 타당하다고 하겠다.

국가이념면에서 보면, 국부 손문 선생이 주창한 삼민주의를 최고지도원리로 삼고 있기 때문에 민족주의, 민권주의, 민생주의를 실현하는 데 주력하고 있다. 따라서 경제발전 유형도 대기업 위주의 성장보다는 중소기업 위주의 정책을 취해, 국민이 최대한 보편적으로 복지를 누릴 수 있도록 법률로써 대기업의 출현을 사전에 방지하는 정책을 취해 왔다. 이러한 정신은 정치, 사회조직, 군대조직, 경제구조 등 각 방면에 침투하여 있기 때문에 우리는 대만체제 속에서 사회주의적 요소를 많이 발견할 수 있다.

사회적 측면에서 보면 중국의 전통적 봉건사회는 사·농·공·상의 계층 구분이 뚜렷하였으며 사·농 계층이 사회를 지배하는 주류세력으로 국가 안정 및 농업생산성 향상에 주력하였기 때문에 19세기까지는 공·상 계층의 세력이 크게 신장하지 못했었다. 또한 사회구조 자체가 유교도덕을 규범으로 삼아 여성의 미덕은 삼종지도를 따르는 것이 바람직한 것으로 여겨 왔다. 그러나 현재는 민주공화국의 정체를 근간으로 하여 경제발전에 주력하고 있기 때문에 점차 공·상 계층의 세력이 대만사회의 중추세력으로 등장하고 있으며 여권도 크게 신장되어 사회 각계에서 괄목할 만한 활약을 보이고 있다.

경제적 측면에서 보면 원래 대만은 사철이 따뜻하여 의·식·주의 걱정 없이 쌀, 파인애플, 바나나 등의 재배를 위주로 농업에 힘을 기울여 왔으나 국민당 정부의 천도 후 비약적인 경제발전을 이룩하여 1인당 GDP가 2022년 기준 35,000달러를 넘어서는 등 매우 안정된 경제체제하에 번영을 구가하고 있다.

종교적 측면에서 보면 유교와 도교가 가장 큰 세력을 형성하고 있으며 이들은 원래 종교적 색채보다는 철학적 체계를 지닌 것이었으나 후에 봉건 제후들이 국가를 통치하기 위하여 의식화하고 합법화시켜 오늘에 이르렀다. 또한 불교는 한대에 인도에서 들어와 도교사상과 어울려 발전하게 되었는데 각지에 산재해 있는 사원들이 도교와 불교의 색채를 동시에 띠고 있는 데서 잘 알 수 있다. 기독교는 7세기에 네스토리우스 교파에 의해 전래되었으나 뿌리를 내리지 못하고 19세기에 이르러서야 근대화와 더불어 가톨릭과 신교파의 선교단에 의해 전파되기 시작했는데 특히 사회교육 부문에 많은 영향을 끼쳤다. 이러한 배경하에서 현재 대만은 국교를 두고 있지 않으며 종교의 자유를 「헌법」에 보장하고 있다. 따라서 학교는 특정 종교를 옹호하는 교육은 실시할 수 없도록 하고 있다.

어학 측면에서 보면 상형문자에서 발전한 한자를 쓰고 있는데 이는 뜻글자로서 그 숫자도 많으며 한 글자가 여러 의미를 담고 있기 때문에 배우고 익히는 데 많은 시간을 요한다. 또한 지역이 넓어 다른 민족 간에 같은 글자를 소리내는 형태도 달라 의사소통이 잘 안되고 있다. 따라서 그네들끼리도 각종 손짓, 발짓 등의 동작을 곁들이는 경우가 흔하며 아직까지도 TV에 자막을 꼭 넣고 있다. 이에 전통적인 서한체인 문언체형을 버리고 구어체인 백화문을 채택하였으며, 중국의 정통성 확보 차원에서 북경어를 표준어(국어라고 함)로 정하고 있으면서 민난어와 객가어도 함께 사용하도록 하고 있다. 한편, 문자는 한자 정자를 사용하도록 하고 있어 중국의 간자화 정책과는 달리하고 있다.

2. 교육제도 및 교사교육

1) 학교제도

대만의 학교제도는 1911년 건국하면서 임자학제로 틀을 잡고, 임술학제로 개편한 후 다시 몇 차례 개편 과정을 거쳐 오늘에 이르고 있다.

대만의 현행 학제는 '삼민주의 국가이념의 실현' 원칙에 따라 교육기회의 균등을 보장하는 데 중점을 둔 6 · 3 · 3 · 4제를 근간으로 하고 있어 단선제에 속하나, 후기 중등 단계부터 전통적으로 학술계열과 직업계열로 구분 · 운영하고 있어 분지형 또는 포크형(Fork type)의 색채를 많이 띠었으나 최근에는 통합형인 종합고등학교 체제를 발전시키고 있다.

(1) 학제의 구조 · 운영

학교단계 및 수업 연한을 보면, 유치원에서 연구소(大學院)까지의 수업 연한은 총 22년 이상으로 규정하고 있는데, 취학 전 단계의 유치원은 2년, 초등교육 단계의 국민소학교 6년, 전기 중등교육 단계의 국민중학교 3년, 후기 중등교육 단계의 고급중학교와 고급직업학교는 3년으로 규정하고 있으며, 국민중학 졸업생을 대상으로 한 전과학교는 5년(단, 의학계열은 6년), 고등교육 단계의 후기 중등교육 졸업생을 대상으로 한 전과학교는 2~3년(2년제는 고급직업학교, 3년제는 고급중학교 졸업생을 대상으로 함), 대학(교)과 기술대학은 4년을 원칙으로 하고 있다. 단, 치과계열을 6년, 의학계열은 7년, 학사 후 의학과는 5년, 기술대학은 전과학교를 졸업하고 현장 경력이 있는 자의 고급 기술연마를 돕기 위하여 3~4학년 단계만을 두는 과정과 4년제 과정을 동시에 설치하는 것을 원칙으로 하고 있으며, 대학원 석사과정은 2~4년, 박사과정은 2~6년으로 규정하고 있다. 그리고 석사과정은 학사학위자를 응시자격으로 하면서도 최근에는 직업기술 교육의 발전 차원에서 3년제 전과학교를 졸업하고서 2년의 현장 경력을 지닌 자와 5년제 전과학교나 2년제 전과학교를 졸업하고 3년의 현장 경력을 지닌 자에 대해서도 입학을 허용하고 있다. 다시 말해서 직업기술 교육 출신자들에게는 2~3년의 현장 경력을 지니면 학사 학위를 취득한 것으로 인정하는 것이다. 그 외 야간부는 주간부와 동급의 질을 유지하기 위해 동종학교의 연한보다 1년을 더 부과하고 있다.

고등교육단계에 석 · 박사과정인 대학원(연구소라 칭함)을 두고 있는데 전자는 2~4년제로 후자는 2~6년제로 운영하고 있다. 석사과정은 대학 졸업생을 응시자격으로 하고 있으나 3년간의 현장 경험이 있을 경우 2 · 3 · 5년제 전과학교 출신자에게도 응시자격을 주고 있다. 그리고 석사과정이 성적이 좋을 경우 입시 없이 직접 박사과정에 진학할 수 있다.

교육계열을 보면, 초등과 전기 중등단계까지는 보통교육을 위주로 하며, 후기 중등단계는 기초학술계열인 고급중학교와 직업교육계열인 고급직업학교, 종합고등학교 체제로 구분하고, 고등교육 단계 또한 학술교육계열인 일반대학(교)과 직업교육계열인 전과학교, 사범대학, 기술대학으로 구분하여 운영하고 있다.

각 학교단계의 학령을 살펴보면, 유치원은 4~6세, 국민소학교 6~12세, 국민중학교는 12~15세, 고급중학 15~18세로 규정하고 있으며 고급직업학교는 직업교육인 점을 고려하여 15~23세로 유연하게 규정하고 있다. 그리고 고등교육 단계의 전과학

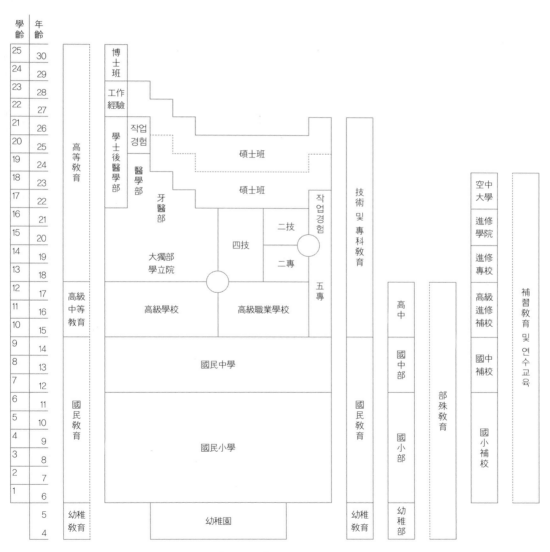

[그림 3-1] 대만의 학제

교나 대학에 대해선 특별한 제한을 두고 있지 않다.

특수교육을 담당하는 특수학교는 지체 장애아를 대상으로 하고 있는데 맹아(啓明), 농아(啓聽), 정신 박약아(啓智) 및 지체 부자유자(仁愛) 학교의 네 종류로 구분하여, 전기 중등 단계까지는 보통교육 위주로 후기 중등 단계는 직업교육 위주로 교육과정을 운영한다.

사회교육을 담당하는 기관으로 보습학교가 있는데 이 학교는 평생교육의 차원에서 실학자에게 교육 기회를, 그리고 사회발전에 따라 요구되는 계속 교육 기회를 제공하는 데 목적을 두고 있다. 현재 정규학교에 부설하여 운영하는 것을 원칙으로 하고 있는데, 교육 단계에 따라 국소보교, 국중보교, 고급진수보교(보통과정과 직업과정으로 구분) 및 전과진수보교로 구분하여 초등부터 고등 단계까지 연계되도록 하고 있다. 그리고 교육내용은 대상에 따라 동 단계의 학교 수준에 준하는 내용을 장·단기 프로그램으로 재편성하고 있는데, 그 수준이 일반적으로 낮기 때문에 이 과정을 수료했다고 하여 학력을 인정하지는 않아 동 계열 보습학교에 진학하는 이외의 정식학교에의 진학은 검정고시를 거쳐야만 한다.

학교의 학년도 구분을 살펴보면, 1학기는 8월 1일부터 다음 해 1월 31일까지이며 2학기는 다음 해 2월 1일부터 7월 31일까지로 하고 있다.

(2) 학교교육 개황

교사 1인당 학생 수를 보면 대만으로 정부를 천도한 1950년에 36.35명이었다. 2000년에는 19.96명, 2022년에는 13.60명으로 대폭 줄어 질 높은 교육이 이루어지고 있다. 인구당 학생 수를 보면, 1950년에 1000명당 139.64인이었으나 2000년에는 50년 만에 약 70%가 늘어난 237.25명으로 대폭 늘어났고, 2022년에는 176.39명으로 22년간에 25.65%가 줄어들어 소자화 현상으로 학생 인구가 줄어들고 있음을 알 수 있다.

각급 학교 학생 수를 비교해 보면, 1950년에는 초등학교와 중학교 학생이 전체의 93.96%로 대부분을 차지하였으며 기타 유치원, 보습학교 그리고 특수학교생이 2.02% 밖에 되지 않았다. 그러나 2000년에는 초·중학생이 55.05% 수준이며, 고등학생이 15.25%, 전문대학, 대학생이 18.97% 그리고 기타 10.73%로 구성되어 50년간 중·고등단계 학생이 확충되었으며, 대학 단계가 획기적으로 늘어났음을 알 수 있다. 이어서 2022년에는 초·중학생이 43.49%, 고등학생이 13.84% 수준으로 약간 늘어난 데 비해 전문대학, 대학생이 27.78% 수준으로 대폭 늘어나 21세기 들어서 고등교육이 많은 발전이 있었으며 다양해졌다고 할 수 있다. 12세 이하 아동의 취학율에 있어서도 1950년에는 79.98%이었으나 2000년에는 99.92%로 거의 완전 취학하고 있음을 알 수 있다.[1]

(3) 입시제도

현재 중학교까지 의무교육을 실시하고 있기 때문에 중학교 입학은 무시험 추첨·배정방식을 채택하고 있으나, 고등학교부터는 공개경쟁·선발방식을 채택하고 있다. 현재의 입학제도는 1996년 12월 행정원교육개혁심의위원회가 제안한 다원입학방식에 기반을 두고 2000년대 들어서 마련된 방안에 따라 운영되고 있다.

① 고교입시

과거 고교입시는 의무교육단계가 아니었기 때문에 지역별로 연합해 시험을 거쳐 모집하는 연합고사를 통해 선발하는 방식이었다. 그러나 이 방식이 학생의 능력과 적성을 신장시키는 데 한계가 있으며 입시 부담이 너무 크다는 비판이 고조되어 2001년에 이르러 자원입학방식(自願就學方案)으로 바뀌게 되었다. 이 제도는 기존의 연합고사제를 폐지하는 대신에 등록배치입학, 추천선발제 방식 그리고 신청입학제 방식의 세 가지 방식에 의해 선발하도록 하고 있다.

등록배치(登記分發)입학제는 국민중학학생기본학력시험점수에 따라 배치하는 방식으로 전국을 17개 지구로 나누어 모집하도록 하고 있다. 추천입학제는 지구별로 수학, 음악, 미술, 무용 등 특수재능을 지닌 학생을 대상으로 하는데, 앞서의 국민중학학생기본학력시험점수를 참고로 하면서 학생 개인의 특수 표현을 주의깊게 파악한 자료, 그리고 각 학교의 선발 측정, 예컨대 면담, 소논문 등을 포함하여 선발하는 방식이다. 세 번째 방식인 신청입학제는 각 고급중학이 제시한 조건을 보고 국민중학 졸업생들이 주동적으로 그 학교에 신청서를 제출하여 선발하는 방식이다. 각 학교는 제출한 신청표의 자료를 중심으로 심사하는데, 앞서의 학생기본학력시험점수 이외에 특수재능, 품덕성적, 종합표현 등의 성적을 종합하여 선발하도록 하는 방식이다.

---

1) 중화민국 교육현황란에서 정리 추출함(https://depart.moe.edu.tw/ED2100/News21.aspx?n=09E8A4EDA
  021E1E5&sms=4CE4DCEE47BD6425)

학생 선발의 주요 근거가 되는 국민중학학생기본학력시험은 중등교사양성대학인 국립대만사범대학측정센터가 주관하도록 하고 있다.

② 대학입시

대학입시 또한 다원입학방식으로 전환하였는데 2002년에 확정되어 실시하고 있다. 구체적으로는 추천선발제, 신청입학제, 그리고 시험등록배치제의 세 부류로 대분되는데 맨 후자가 갑, 을, 병의 세 가지로 구분하고 있어 실제로는 다섯 가지라고 할 수 있다.

이처럼 대학입시가 기존의 연합고사 성적에 의하고, 단 한 번의 기회만 제공하는 방식을 벗어나 다원화된 루트와 기회를 제공하고자 하는 데 주안점을 두었다. 구체적으로는 학생의 능력과 재능, 적성에 따라 원하는 대학과 학과 전공을 선택하는 기회를 제공하는 한편, 대학도 건학이념에 따라 스스로 원하는 학생을 선발하여 길러낼 수 있는 기회를 얻게 됨으로써 보다 합리적인 방식으로 제안되어 오늘에 이르고 있다. 더욱이 사회가 원하는 다양한 인재를 길러낼 수 있게 할 뿐만 아니라 교육 기회의 균등성을 더욱 보장할 수 있는 제도로 인식되었다.

그러나 한편으로는 선발 기회도 확충되고 자율성을 중시하는 데 대해 입시내용이 너무 복잡하고 준비하여야 할 사항이 폭증하여 오히려 입시 부담이 커졌다는 비판도 제기되고 있는 실정이다.

(4) 사회평생교육제도

대만의 사회교육의 범위는 매우 넓다. 이 개념은 우리와는 약간 다르게 특수교육, 보습교육, 성인교육 그리고 사회교육을 제공하는 박물관, 도서관, 과학관 및 예술관 등의 사회교육기관을 포괄하고 있다.

이러한 보습교육기관으로는 1934년에 설립한 민중학교, 1944년 「보습학교법」에 의해 설립된 보통보습학교, 직업보습학교 등이 있는데 교육의 단계에 따라 국민학교 과정의 초급보습학교, 중학교 과정의 중급보습학교, 고등학교 과정의 고급보습학교로 구분하였으며 규정된 과정을 이수하고 검정시험에 합격하면 정규학교 졸업과 동등한 자격을 부여하였다.

1958년에 들어 보습교육은 전파매체를 통한 교육방송과 교육TV를 이용하는 데까지 발전하였는데, 그간의 성과가 좋아 1966년에는 방송통신상업보습학교(고급상업직업 광과 실험보습학교라 칭함)를 신설하였으며 이어서 1971년에는 전국 29개 고교에 부설방송통신보습학교를 증설하였으며, 고등교육 단계까지 확대 · 실시하는 계속교육 체제를 구축함으로써 획기적인 전기를 마련하였다.

이처럼 사회교육의 측면에서 시작된 보습교육은 학교에 부설 · 운영하는 것을 원칙으로 하여 꾸준히 발전하여 왔는데 2023년 현재 국민보습학교 372개소, 그리고 진수대학 16개소에 이르고 있다.

이 외 고등학교에 진학하지 않는 자를 대상으로 한 교육도 여기에 포함된다. 1995년부터 '실용기능반'이라 이름하고 있는데 기능실습교육을 위주로 하여 운영하고 있다. 3단계로 운영하고 있는데 이 단계를 마치면 고급직업학교 수준 자격을 얻게 된다. 2023년 현재 23,162명이 재학하고 있다.

그러나 보습학교는 정규학교교육에 비해서 교육의 수준이 떨어지기 때문에 이 과정을 수료했다고 하더라도 학력으로 인정을 하지 않았다. 단, 고교과정까지는 검정고시를 두어서 학력을 획득할 기회를 주어 왔으며, 최고 교육단계인 대학과정(공중전과학교와 공중대학이 있음)에 대해서만 이러한 규정을 두지 않아서 학점은 인정하지만 학위는 수여하지 않는 방향으로 운영하고 있다. 따라서 학위의 획득을 목표로 하는 사람은 정규 대학에 입학하여 방송통신대학에서 이수했던 학점 이외의 과목을 이수하지 않으면 안 된다.

이상에서 살펴본 바와 같이 사회교육제도는 평생교육의 차원에서 모든 국민에게 최대한 교육 기회를 제공하여 개인의 능력을 발휘할 수 있도록 하며 나아가 사회발전에 이바지할 수 있도록 하고 있는데 시대의 발전에 따라 초급 단계의 보습학교에서 시작하여 오늘날은 방송통신대학 수준까지 확대하여 왔다.

2) 교사 교육

(1) 교원의 양성, 선발 및 채용

사범교육정책은 1994년 이래 대만의 다원화사회의 전환에 따라 세기적 변혁이 이루어졌다. 계획식, 공비제, 배치제 사범교육제도가 비축식(儲備式) '자비제(自費制)' 전형선발제적 다원양성제도로 바뀌게 되었다. 이러한 개혁으로, 첫째, 일원적인 사범교육시기 교육대학, 사범대학과 국립정치대학 교육학 계열만 교사를 양성하는 방식에서 「사자배육법(師資培育法)」이 공포된 이후는 모든 대학이 교육학 과정을 설치하여 교사를 양성할 수 있도록 다원화되었다. 둘째, 학교문화생태가 풍부해지고 다원화되게 되었다. 교사가 되고자 하는 자는 수습교육학 과정을 이수할 기회를 갖게 되어 교사의 길이 넓어지게 되었으며 교사문화도 더욱 풍부해지고 다원화되었다. 셋째, 교사자격검정고시의 실시로 교사의 자질을 확보하게 되었다. 2002년 「사자배육법」이 공포된 이후 교사자격 취득 방식이 바뀌게 되었는데 사범직전교육학생은 필수적으로 교사자격검정고시를 통과하여야만 교사증서를 취득하도록 하여 기본적으로 교사자질을 확보하게 되었다. 다원화와 비축제 실시 이후 교사문화 또한 더욱 다원화되었으며, 학교교육발전에도 긍정적 효과를 기대하게 되었다.

교원양성 및 선발과정을 보면 사범계 대학과 일반대학, 대학원 단계에서 직전교사 양성하여 교사직전교육증명서 교부 ⇨ 교사자격 검정고시 응시하여 합격하면 ⇨ 자격교사증서 교부 ⇨ 개별학교 전형선발에 응시하여 임용하는 흐름을 보이고 있다.

먼저 직전교사 양성과정에 있어 시기별 상이점을 살펴보면 교육실습의 시기에 있어 재학 중으로 바뀌어 학생의 신분으로 수행하고 기간도 6개월로 단축되었다. 또한 교사자격 검정고시를 통하여 합격하여야만 자격증을 획득할 수 있도록 하여 질을 확보하고자 하였다.

표 3-1 대만의 교사양성

항목	「사범교육법」 시기	개정 「사자교육법」(2002년) 시기
대학 수업시간	4년	4년
교육실습 시기	졸업 후	재학 중
실습 기간	1년	6개월
실습 시의 신분	실습교사	실습학생
실습 시의 보수	매월 30여만 원 수준	없음, 학점에 따른 경비 납부
교사자격 취득 방식	실습 성적 합격 여부	교사자격 검정고시 합격

• 교사자격 검정고시 시행 기관 및 출제 비중(2014학년도) 및 특성
  －국가가 시행

- 선택형 60% 이하, 비선택형 40% 이상
- 기억형 감소, 분석, 응용 및 창조적 상황문제 증가

• 교사전형 선발

「교사법」이 1995년 공포된 후 교사 양성의 루트가 다양하게 개방됨으로써 교사 초 빙의 권한이 교육행정기관으로부터 학교당국으로 바뀌게 되었다. 이에 따라 1997년 3월부터 학교에 교사평심위원회가 설치되게 되어 이 조직이 교사 초빙을 담당하게 되었으며 학교교사와 학부모가 참여하여 일정 과정을 거쳐 당해 학교에 가장 적합한 교사를 전형하게 되었다.

이에 교육부는 각급 학교가 공개적이고 공평하고 공정한 절차를 거쳐 교사를 전형 선발할 수 있도록 하기 위하여 1993년 8월 전국교사회, 학부모단체연맹 및 각 현시정 부 등과 함께 연속으로 회의를 거쳐 공립초·중등학교 교사전형 선발작업요점을 제 정하여 법적인 근거를 마련하였다. 또한 2000년 7월 전국학교교사초빙망(http://tsn. moe.edu.tw/)을 구축하여 미취업 자격교사들이 각급 학교가 공고한 교사전형 선발 초빙공고를 보고 응시하여 취업할 수 있는 기제도 마련하였다.

한편, 각급 학교에 설치된 교사평심위원회는 별도로 전형선발위원회를 조직하도 록 하였는데 규정으로 보면 학교장이나 교장이 지정하는 전문인사가 위원을 초빙하 는 데 반드시 교외위원을 포함하여야 하며, 전형선발의 방법은 필기시험, 구술시험, 수업시연, 실제 작업 등을 통하여 수행되도록 하고 있다. 그리고 공정한 초빙이 될 수

표 3-2 대만 각급 학교와 유아원의 교사전형 선발 현황(2014학년도)

교육단계	응시자 수	합격자 수	합격백분율(%)
유아원	4,432	524	11.82
국민소학	16,304	1,644	10.08
국민중학	11,341	1,198	10.56
고급중학	10,717	690	6.44
고급직업학교	2,298	193	8.40
특수교육학교	684	15	2019
계	45,776	4,264	9.32

있도록 하기 위하여 교내위원 선정 시의 방법과 유의점 등에 대한 구체적인 규정도 마련하고 있다. 예컨대, 특정 과목 교사 초빙 시 이 과목담당 교내교사 위원은 심사 시작 30분 전 추첨으로 선정하도록 하고 있으며, 특정위원의 평점이 표준평점 범위를 벗어난 경우는 그 이유를 서술하고 위원 본인이 서명하여 책임을 지도록 하고 있다. 또한 필기시험의 경우 문제지와 답안도 실시 후 2일 내에 공개하도록 하고 있다.

참고로 2014학년도 교사전형 선발 현황을 살펴보면 합격률이 10%가 되지 않고 있어 교사임용이 매우 어려운 상황임을 알 수 있다(〈표 3-2〉 참조).

- 채용형태
  - 대만의 교사는 자치제를 실시하고 있어 직할시, 현시단위에 소속된 지방직이다. 초빙제에 의하고 있는데, 공개경쟁을 기반으로 하며 각 지방의 개별학교의 교사평심위원회의 심사 통과 후 교장이 임용하는 형태를 취하고 있다.
  - 초기초빙기간은 1년, 연속초빙은 1차 1년, 이후 2년씩 그리고 연속초빙 3차 이상으로 복무성적 우량자 교사평심위원회 위원 2/3 이상 통과 후 장기초빙하는 형식을 취하고 있다.
  - 법령에 규정한 범죄자, 공권력 미회복자, 정신병자, 성평등교육위원회에서 성침해행위자, 학생체벌자, 교학담당하기 어려운 자, 초빙계약 위반한 자 등은 초빙할 수 없도록 하고 있다.

(2) 교사연수

교사연수는 연수학점제, 학위 또는 자격 취득, 연수·실습·시찰에 참가, 연구·번역·저서·창작 유관 활동, 기타 등의 방식으로 실시되는데 퇴직 1년 이상 교사로 한정하고 있다. 재직 연수기관은 사범계 대학, 교육부가 지정·인가한 공사립대학 그리고 교육부가 설립하거나 인가한 전문교사연수기관으로 구분된다. 교사들의 재직 연수 방식은 방학기간, 주말 또는 야간을 이용하도록 하고 있다.

교사들이 재직 연수를 받고 규정한 학점을 이수하고 합격하면 연수기관이 학점증명서나 학위도 수여한다. 이와 같은 연수를 받고 학점, 학위 또는 자격을 취득할 때는 교직원 봉급 법령에 의거하여 봉급을 올려주고 승급도 시켜 사기를 진작시키는 조치를 취하고 있다. 또한 연수 성적이 좋은 교사에게는 별도로 포상하도록 하고 있다.

교사가 연구, 번역, 창작, 발명 등에 종사하여 교육활동에 특별히 바람직한 성과를 거두었을 때는 주관 교육행정기관이 포상을 신청하고, 특수한 가치가 있다고 판단되면 출판이나 제조에 협조하도록 하고 있다.

이와 같은 연수과정에서 연수경비를 받은 자는 복귀 후에 연수기간의 2배에 해당하는 의무를 부과한다. 만일 의무기간을 채우지 못했을 경우 연수기간 동안에 받은 일체의 경비를 반환하도록 하고 있다.

교사연수방식이 다양한데 자율적으로 연수에 참여할 때는 자비로 하며 교육업무와 직무에 부정적 영향을 주어서는 안되도록 하고 있다. 물론 자비로 참여한 연수일지라도 연수성적이 매우 우수할 경우에는 포상하고 주관 행정기관이 재정 상황을 보아 장학금도 줄 수 있도록 하고 있다.

대만도 우리와 같이 개방제 연수방식을 채택하고 있어 1년에 최소 1학점 이상은 취득하도록 하고 있다. 1학점은 18시간 연수할 때 얻을 수 있으며 5년 내에 5학점 또는 90시간을 이수하도록 하고 있다.

3. 교육행정제도

현행 제도는 교육의 중요성 및 국내 정치 여건을 감안하여 교육자치 차원에서 효율적인 교육행정이 이루어질 수 있도록 하고 있는데, 중앙 교육행정기관인 교육부와 지방 교육행정기관인 성(시) 교육청, 현(시) 교육국의 3차원으로 구성되어 있다. 이들 기관의 성격을 보면, 교육부는 중앙행정을 관장하는 행정원의 1개 부서로서, 그리고 교육청·교육국은 조직상 각각 성(시) 정부와 현(시) 정부의 부서로서 전문기관의 성격을 띠고 운영하는 형태를 취하고 있으며 그 기관장은 교육행정 전문가가 담당하도록 하고 있다. 또한 교육자치 차원에서 교육행정이 이루어질 수 있도록 하기 위해 중앙정부와 지방자치단체는 세입의 일정비율[2] 이상을 조건 없이 전출하여 교육·과학·문화의 경비로 충당하도록 「헌법」에 명시하고 있어 자율적인 교육행정이 이루어

---

[2] 「헌법」164조의 규정에 의하면, 敎育·科學·文化에 관한 예산이 중앙정부는 전체 예산의 15%, 省 정부는 25%, 縣(市) 정부는 35% 이하가 되어서는 안 된다고 명시하고 있다.

지도록 하고 있다.

이어서 각급 교육행정기관의 주요 역할을 살펴보면, 중앙정부의 교육부는 전국의 학술·문화 및 교육행정을 관할하기 위하여 주요 교육정책을 결정하고, 지방 교육행정기관의 업무에 대해 지시하고 감독하는 권한을 가지고 있으며, 국립 대학을 직접 관할하고 있다. 성 단위의 교육청은 지방 교육의 활성화를 위해 교육부의 기본 방침에 의거하여 현(시) 교육국이 그 기능을 발휘할 수 있도록 하는 데 중점을 두고 있으며 주로 후기 중등 단계의 학교를 관할하고 있다. 그리고 현(시) 단위의 교육국은 직접적으로 지역 실정에 맞는 교육정책을 집행하는 차원에 주안점을 두고 있으며 의무교육 단계인 국민소학교와 국민중학교의 운영을 담당하고 있다. 보다 구체적으로 교육행정체계와 각급 교육행정기관이 수행하는 기능을 제시하면 〈표 3-3〉과 같다.

표 3-3 대만의 교육행정 권한 배분

	중앙(교육부)	지방	
		성(시) 교육청 대북·고웅직할시(교육국)	현(시) 교육국
학교 행정	-국립학교의 설립·폐교 및 관할 -고등교육기관 관할 위주 실험 학교용 사범대학 부설 국립 초·중·고등학교 설치	-성(시)입학교의설립·폐교 및 관할 -고교 관할 위주 -실험·실습기관으로서 성립 사범학원 부설 국민소학 설치	-현(시) 입학교의 설립·폐교 및 관할
교육 과정	-각급 학교 교육 과정 개편 -초·중·고 교과서의 편찬 및 검정		
재정	-중앙정부 세입의 15% 이상 -부족한 지방교육재정의 보조 -고등교육 위주 지출	-성(시) 세입의 25% 이상 -현(시) 교육 재정보조 -후기 중등교육 위주 지출	-현(시) 세입의 35% 이상 -의무교육 위주 지출
인사	-국립 각급 학교 및 성립 전과학교 교장의 초빙	-현(시)립 교육국장, 장학관 및 과장의 임명 제청 -현(시)립 국민소학, 국민중학 교장의 임명 제청 -초·중·고 교사자격증 발급 -성(시)립 각급 학교 교사 초빙의 인가	-유치원 교사의 자격증 성(시) 교육청에서 위탁받아 발급 -현(시)립 국민소학, 국민중학 교장과 교육국과장의 추천 -현(시)립 각급 학교 교사초빙의 인가

4. 교육개혁 동향

1) 행정원 교육개혁심의위원회의 발족과 교육개혁

(1) 교육개혁 추진의 배경

대만은 1987년 장경국 총통이 서거하면서 일련의 사회개혁이 이루어졌다. 중화민국 정부의 대만 천도 이후 유지되었던 계엄령이 해제되고 재야세력의 정치구금도 풀어져 민주진보당이 창당되어 정치활동이 공식적으로 인정되었다. 이에 따라 국민당 1당 독재체제가 종결되었다. 또한 내 자식 꿈꿀 수 있는 세상을 만들자면서 교육개혁에 대한 사회요구가 거세게 분출되었다. 1994년 4월 10일 200여 민간단체와 3만여 민중이 교육개혁을 외치면서 시위활동을 전개하였다. 이때 제기된 요구는 '다음 세대를 위한 좋은 교육환경을 조성하고 즐거운 학동시기가 될 수 있도록 하자'면서 네 가지 개혁안을 제안하였다. 구체적으로는 소규모학교와 학급 실현, 고급중학과 대학의 대폭 확충, 교육현대화 추진, 그리고「교육기본법」제정을 요구하였다.

이러한 민중들의 교육개혁에 대한 열망에 부응하여 대만정부는 1994년 9월에 우리의 대통령 자문기관의 성격을 띤 '행정원 교육개혁심의위원회'를 발족하게 되었다. 이 위원회는 사회 각계를 대표한 31명의 위원으로 구성·운영하였는데, 효율적인 심의를 위해 하부에 '교육이념 및 평생교육조' '초·중등 및 유아교육조' '고등교육조', 그리고 '종합 및 특수의제조'로 나누었으며, 필요시에 분조위원 연석회의와 총회를 개최하는 방식으로 운영하였는데, 2년여에 걸쳐서 총회는 총 34회가 개최되었다. 이 위원회는 이와 같은 구성 하에 2년여에 걸쳐 심의활동을 하면서 6개월마다 교육개혁 방향이나 구체적인 정책을 건의하였으며 1996년 12월에는 '敎育改革總諮義報告書' 명칭의 최종보고서를 제출하고서 임무를 종결하였다.

한편, 당시의 대만교육은 근본적인 개혁이 이루어지지 못하여서 21세기의 사회변화에 대응하는 데 많은 문제를 안고 있었다. 그 주요한 문제들을 들자면 먼저, 교육제도가 경직되어 있고 타성에 젖어 있어 사회 변천에 부응하기 어려우며 미래성이 미흡하다는 것이다. 그래서 학교교육이 사회의 요구를 제대로 수렴하지 못하고 있다는 지적이 계속 제기되었다. 그리고 평생교육체계가 제대로 수립되지 못해서 성인교육과 계속교육을 효과적으로 확충할 수 없을 뿐만 아니라 민주자치적 시민사회의 형성에도 상당히 불리하게 작용하고 있는 것도 함께 제기되었다. 또한 특수교육대상, 소수민족, 학습결손 학생, 취학 전 유아 등에 대한 교육 기회가 충분히 보장되지 못하여 교육 기회 균등이 이루어지지 못하고 있다는 점도 지적되었다.

그리고 대만사회도 우리와 마찬가지로 숭문주의 전통과 학벌주의 사회구조 때문에 학교교육이 지육에 편중되고 시험 위주로 흐르고 있는 점도 서둘러 개혁해야 할 문제로 인정되었다. 여기에 교육과정의 내용도 편협할 뿐만 아니라 너무 분과되어 있어 통합력을 기를 수 없으며 교재도 너무 어려울 뿐만 아니라 일상생활과 떨어져 있고, 수업시수도 너무 과중하며, 교육방법과 평가방식도 너무 경직되어 있다는 지적도 제기되었다.

한편, 자질 높은 교사를 양성해 낼 수 있는 체계가 여전히 미흡하며, 정부 예산 중 교육비 투자가 모두 「헌법」 규정대로 이루어지는 등 투자규모는 GNP 6% 수준을 달성하였지만, 교육자원의 분배가 불합리하고 비효율적이어서 교육의 질을 제고하지 못하고 있다는 문제도 지적되었다.

(2) 대만 교육개혁의 이념과 목표

당시 대만은 아시아의 4마리 용에 속할 만큼 빠른 경제발전을 이룩하고 있었으며, 사회발전도 성숙하여 질 높은 인재 양성의 요구가 분출하고 있었다. 그러나 기존의 일방적인 지도 위주의 교육으로는 21세기 사회요구에 부응하는 인간을 길러낼 수 없을 것이라는 문제를 안고 있었다. 이러한 상황으로 21세기 현대사회의 요구에 부응하기 위하여 교육은 인본화, 민주화, 다원화, 과학기술화 그리고 국제화의 방향을 지향하여야 한다는 방침에 합의하였다.

인본화 교육이란 전인교육을 의미할 뿐만 아니라 잠재능력을 최대한 발휘하도록 하여 자아를 실현할 수 있도록 한다는 개념으로 사용하고 있으며, 민주화 교육이란 교육의 자주성을 보장하고 보다 많은 자유선택기회를 제공한다는 것을 의미하고 있다. 그리고 다원화 교육이란 사회의 소수집단, 약세집단을 존중하여 그들의 특성에 맞는 교육을 제공함으로써 수월성을 신장시킬 수 있도록 한다는 의미이며, 과학기술화란 과학지식과 정신을 보급하여 주요 능력과 문제해결능력을 길러낸다는 개념으로 사용하고 있다. 마지막으로 국제화란 각종 문화와 민족의 전통을 이해 · 존중하고 본토 문화의 우수한 점을 인식하는 한편, 국제화의 요구에도 부응할 수 있어야 한다는 의미로 사용하고 있다.

이와 같은 교육 현대화의 방향으로 나아가도록 하기 위한 교육개혁의 이념으로는 네 가지를 제시하고 있다. 그 첫째는 교육체제상의 부당한 통제를 해소할 뿐만 아니라 교육에 대한 잘못된 관념과 태도의 속박으로부터 벗어나야 한다는 차원에서 교육해방이라는 이념을 들고 있으며, 둘째는 학습자의 학습권의 보장을, 셋째는 부모가 미성숙한 아동의 학습권을 대행하는 현실을 감안하여 부모 학습권의 보호를 내세우고 있으며, 마지막으로는 전문직인 교사의 자율권을 보호한다는 이념을 제시하고 있다.

이와 같은 교육개혁의 이념 하에 제시한 개혁의 목표로는, 첫째, 교육 현대화를 달성하고, 둘째, 개인과 사회의 요구를 만족시켜 주고, 셋째, 평생학습사회를 지향하며, 넷째, 교육체계의 개조를 촉진한다는 네 가지를 들고 있다.

(3) 주요 교육개혁 방향 및 내용

대만의 행정원 교육개혁심의위원회는 활동을 마치면서 개혁사항을 다섯 가지로 나누어 추진하도록 하였다.

① 교육의 해방

교육의 제자리 찾기를 위해 교육의 해방을 주장하였는데, 이를 위해서 먼저 중앙교육행정체계를 조정하였다. 교육부 조직을 교육지원 위주로 개편하고 훈육, 체육업무는 폐지하고 각종 위원회를 설치하여 운영함으로써 교육의사결정에 있어 전문성을 살릴 수 있도록 하자는 것이다. 또한 「국민교육법」 등 잡다한 법을 묶어 「학교교육법」으로 합치며, 교사의 전문성 신장을 위해 관련 「교사법」의 통합·개편을 추진하였다.

그리고 초·중등교육의 해방 차원에서는 학교 중심 교육이 이루어질 수 있도록 개별학교에 학교자문위원회를 설치하는 데 중점을 두고 있다. 이 위원회는 학교교육에 대한 자문을 제공하는 한편, 교육목표의 결정, 평가도 수행하고, 학교장도 4년 임기로 초빙하도록 하며, 교사의 봉급, 장려금 등에 대한 동의권까지도 행사할 수 있도록 하였다. 고등교육에 있어서는 학부의 유형과 기능을 다원화하고, 민간자본의 투자를 확대하며, 학비 제한도 점진적으로 개방하도록 하고 있다.

또한 민간의 학교경영의 해방을 촉진하도록 하였다. 즉, 민간자본의 교육 투자를 유인하기 위해 의무교육단계 이외의 교육에 있어서는 민간의 참여를 위해 사학 설립 표준을 대폭 개방하는 대신에 사립학교 심의위원회가 감독·평가기능을 수행하도록 하여 자율적으로 관리할 수 있도록 하자는 것이다.

마지막으로 오도된 교육 관념 예컨대, 학벌주의, 입시위주 교육 등의 관념을 바로 잡기 위해서 전문자격증의 공신력과 가치를 강화시키고, 진학률이나 학교별 수능성적 등을 경영의 성과로 삼지 않고 홍보도 하지 않도록 선도할 것을 추진하였다.

② 개별 학생의 특성에 따른 교육의 제공

초·중등교육이 자원투입의 부족, 경직된 제도와 입시위주의 교육 때문에 개별 학생의 특성에 따른 교육을 충실히 제공하지 못하여 문제 학생들을 양산하고 있다는 지적에 따라 이를 해결하기 위한 종합적인 개혁을 시행하였다.

먼저 교육과정을 생활 중심으로 하고 실제적용(學以致用) 능력을 기를 수 있도록 개편하여야 함을 역설하고 있다. 구체적으로는 과도하게 분과된 교과목을 통합하여 수업 시수도 줄이는 방안을 제시하고 있다. 이어서 학교·학급규모를 점진적으로 축소하여 학교는 60학급 이하로 하고, 학급당 학생 수는 2006년까지 30명 이하로 줄였다.

그리고 학교장 책임제를 실시하고 행정직원을 늘려 교사의 잡무 부담을 대폭 줄이도록 하는 한편, 학교의 내재적인 자생력을 고무하고 학교윤리를 재건하도록 하여 학교경영의 현대화를 이룩하도록 하였다.

또한 개별 학생들이 기본학력을 구비할 수 있도록 신입생 대상으로 학력검사를 실시하고 다양한 방식으로 보충학습을 제공하도록 하며, 졸업 시 최저 요구 수준도 두도록 하고 있다. 그리고 초·중등학생에게 생활적응과 직업지도에 관한 진로교육을 강화하고, 이들이 적성에 따른 진로를 선정하여 나갈 수 있도록 학제와 교육과정을 융통성 있게 운영하였다.

한편, 특수교육을 대폭 강화하여 6세까지의 유아를 대상으로 삼아 무상으로 검사를 실시하고 조기에 이들의 의무교육 취학률이 95%에 도달할 수 있도록 하며, '지역 심신장애교육센터'를 두도록 하였다. 그리고 원주민 교육의 발전을 위해 법을 제정하고, 이들의 취학률을 일반 수준으로 올리며, 교육내용도 다원화하고, 전문 교사진도 확충·우대하도록 하고 있다.

③ 진학루트의 원활화

대만의 진학상의 문제는 모집정원, 학생의 요구, 학제구조와 입학제도에 관련되어 있는데 문제의 중점은 학교의 차이가 존재하고 있는 상황에서 학생들이 명문학교에 경쟁적으로 진학하려 하나 기회가 협소하고 입시제도도 연합고사를 통해 선발하고 있어 학교가 입시 위주 교육으로 흐르고 있는 점이 주요 문제로 부각되고 있었다.

이러한 상황을 감안하여 진학루트를 다원화하여 학생의 능력과 적성에 따라 진로를 설정하여 꿈을 실현하여 나갈 수 있도록 한다는 데 초점을 맞추었다. 이에 고급중학과 대학 단계의 교육 기회를 대폭 확충하고 다양한 경험을 제공하고자 하였다. 고급중학 단계는 종합학교(comprehensive school) 방식으로 개편·운영하고 학점제를 실시하며, 직업적성을 개발하기 위하여 지역별로 직업훈련센터나 기능실습센터를 설치하여 공동으로 사용할 수 있도록 하였다. 이와 아울러 대학은 특성화하여 종합대학형, 연구대학형, 기술대학, 다원기술대학, 과학기술대학, 개방대학, 지역대학(community college) 등으로 다양하게 발전시키도록 추진하였다.

그리고 입시제도도 기존의 연합고사에 의해 획일적으로 선발하던 방식을 바꾸어 다원화한 진학루트를 선택하여 진학할 수 있도록 하였다. 새로운 방식의 학력고사를 설치한 바탕 위에서 추천제, 특별전형제, 신청전형제 등 다양한 루트를 통하여 진학할 수 있도록 하였으며 모집시기도 다양화하는 안을 시행하고자 하였다.

④ 교육의 질 제고

교육의 질은 교육과정의 개혁 외에 교사의 자질, 교육연구와 평가, 교육자원의 효과적인 운용과 관련되어 있는 점을 감안하여 교사의 전문성을 높이도록 하였다. 구체적으로는 특색있는 교사양성 교육과정, 실습과 연수의 강화와 유인제공 등을 들 수 있다.

그리고 교육연구와 평가의 강화 차원에서 국가급 교육연구원을 설치하고 민간학술기관에 위탁하여 교육평가기능을 수행하도록 하고 있다. 교육자원의 효과적인 운용을 위해서는 민간의 교육 투자를 증대하기 위한 장려금을 확충하고, 교육자원 배분 지표와 모델을 수립하며, 교육자원의 경직된 활용을 피하도록 하였다.

고등교육의 질 제고 차원에서는 학부를 특성화하고, 교육부에 고등교육심의위원회를 설치하도록 하며, 국공립대학은 먼저 이사회를 설립한 후 법인화하여 인사·재정을 감독하도록 하고, 고등교육의 질적 지표와 평가제도를 합리적으로 수립하도록 하였다.

한편, 직업기술교육은 다원화하고 정교화하는 방향의 개혁안을 제안하였다. 교육 입시체계는 평생학습사회의 요구에 부응하여 융통성 있고 유연하게 조정하여 필요할 때 접근하여 공부할 수 있도록 하고, 실무지향으로 나아가되 기본능력과 교양을 구비하도록 하여 변화하는 사회에 적절히 대응할 수 있도록 하여야 함을 역설하였다.

⑤ 평생학습사회의 수립

평생학습사회의 도래에 적극 대응하여 5개 방향의 건의안을 제안하였다. 평생학습사회를 수립하기 위한 첫째 과제는 평생학습이념을 확충한다는 것으로, 평생학습의 의지와 태도를 지니고 학습 기회를 선택하여 필요한 정보와 지식을 획득·활용하는 습관을 기를 수 있도록 하는 데 중점을 두는 조치를 취하였다. 그리고 평생교육체계를 유기적으로 통합 조정하여 효과적인 관계를 수립함으로써 각종 학습 기회를 제공할 수 있도록 하는 데 초점을 두고 있다. 이어서 학교교육 개혁 시 학생들이 평생 동안 주체적으로 학습하는 동기와 습관을 지닐 수 있도록 하는 교육과정을 포함시키도록 하며, 학교와 지역사회와 밀접하게 관련하여 운영될 수 있는 조치를 강구하였다. 또한 회귀교육제도를 수립한다는 것으로 고등교육단계를 중심으로 하여 근무 연한 및 사회성취 수준으로 입학시험을 대신하는 조치를 강구하여야 하며, 별도의 성인교육기관은 재직교육 기회를 대폭 확대하도록 하였다.

마지막으로 평생학습사회의 수립을 위한 행정 지원 조치가 빠른 시일 내에 마련되도록 건의하였다. 구체적으로는 중앙과 지방에 전담기구 설치, 민간자원의 투자 권장을 위한 감세, 장려제도, 개인의 소득세 감액 등의 유인 조치를 취하였다.

(4) 교육개혁안의 추진 방법

앞서 소개한 교육개혁안을 구체적으로 어떻게 추진하고 있는가? 교육 전 영역에 걸쳐 있으며 내용도 방대할 뿐만 아니라 막대한 교육재정을 요하는 과제들이어서 조기에 이를 모두 수행하기도 어렵다. 이를 감안하여 대만의 행정원 교육개혁심의위원회는 추진 조직과 개혁추진 순서까지도 함께 마련하도록 하였다.

먼저 행정수반인 행정원장에게 건의한 교육개혁안의 추진을 위해 '교육개혁 추진위원회'를 조속히 구성하여 수행하도록 하였다. 이 추진위원회의 기능으로는 개혁안 실시를 위한 교육부와 유관 부서와의 협력·조정, 연도별 추진계획 작성 및 검토회의 개최, 교육개혁 추진 지표 개발 및 성과의 평가 등의 업무를 맡도록 하였다.

이어서 교육개혁안의 추진에 있어서는 영역별로 개혁과제들을 재정리하여 단기, 중기, 장기의 과제를 제시함으로써 일목요연하게 개혁이 추진될 수 있도록 하였다. 이들 개혁영역은 총 8개로 구분되어 있다. 구체적으로는 ⓐ「교육법」및 행정체계 개정, ⓑ 초·중등교육 개혁, ⓒ 유아교육의 보급과 특수교육의 발전, ⓓ 직업기술교육의 다원화와 정교화 추진, ⓔ 고등교육 개혁, ⓕ 다원 입학방안 실시, ⓖ 민간의 교육경영 추진, ⓗ 평생 학습사회의 수립의 영역으로 구분하였다.

이들 영역 중에서 첫 번째「교육법」및 행정체계 개정에 있어서 제안한 시기별 과제를 들면, 먼저 단기 과제로는「교육기본법」과「원주민 교육법」제정,「교육부조직법」「사립학교법」의 개정을 들고 있고, 중기 과제로는「학교교육법」제정,「대학법」, 각급 학교 인사·회계제도 개정을 들고 있으며, 장기 과제로는「교사법」의 개정을 실시하도록 하였다.

2) 교육개혁에 대한 주요 의견 및 논의

교육개혁안이 시행된 이후 각계각층에서 이에 대한 평가가 이루어지고 있으며 비판적인 의견도 지속적으로 제기되어 왔다. 이들 중 세 가지 사례를 들어 대만의 교육개혁이 어떻게 받아들여지고 있는지 소개하고자 한다.

(1) 林生傳의 '대만의 최근 교육개혁의 투시와 고찰(臺灣近期教育改革的透視與省思)'

고등교육 기회가 대폭 확충되어 문호는 개방됨에 따라 민중의 요구는 수렴되었으나 문제가 많은 상황이다. 진학루트는 다원화되고 합리적인 과정을 거치도록 하고 있으나 일반 민중들은 이러한 취지에 적응하지 못하고 있다. 입시 부담은 줄지 않았고 다원화된 루트에 따른 준비도 많아져 공평하지 않다는 지적이 많다. 다원입학이아니라 좋은 조건을 갖추기 위해 경비가 많이 소요되는 다전입학이라고 비난하고 있다. 과외는 더 많아졌고 실적을 확보하여야 할 부담은 더욱 늘어났다. 이 때문에 자녀의 실적을 뒷받침하지 못하는 학부모들이 어려움을 표시하고 있는 실정이다. 또한소자화 현상으로 학령인구가 줄어들어 이제는 공급이 수요를 초과함으로써 입학정원을 확보하지 못한 대학이 많이 발생하고 있다. 한편, 인력수요를 감안하지 못하여 취업률도 낮아져 졸업생의 실업문제도 심각하다.

초·중학교 단계 9년 일관제 교육과정 개편도 제대로 이루어지지 못한 실정이다. 교과목이 20여 개로 분과된 상황에서 상하 간에 지적 연계가 미흡하고 효과적인 적용도 부족한 상황이어서 7개 교과로 조직하여 교재를 재편성하고 교육시수도 조정하자는 안으로 합의하였다. 그러나 현실적으로 재편하는 작업이 충실히 이루어지지 못하였다. 또한 교과서 발행도 개방한 상황이어서 효율적인 교과서도 제작되지 못하여 예기한 효과를 거두지 못하고 있다.

(2) 朱敬一의 '기구한 운명의 대만교육개혁(命運坎坷的台灣敎育改革)'

대만의 교육개혁은 올라가지도 내려가지도 못하는 이럴수도 저럴수도 없는 상황에 빠져 있다. 예전보다 복잡해진 전형방법과 배치방식을 혹평하는가 하면, 아예 자녀를 이민 보내는 것이 차라리 좋겠다는 등 대만의 교육환경에서 완전히 벗어나고 싶다는 의견까지 있다.

지난 20년 동안 대만의 교육개혁은 서로 상충되는 두 가지 논리, 인본주의와 공동체주의 사이에서 줄다리기를 했다고 본다. 인본주의자들은 진학의 문이 좁고 입시 부담으로 학생들이 부적응하고 왜곡되는 것을 보고 이러한 부담이 완화하기를 희망했다. 이른바 고교와 대학 진학 기회 확충, 선별 연기는 이런 논리가 만들어 낸 정책이다. 당시 교육개혁론자들은 '애들이 주체'라는 인본주의에 공감하고 경제적 목적이나 사회적 목적 달성 차원에서 아이들의 교육권이 침해되어서는 안 된다고 보았다. 중국 사회에서는 전통적으로 부모들이 자녀들을 공부시키고 출세시키는 것을 기대한다. 그래서 자녀가 명문고교나 대학에 진학하여 출세하기를 원한다.

그러나 공동체주의자들은 자유주의를 인정하면서도 사회의 공동체의식을 우선하기 때문에 교육은 책임의식을 더 강조한다. 지난 20년간 교육개혁운동은 인본주의와 공동체주의가 충돌한다는 것을 결코 인식하지 못했을 뿐만 아니라, '명문학교에 다니기'의 공동체 사고에 영향을 미치거나 변화시키기 위한 체계적인 노력도 없었다. 일부 정부 수장들은 심지어 학부모들이 스타학교의 '미혹'을 갖고 있다고 비판하고, 지역사회 고등학교에 진학하지 않으려는 사람들이 각성이 부족하다고 비난하는 등 논리적으로 우월감을 가지고 있다.

인본주의 교육개혁 추진자들은 공동체 가치의 변화를 개혁의 전제조건으로 여기지 않기 때문에, 대만 사회의 교육개혁은 기본적으로 모두에게 더 이상 좁은 문을 좁히지 말라고 강요한다. 이에 따라 교육당국은 교과 내 출제, 난이도 조절 등으로 대처할 수밖에 없는 실정이다. 쉽게 출제된 뒤 시험 변별력이 없어져 학생들은 공부를 열심히 해야 할 뿐 아니라 간단한 문제 풀이도 틀리지 않아야 하는 등 고통은 여전하다. 우리 교육공무원은 학부모를 개혁 대상으로 보고, 학부모는 숨겨진 정보의 세부사항을 자꾸 설계한다고 원망하는 것이다. 인본 논리와 공동체 논리가 들끓는 것이 오늘날 대만의 교육 참상이다.

(3) 聯合報의 '2020 대만교육개혁 왜 실패 했는가(2020台灣敎改為什麼總失敗)'

2020년 연합보 신문에서 대만교육개혁 왜 실패했는가라는 주제로 특집을 게재하였는데 지난 대만교육개혁이 추진한 주요 개혁안을 중심으로 삼아 논의하고 있다.

① 교육해방

고급중학과 대학 수가 격증하여 교육 기회가 대폭 확충되었는데 구체적으로는 1994년과 2019년에 고급중학은 402개에서 513개교로, 대학은 23개에서 126개교로 확충되어 대학의 양적 증가가 이루어짐으로써 대학의 입학율이 단기간에 44%에서 100%로 성장하였다. 이처럼 폭발적인 증가로 대학의 입학 기회는 획기적으로 신장되었으나 학력 수준은 하락하였으며, 취업률도 낮아져 실업률이 높아지는 문제가 심각한 실정이다. 대만 사회는 대학 진학은 곧 성공이라는 분위기에 편승하였으나 해결해야 할 문제는 많아지고 있다. 명문고교, 국립 명문대학에의 진학을 갈망하고 있으며, 직업계 학교에의 진학은 전통적으로 가치가 높지 못한 실정이다.

고교와 대학입시에 있어서는 전통적인 연합고사제를 폐지하였다. 대신 2001년 중학기초학력시험을 연 2회 실시하여 고교 입학 자료로 삼고 있으며, 대학은 2002년 학력시험과 추천시험으로 변경하는 등 전형방법을 다원화하였다. 2020년에 와서는 중학기초학력시험의 결과는 가장 주요한 입시 참고자료로 작용하고 있어 수험생의 부담은 줄어들지 않았다고 지적하고 있다. 대학 전형방법의 다원화로 특수재능을 지닌 학생들은 개별지원을 통하여 적합한 학과에 진학할 수 있는 기회를 확보할 수 있지만 고3학년 시의 공부가 불완전하다는 지적이 많다. 그리고 이 혜택을 받기 힘든 학생에게는 불리하다는 논란을 낳고 있다.

② 교육과정의 큰 변혁: 9년일관제

2001년 9년일관제의 개혁이 전국의 모든 초·중학생을 대상으로 시행되었는데 주요 변경사항은 능력이 교과지식을 대체하고 교과 기반 학습을 7개의 학습영역으로 변경하여 학교실정에 맞게 유연하게 실시하도록 하였다. 2020년의 상황을 보면 학생가방이 무거워졌다. 초등교육은 더 유연해지고 활기 있지만 중학교는 심각하게 왜곡되어 있다. 교사들은 교과 간 협력, 교육 조정 및 통합을 희망하지만 대학 진학, 교사반발, 교육부의 압력으로 실패하고 유연한 시간도 추가과목으로 대체되어 그 효과를 보지 못하고 있으며, 전문가들로부터 논의는 넘치는데 결과적으로 콘텐츠가 부족하다는 비판을 받고 있다. 또한 정책이 너무 성급하게 추진되었고 소통이 부족했다. 연구 기반과 지원이 부족했으며, 교사들의 교수법 개혁이 함께 따르지 못했다. 진학에 대한 부담감은 줄지 않아 교육과정 개혁은 효과를 거두지 못하고 있다. 현기증 나는 교육개혁을 통하여 교육목적은 계속 변화하고 있는데 어린이들은 이러한 잔치를 소화하지 못하고 있다고 지적하고 있다.

③ 12년의 국민교육과 무시험입학

2011년 12년 국민기초교육 출범을 발표하고, 2014년 중학교 입학은 무시험입학과 특색입학으로 구분하고 무시험진학을 추진하였다. 2020년 오늘 신청자가 모집정원을 초과하는 경우 중학학력시험성적, 지원순서, 다원학습표현 등의 항목을 참고로 하고 있다. 대부분의 지역에서 무시험입학이 수행되고 있지만 일부 지역에서는 명문고등학교의 후광이 남아있어 진학의 부담이 여전히 줄지 않고 있다. 일반적으로 사립학교의 인기가 높다. 진학에 있어 사학의 인기가 높아지고 있어 사학 재학의 비율이 2014년 11.74%이었지만 2019년에는 13.9%로 증가하였다.

④ 10년 준비한 108교육과정[3]

450억 지출, 준비기간 10년 역사상 가장 큰 교육개혁의 물결이라고 하지만 교사들

---

3) 108교육과정이란 대만교육부가 12년간의 국민기본교육을 실시하기 위하여 민국108년(2019) 공포한 교육과정을 말한다. 과거의 학과지식 위주에서 벗어나 학이치용(學以致用)이 될 수 있는 핵심소양을 길러 내는 데에 초점을 맞추었다.

은 교과시간이 줄어들어 전부 가르칠 수 있을까 걱정하고 있다. 문해력은 너무 추상적이어서 교사는 가르치기 어렵고 부모는 혼란스럽다고 한다. 도농 격차는 심화되고 있으며 평가의 불안을 걱정하고 있다. 교사와 교실이 부족하고 선택과목은 시행하기 어렵다.

2020년, 108교육과정이 시작된 지 1년이 지났는데 60% 이상의 사람들이 108강의 계획서를 들어보지 못했고 80%가 내용을 모른다. 전국 고등학교의 70%가 108교육과정의 시행에 어려움을 겪고 있다.

이번 교육개혁이 진학을 목표로 삼고 주입식 교육에 젖어 있는 대만의 학교교육 분위기를 바꿀 수 있을는지 불안하다.

21세기를 맞이한 대만의 교육개혁에 대한 세 가지 논의는 대만 국민들의 열망을 담아 수행되었지만 아직까지 예기한 성과를 거두지는 못하고 있으며 민중들의 기대를 만족시켜 주지는 못한 것으로 판단된다. 그간 입시 위주 교육에 젖어있던 학교교육이 학생들의 꿈을 실현시켜 줄 수 있는 교육체계를 마련하고자 교육 기회 확충, 진학루트 다원화, 교육과정 개편, 교사교육 개혁 등 획기적인 정책을 추진하고 있어 새로운 교육체제로 이행되어가고 있는 것으로 보인다. 그러나 민중들의 입장에서 봤을 때 자녀들의 꿈을 실현시켜 주는 데 한계를 느끼고 이에 대한 불만들도 함께 노출되고 있는 실정이다. 교육개혁 사업은 단기간에 이루어질 수 없는 문화변혁의 과정이라는 특성을 지니고 있음을 알 수 있다.

참고문헌

정일환, 고전, 구자억, 권동택, 김정희, 김현욱, 이화도, 정영근, 정현숙, 주동범, 최영표 (2016). 주요 국가의 교원생애 주기별 질 관리체제 등 비교연구. **교육부.**

郭爲番 (1994). 教育部 施政報告.
教育文摘 (1997~1998). 제228호~제245호.
教育部 (2013). 教育部人才培育白皮書.
教育部, 十二年國民基本教育課程綱要 總綱, 中華民國 103年 11月 發布, 中華民國 110 年 2月 修正(2014년 11월 공포하고 2021년 2월 수정공포).

敎育部. 中華民國 敎育統計. 각 연도.

臺灣 行政院敎育改革審議委員會 (1996). 敎育改革總諮議報告書.

臺灣敎育改革臺灣敎育改革-維基百科 (2023). zh.wikipedia.org, zh-tw.

臺灣敎育部 (1996~2016). 中華民國敎育年鑑.

聯合報 (2020). 2020台灣敎改 爲什麼總失敗. 專題. udn.com newmedia.

林明煌 (2019). 21 世紀台灣的敎育改革. 敎育學刊, 第38期, 1-24.

楊國賜 (2012). 近二十年來臺灣敎育改革的回顧與展望. 臺灣敎育, 674, 1.

吳淸山 (2002). 敎育改革的 迷思與省思. 學校行政雙月刊, 17.

林生傳 (2004). 臺灣近期敎育改革的透視與省思. *Educational Review, 23*, 1-36.

朱敬一 (2014). 命運坎坷的台灣敎育改革. https://opinion.cw.com.tw/blog/profile/261/
    article/1598.

周祝瑛 (2016). 台灣敎育改革之硏究. 發表於上海華東師範大學主辦之民辦敎育硏討會.

陳盈宏, 敎育改革二十年之省思, 敎育制度及政策硏究中心. https://epaper.naer.edu.tw/
    edm.php?edm_no=105&content_no=2458.

https://depart.moe.edu.tw/ED2100/News2.aspx?n=1353704343B62511&sms=2ADD120E8
    E2615E3

https://depart.moe.edu.tw/ED2100/News21.aspx?n=09E8A4EDA021E1E5&sms=4CE4DCE
    E47BD6425

https://depart.moe.edu.tw/ED4500/Default.aspx

https://ngjh.ntct.edu.tw/p/16-1003-251517.php?Lang=zh-tw

https://tw.yahoo.com/

제**4**장

베트남의 교육제도와 교육개혁 동향

1. 사회문화적 배경: 통일 사회주의 공화국의 새로운 교육전환과 혁신

지금부터 700년도 훨씬 이전에 베트남의 왕자가 고려 땅으로 들어와서 고려인과 함께 원나라 침략에 맞서 싸운 이민의 역사가 있다. 이는 네덜란드가 서양문물을 가지고 일본 나가사키에 정박하면서 상호 교류하던 데지마(出島)의 문화 이상으로 국가 간 거래를 친숙하게 만든 계기라고 할 수 있다. 베트남에 대해 한국과 한국인은 낯설면서도 비슷한 문화와 역사, 제국주의 세력에 맞서 싸우고 분단의 아픔까지 공감하며 동족상잔의 안타까움까지 공유한 측면에서 복잡한 심정과 친근감이 교차되기도 한다. 그럼에도 불구하고 이념적인 장애를 넘어서서 한국과 베트남 양국이 새롭게 수교한 지 벌써 30년이 지나면서 누구보다 양국 간의 교류와 협력적 가치가 높아진 상황이라고 할 수 있다.

더구나 한국과 베트남 간의 진정한 호혜적 협력 사례로 박항서 감독의 베트남 축구 대표팀 감독 부임과 그들이 거둔 성과를 놓칠 수 없다. 박항서 감독의 선수와 국민에 대한 자세, 소통과 리더십 방식 그리고 베트남전쟁과 승리의 역사를 이해하고 존중하는 자세 등 베트남의 사회와 문화를 이해하려는 모습은 한국의 문화와 교육이 베트남 국민에게 공감을 키우는 단적인 사례라고 할 수 있다(대외경제정책연구원, 2021). 공동체를 중시하고 상호 존중하며 국가와 국민에 대해 애국심과 배려심을 키우는 교육이 이런 양국 간의 공감대를 확충한 사례라고 할 수 있다.

베트남의 유교적 정서와 동양적 관점의 교육에 대한 관심, 교육열은 학부모가 자녀에 대해 기대하는 인간 만들기로써 잘 드러나고 있다. 이미 베트남은 UNESCO가 매년 발행하는 '글로벌 교육 모니터링 보고서'에서 동남아시아 지역의 우수한 교육국으로 주목받는 사례가 되고 있다(UNESCO, 2021). 별도의 연구 결과에 따르면, 전 세계 주요국의 학부모와 학생 간 교육적 소통시간이 가장 잘 이루어지는 국가가 인도와 베트남으로 조사되었다(참고로 한국은 조사 대상국 중에서 중위권, 일본은 최하위권). 베트남 학생의 학업능력은 가족 구성원 간의 소통이 잘 이루어지는 교육적 환경 속에서 ASEAN 국가 초등학생을 대상으로 실시한 2019년 SEAMEO-PLM[1] 성취도(읽기, 수학, 과학, 세계시민교육)에서 한국, 일본, 싱가포르, 핀란드 등의 초등학교 5학년 대상 TIMSS 성취도와 거의 대등한 수준이라고 분석되었다. 이에 대해서는 앞으로도 국제사회가 주목하고 연구할 것이라고 본다.

그런 한편으로 2022년 4월 베트남 부모가 새벽 3~4시까지 자녀의 공부를 감시하고 강요하는 상황에서 학생이 자살하는 안타까운 일도 발생하였다. 이는 지나친 교육열과 경쟁을 강요하는 학교수업 현장이 낳은 비극이라고 할 수 있다. 이에 따라서 베트남 교육훈련부 당국은 2022년 4월 16일, 제10차 국회상임위원회에서 국회에 제출된 개정 가정폭력방지 및 통제에 관한 법률 개정안을 의결하였다(청년신문, 2022. 4. 16.). 특히 교육훈련부 당국은 자녀에게 과도한 공부를 강요하는 것 또한 가정폭력행위임을 강조하고 아동의 학습과 관련된 가정폭력행위를 방지하는 대책을 실천하고 있다. 현재도 고등학교 입시로 인해서 치열한 경쟁을 강요하는 교육 현실이 문제가 되고 있는 상황에서 새로운 교육 방향이 모색되어야 할 것이다. 그런 반면에 대학 입학생을 늘리는 것을 골자로 하는 고등교육 혁신정책을 중심으로 추진하는 인공지능시대 디지털 교육혁신도 중점 과제로 등장하고 있다. 이와 같이 지난 20년 이상 역동

---

1) SEAMEO-PLM: 동남아시아 교육장관기구 초등교육학업 매트릭스
  ① The Southeast Asian Ministers of Education Organization: SEAMEO
  ② Primary Learning Metrics

적으로 전개되고 있는 베트남의 교육혁신에 대해 본격적으로 점검하고자 한다.

2. 교육제도 및 교사교육

1) 최근 베트남의 학제변화 동향

최근 베트남의 학제는 [그림 4-1]과 같이 5 · 4 · 3 · 4학제이다. 즉, 초등 5년, 중등전기 4년, 중등후기(고등학교) 3년 그리고 대학 4년이다. 그동안 초 · 중등 의무교육 학제는 여러 차례에 걸쳐서 변화하였다. 제2차 세계대전 이후 남베트남은 12년제가 유지되었고, 북베트남은 지역에 따라 12년제와 9년제를 병행하다가 1954년 프랑스군이 물러난 후부터 10년제 학제로 통합하였다. 당시 10년제 학제는 소련식 공산주의 교육체제, 즉 종합기술형 교육체제를 지향하여 교육과 실제 활동(생산노동)을 결합하는 마르크스주의 이론을 적용한 것이라고 할 수 있다. 이후 1975년에 남북베트남이 사회주의 체제로 통일된 이후로는 종합기술형 교육체제를 기본으로 하면서, 1981년 11년제로 변경하고 1989년 이후로는 12년제가 되었고 현행 12년제는 1993년 이후 정립된 것이다(한국교육개발원, 2007: 127). 2019년에 변경된 학제는 기존의 12년제가 지닌 기본 틀을 유지하면서, 초 · 중등교육 및 유아교육, 직업기술교육 등에서 교육과정 편제의 혁신과 교과목 구성의 변화, 고교체제 다양화 등의 특징을 갖고 있다(김지연, 2022. 5. 11.).

이와 같이 베트남의 K12학제는 초등학교 5년(6~10세), 중학교 4년(11~14세), 고등학교 3년(15~17세) 총 12년에 이르고 있다. 의무교육은 아니지만 초등학교에 앞서 유치원 3년(3~6세)을 정규교육으로 정의하고, 유치원 교사양성도 국가에서 관여한다. 베트남의 의무교육기간은 초등학교와 중학교 9년으로 정부에서 교육을 제공하고 있다.[2] 초급중학교 졸업생은 고등학교 교육과정인 보통중학교(3년), 기술학교(1~2년)를

---

2) 다만, 현재까지 교육재정과 관련된 의무무상교육에 어려움이 해결되지 않은 관계로 유아교육 및 초 · 중등교육에서 수업료를 공식적으로 학부모가 여전히 부담하는 상황이라고 할 수 있다. 그러나 소수민족 거주지역 및 도서벽지, 메콩강 주변 지역 등을 중심으로 빈민 거주지역에 대해서는 「교육법」에 따른 의무무상교육을 적용하고 있다(近田政博, 關口洋平, 2023).

연령	학년	교육과정			
26		박사과정, 석사과정			
25					
24	6	일반대학교육 (4년 과정)			전문대학교육 (3년 과정)
23	5				
22	4				
21	3				
20	2				
19	1				
18	13	일반중등교육 (3년)	직업중등교육 (3~4년)	전문교육 (3~4년)	장기직업교육
17	12				
16	11				
15	10				
14	9	기초 중등교육 (4년)			단기직업교육
13	8				
12	7				
11	6				
10	5	초등교육 (5년)			
9	4				
8	3				
7	2				
6	1				
3~5세		유치원(3년)			
3개월 ~3세		유아원(1년)			

[그림 4-1] 최근 베트남의 기본 학제

출처: 한국교육개발원(2007: 127).

선택하여 진학할 수 있다. 베트남은 일반교육과정 외에도 직업훈련교육이 존재하는데, 직업훈련교육은 의무교육 9년을 수료하고 국영기술학교에서 직업교육을 받은 후 사회로 진출한다(김지연, 2022. 5. 11.).

대체로 베트남에서는 취학 전 교육, 유치원이나 유아원이 잘 발달되어 있다. 3개월 이후부터 36개월까지의 영아를 위한 유아원과 3세부터 6세까지 유아를 맡아 보육하는 유치원이 있다. 초등학교는 6~10세 학생을 교육하며, 중학교는 11~14세의 학생을, 고등학교는 15~17세의 학생을 교육한다. 중학교를 졸업하고 3~4년 과정의 기술고등학교 과정을 이수하거나 고등학교 과정을 마친 학생의 경우 2~2.5년의 기술전문학교과정, 4년의 기술학교과정을 거치며, 이 과정을 마치면 '기술사' 자격증을 취득하게 된다. 대학 교육은 준학사(전문대학)과정(3~3.5년), 학사과정(4년), 약대(5년), 의대, 치대(6~7년), 석사과정(2년), 박사과정(2~4년)으로 되어 있다. 1993년 말부터 우수 대학 육성책으로 하노이 국립대학교, 호치민 국립대학교, 타이응웬대학교, 후에 대학교 및 다낭대학교 등 5개의 종합대학교가 설립되었다(한국교육개발원, 2007: 127-128).

신학기는 매년 9월에 시작하여 이듬해 5월 말까지 공부하고 여름방학을 시작한다. 학교마다 약간의 차이는 있으나 약 3개월 정도의 방학이 있는 반면 겨울방학은 없다. 다만 중국의 영향으로 음력 설 기간에는 약 2주 정도 긴 휴가 기간이 있다. 학년에 대한 진급은 평가를 통해 일정 수준 이상이 되어야 진급할 수 있고 유급되는 경우도 많이 있다. 특히 졸업시험은 매우 어려우며 대학에서 학점을 모두 이수해도 졸업시험을 통과하지 못하면 졸업은 불가하다. 그래서 많은 대학생들이 졸업시험을 대비하여 밤을 새워 공부하는 모습을 심심치 않게 볼 수 있다(한국교육개발원, 2007: 128).

2) 유 · 초 · 중등교육 현황과 새로운 변화 동향

(1) 취학 전 영유아교육과 비공립교육시설 지원 쟁점

베트남의 취학 전 교육은 교육훈련부가 교육목적 및 계획, 교과과정, 교과서, 시험 등을 관리한다. 현재 베트남의 취학 전 교육기관은 유아원, 유치원, 유아원과 유치원을 겸한 취학 전 유아학교로 이루어지며, 종일제 또는 반일제로 운영되고 있다. 유아원은 3개월 이상 36개월 이하의 유아들을 대상으로 하고, 유치원은 3세부터 6세까지의 유아들을 대상으로 한다. 취학 전 유아학교는 6개월부터 6세까지의 유아들을 대상으로 한다. 최근의 교육 관련 자료에 따르면, 2000년대 이후로 유아원 및 유치원의 설립유형은 비공립학교, 즉 주민공동설립 및 사립학교 유형 등이 대략 공립학교 시설에 비해서 두 배 이상 많은 것으로 분석된다(김지연, 2022. 5. 11.; 한국교육개발원, 2007: 141).

최근 베트남은 유치원 교육을 보편교육으로 지정하면서 국사립 유치원 교육과정에 대해 점검하고 있다. 국립 유치원 교사의 경우 임금의 50%를 국가에서 지원해 주는 방안을 논의하는 등, 교사의 질과 교육의 질을 높이려고 한다. 더구나 취학 전 영유아는 발달 단계상 신체적, 정서적, 지적, 언어 성격 등을 육성하는 중요한 시기로서 정부도 유치원 교육을 보편공교육으로 지정하고, 유아교사의 역할을 강조하는 등 유치원 시스템을 정비하고 있다. 교육부는 2019년 「교육법」 개정 작업의 일환으로 '유치원 결의안 29'와 '「교육법」 2019'를 활용하여 유아교육 개발을 위한 정책 개선 조치를 적극 실천할 것임을 공약하였다(new.zing.vn., 2020. 1. 16.).

　교육훈련부에 따르면 유아교육은 다른 교육단계에 비해 비공립 교육기관(사립, 사설)의 비율이 가장 높은 수준으로 조사되었다. 2020~2021학년도 기준으로 전국에 19,312개 비공립 유치원(사립 3,299개, 사설 16,013개)이 설립되어 있으며 90,500명 이상의 교사 및 교직원이 종사하고 있다. 유아교육의 대상인 취학 전 아동은 120만 명으로 전체 학생의 22.3%를 차지하였다. 비록 모든 교육산업이 코로나19의 영향을 받았지만 그중 유치원이 가장 큰 타격을 받았다. 특히 비공립 유치원 교육기관은 취학 전 아동들의 장기간의 미등록(교육비 미지불) 사태로 인해서 근무 중인 교사들에게 급여 지급불능 상태에 이른 것으로 나타났다(베트남교육신문, 2021. 11. 15.).

　이와 같이 코로나19의 영향으로 유치원 운영상의 어려움이 발생하여 폐쇄 위기에 당면한 비공립 유치원에 대한 정부의 지원정책이 최대 과제가 되었다. 그래서 교사의 이탈을 방지하고, 비공립 유치원의 지속적인 운영을 위해 정부의 지원범위에 비공립 유치원도 포함하는 방안을 모색하였다. 교육훈련부는 초등 교사지원정책(공립 유치원 포함)에 비공립 유치원 교사에 대한 지원 결의안 초안을 작성하고, 노동보훈사회부와 조율할 것을 발표하였다(베트남교육신문, 2021. 11. 15.). 이처럼 베트남의 취학 전 교육은 대부분 사립기관에 의존하고 있는 데, 이는 베트남의 유아교육기관이 감소하는 추세를 극복하기 위해 사립을 권장하는 정책에서 비롯한 결과라 볼 수 있다. 그러므로 공립학교 지원과 동등한 방식으로 비공립·사립 교육기관을 육성해야 할 것이며, 궁극적으로는 공립학교 시설과 교원육성 정책으로 전환하는 등 취학 전 교육의 보육과 돌봄 정책까지 적극 추진해야 한다.

(2) 2019년 교육과정 개편 이후 초·중등교육의 변화

　초등교육은 6세에서 14세의 모든 아동에게 초등교육을 의무적으로 실시하며, 1학년부터 5학년까지 5년간 이루어지는데 취학 기준 연령은 6세이다. 초등교육은 학생에게 도덕, 지적 능력, 물리적 자산, 미적 감각 및 기본 기술을 갖추게 함으로써 평생 개발을 위한 기초 교육을 제공하며 중등교육으로 진학할 수 있도록 하는 것을 목표로 하고 있다(UNESCO, 2011: 14). 초등교육의 목적은 학생이 자연, 사회, 인간에 대해 기본적으로 이해하고, 기본 능력을 함양함으로써 인격체를 형성하고 포괄적이며 전면적으로 발달할 수 있도록 하는 것이다. 이를 통해서 중등교육을 포함한 국가 주도 교육체제로 입문하기 위한 기반을 형성한다고 볼 수 있다(UNESCO, 2011: 14-16).

최근 베트남의 초등교육은 질적인 면과 양적인 면 모두에서 괄목할 만한 성과를 이루었다. 초등학교를 의무무상교육 원칙에 따라서 농어촌 및 산간, 도서벽지, 소수민족 및 국경지역 등 전국 모든 지역으로 교육 보급을 성공적으로 수행하였다. 이런 성과는 ASEAN 회원국 간의 국제학업성취도 조사결과를 통해서 잘 드러나고 있다. 유니세프와 동남아시아교육장관기구(SEAMEO)가 공동으로 추진하는 2019년 동남아시아 기초학습평가(Southeast Asia Primary Learning Metrics: SEA-PLM)에서 베트남은 초등 5학년 대상 수학, 읽기, 쓰기 영역의 1위를 차지하였다.[3] 특히 주목할 부분은 모든 평가 영역에서 다른 참여국 학생에 비해 높은 성취도를 달성한 것으로, 이는 학교교육 과정이 성공적으로 구성된 것으로 추정할 수 있다(베트남교육신문, 2021. 10. 2.). 이 평가는 문화적으로 동남아시아 지역에 적절한 지표를 적용하여 SEAMEO 회원 국가들이 국가 전체 및 개별 학생의 학업성취도를 정확하게 측정하고 이해할 수 있도록 지원하는 목적으로 진행되었다. 베트남 정부는 이 성과를 기반으로 하여 학생의 기본 능력에 대한 인식을 제고하고 향후 교육개혁을 위한 기초자료로 활용할 예정이다.

한편, 중등교육은 도덕, 신체, 예술, 기본 기술 등 학생의 전반적 개발을 도모하여 고등교육에 진입할 수 있는 역량을 키워 주고, 책임감 있는 시민으로 길러 내며, 국가 발전에 기여함을 목표로 한다. 여기에서 전기중등교육(중학교 과정)은 초등교육을 통해 얻은 지식을 강화하고 증진시키며 기초지식을 개발하고, 향후 일반계고등학교나 중등 수준 전문기술학교 혹은 직장생활을 준비하도록 한다(한국교육개발원, 2007:

---

3) SEA-PLM은 한국 정부가 ASEAN 및 SEAMEO 회원국의 학업성취도 지원사업으로 주도하고 있다. 베트남 초등학생들의 높은 성취평가는 UNESCO 2021년 GEM 보고서(글로벌 교육 모니터링 연차보고서)에서도 주목받는 결과였다. 이에 대한 분석은 앞으로 좀 더 검토하겠지만 한국, 일본, 싱가포르 등의 아시아 상위 수준 국가의 교육성취도와 대등한 수준으로 진단되고 있으며, 정부의 교육과정 개발 및 학부모 등의 교육 관심이 중요한 성공 요인으로 파악되고 있다(윤종혁, 2022).

175). 고등학교 교육은 직업기술훈련과 전기중등교육 이후의 지식을 더욱 심화하여 대학 프로그램 혹은 전문대학에 진학하거나 졸업 후 바로 취업할 수 있도록 한다. 중학교 과정(기초 중등교육)은 6학년에서 9학년까지 4년제이고, 고등학교 과정(일반 중등교육)은 10학년부터 12학년까지 3년제로 구성되어 있다(UNESCO, 2011: 19-20). 달리 말하면, 베트남은 프랑스 식민시절을 거치며 교육과정도 많은 영향을 받았다. 중등교육과정을 중등학교라고 정의하며, 프랑스와 마찬가지로 총 7년의 중등교육과정 즉, 전기중등학교(중학교 4년)와 후기중등학교(고등학교 3년)로 나눈다. 후기중등학교인 고등학교는 15세부터 17세까지의 학생을 대상으로 10~12학년 3년의 교육과정을 지내며, 고등학교에 진학하지 않고 기술학교에 진학할 수도 있다.

그런데 코로나19 이후 비대면 수업이 장기화되는 과정에서 2019년 개정「교육법」에 따라 새로운 교육과정을 적용받는 고등학교 단계 10학년 학생들의 교육 및 생활지도가 중점 개혁과제로 부각되었다(베트남 교육신문, 2021. 10. 16.). 새로운 학제로 인해 학생들의 선택과목 범위가 확대되면서 학습해야 할 교과서 종류가 늘어났다. 기존 학제와 같이 교과서 신청 절차를 수행했지만 선택과목이 지닌 예측하기 어려운 변수에 빠르게 대처하지 못해 10학년 교과의 절반만 교과서가 준비된 상황이다. 더구나 현재까지 베트남 고교체제는 학교별 전형 방식으로 진학을 준비하기 때문에 입시 부담이 가중된다고 볼 수 있다. 현재 10학년은 코로나 대유행 상황으로 인해 제대로 된 수업을 받거나 수험생활을 보내지 못하였으며, 교과과정까지 바뀐 교육적 혼란 상황을 겪고 있다. 교육훈련부는 학제 개편이 이루어진 상황에서 적정 수준의 교과서 보급활동을 완료하고, 교사 역량을 제고하는 데 중점을 두고 있다. 이는 교사가 교수학습활동의 주체로서 교과서에 의존하지 않고 독립적으로 수업계획을 진행할 수 있도록 지원하는 방안이라고 할 수 있다. 이와 함께 학생에 대해서도 STEM 교육을 통한 융복합 교육과정을 강조함으로써 '실패를 두려워하지 않는 교육활동'에 정진할 것을 격려하였다(베트남교육신문, 2022. 9. 17.).

대체로 교육훈련부는 중등교육 보급을 통한 보편교육을 확산하고, 교육의 질 제고를 통해서 UN이 제안한 지속가능개발목표(Sustainable Development Goals: SDGs) 2030년 실천목표를 달성하고자 하였다. 이와 같은 양질의 교육을 공정하고 형평성 있게 제공하는 평생학습사회 건설과 관련하여 다음과 같은 해결과제가 공론화되고 있다(한국교육개발원, 2007: 177-178; UNESCO, 2011: 17-20).

첫째, 중등교육 재정 및 인력자원을 통해 의무화 수준을 높이며, 교원 처우 등을 획기적으로 개선하기 위한 비용 부담이 해결되어야 한다. 둘째, 중등교육 수준에서 도농 간 교육적인 격차를 조정해야 하며, 도서벽지 및 소수민족 우선 지역에 대한 배려 정책을 중점 실천해야 한다. 셋째, 교육에 대한 학부모의 사부담 경비를 감축시키는 방안을 적극 마련해야 한다. 특히 소수민족 지역사회의 여성 및 여아에 대한 차별적인 교육 배려 조치가 완전하게 실현되어야 한다. 넷째, 중등교육의 학습환경 수준을 국제적인 평균 기준으로 높여야 하며, 더욱 우수한 교사를 확보할 수 있는 제도적인 여건을 조성해야 한다. 현재 교사들은 양적, 질적 측면에서 절대 부족한 편으로서 이는 주로 낮은 급여 수준과 예비교사 양성 체제가 미흡한 측면을 보완하고, 부적절한 교사교육 및 훈련과정 등을 개선하는 것에서 출발해야 한다. 이런 네 가지 개혁과제에 대해 일단 교육훈련부는 중등교육을 후기교육과정까지 의무화하고, 교육적으로 취약한 환경에 처한 학생들에게 동등한 교육 기회를 보장하며, 학교시설 수준 및 교수·학습의 질과 적합성을 향상시키는 것을 강조한다(베트남교육신문, 2020. 2. 26.).

(3) 2019년 개정 「교육법」 체제 이후 고등학교 체제 변화[4]

베트남의 고등학교는 설립주체에 따라 국가에 의해서 설립된 공립학교와 개인 또는 단체에 의해 설립된 사립학교가 있으며, 추가로 소수민족 및 도서산간 지역에서 운영하는 민간학교[5]가 있다. 이를 교육과정 유형별로 구분하면, 일반계고등학교(Trung Học Phổ Thông)와 기술학교(Trung cấp)로 구분할 수 있다. 일반계고등학교는 일반 학제에 포함되며, 기술학교는 직업훈련(Vocational Education and Training: VET)에 해당한다. 한국의 경우 단선형 학제로 일반계고와 실업고 모두 대학에 진학할 수 있지만, 베트남의 경우도 단선형 학제이지만 인문계 과정은 교육훈련부(Ministry of Education and Training: MOET)에서 주관하고 직업훈련과정은 노동보훈사회부(Ministry of Labors-Invalid and Social Affairs: MOLISA)에서 주관하여 각 주관하는 기관

---

4) 이 절의 내용은 김지연이 2022년 5월 한국교육개발원 교육정책네트워크정보센터 홈페이지(http://edpolicy.kedi.re.kr)의 해외교육정보 기획기사로 작성한 '베트남의 고등학교 체제 변화 양상'을 본 저작원고 특성에 맞게 재구성, 보완한 것임을 밝힌다.

5) 민간학교는 소수민족 및 도서산간 지역에서 지역민들이 설립한 사립학교이나, 최근 민간학교를 지원하기 위해 학비를 국가에서 전액 지원하여 교육이 소외되지 않도록 많은 노력을 하고 있다.

의 성격에 따라 학위(Degree) 또는 증명서(Diploma)가 발급된다.

그런데 초등교육를 졸업한 학생들이 중학교를 기술센터로 진학한다면 일반계고등학교로 진학할 수 없다. 또 다른 예시로 고등학교를 기술학교로 진학할 경우 고등학교 졸업장(Bằng Tốt Nghiệp Phổ Thông Trung Học)이 없기 때문에 학위 취득을 위해 일반대학에 진학할 수 없고, 기술학교 졸업장(Bằng Tốt nghiệp Trung học Chuyên nghiệp)을 취득하여 상위 기술학교(전문대학)에 진학함으로써 기술사 혹은 증명서를 취득할 수 있다. 최근 기술학교에서도 로봇, 코딩 등을 전공하고 전문성을 인정받은 학생의 경우 전문대학에 진학하지 않고 4년제 공과대학에 진학하여 학위를 취득할 수 있는 방안을 마련하고 있다.

기존 중등교육체제는 전기중등과정, 즉 중학교 단계 9학년이 끝나면 고등학교 진학을 위한 학교별 입학전형을 실시하였다. 그러나 현재는 개정 「교육법」을 적용하여 2020년 이후로는 전기중등학교(4년)의 성적을 토대로 무시험으로 진학한다. 특히,

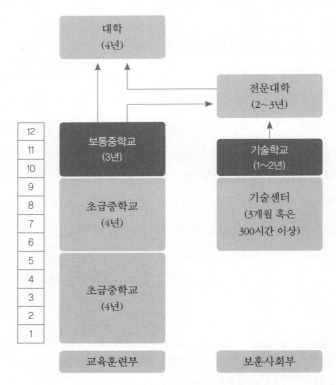

[그림 4-2] 베트남의 중등교육과정 및 학제 구성

출처: 베트남보훈사회부 (2020. 3. 16.): 김지연(2022. 5. 11.)에서 재인용.

2020년 이후로 내신 성적에 반영하는 점수평가제를 대체하여, 서술형 평가 및 등급제 중심으로 평가체제를 개편하는 등 학교 내 경쟁체제를 완화하는 방안도 적용하고 있다.

한편, 베트남에서 엘리트 교육을 받을 수 있는 공교육 과정으로는 특수목적고등학교와 명문 공립학교, 사교육으로는 사립고와 국제학교가 있으며 모두 입학 경쟁이 치열하다. 또한 영재들을 위한 학교도 존재하는데, 보통 대학교 산하 영재학교를 설치하여 운영하고 있으며, 각 성에 영재학교의 형태로 설립되었다. 이 학교들은 자연과학, 사회과학, 기술과학 등에 대한 영재교육이 실시되며, 재학 중에는 각종 올림피아드 등을 준비한다. 특수목적고등학교 및 명문 공립고등학교는 우수한 학생을 선별하기 위해 중학교에서 좋은 성적을 받아야 할 뿐만 아니라 자체적인 입학시험을 치른다. 일부 명문 공립학교의 경우 중등교육과정(중학교 4년, 고등학교 3년)을 합쳐 학교를 운영하기 때문에 초등학교부터 이 학교를 대비하는 등 교육열을 높이는 요인으로 작용한다. 특히 상대적으로 학비가 비싼 사립고 및 국제학교의 경우 베트남 경제사정이 좋아지면서 경쟁률이 해마다 올라가고 있다. 일부 국제학교의 경우 자국민 입학률을 30% 정도로 제한하고 있기 때문에 경제사정이 좋은 집안의 아이들이 많이 지원한다.

그런데 특수목적고등학교(영재학교) 제도는 대학 부설 특수목적고등학교(국가단위)와 각 성의 특수목적고등학교로 나뉜다. 대학 부설의 특수목적고등학교는 전국의 학생들이 지원 가능하지만, 각 성의 특수목적고등학교는 해당 지역의 재학생만 입학 가능하다. 대학 부설 특수목적고등학교는 〈표 4-1〉과 같이 총 9개교가 가장 유명하다. 특수목적고등학교에 입학하기 위해서는 중등학교 졸업성적이 2급 이상으로 학업뿐만 아니라 품행 조건도 충족해야 하며, 학교별로 실시하는 입학시험에 합격해야 한다. 당초에는 이 학교들이 영재를 양성하고 과학 분야의 우수한 인재들을 배출하였으나 점점 올림피아드 및 학업 성적을 바탕으로 학생들이 대학 입학 가산점을 활용하는 등 대학입시를 위한 준비학교로 평가되고 있다.

다른 한편, 기술학교는 노동보훈사회부가 관리하는 학교로 직업을 가지는 데 필요한 기술을 가르친다. 베트남의 기술학교는 대부분 각 기관에서 학생의 학비를 감면해 주거나 전체적으로 지원해 주기도 한다. 우리나라의 인문/실업계고등학교와의 차이점은 베트남은 기술학교로 진학하는 경우 기술학교 졸업생은 학위(Degree)를 취

표 4-1 베트남의 국가 단위 특수목적고등학교 현황

도/시	학교 이름
하노이	국립 하노이 사범대학 부설 영재 학교
	국립 하노이 대학교 자연과학 영재 고등학교
	국립 하노이 대학교 사회과학 및 인문 영재 고등학교
	국립 하노이 대학교 외국어고등학교
응에안	빈 대학교 부설 영재 고등학교
후에	후에 대학교 이과대학 영재 고등학교
호치민	국립 호치민대학 부설 영재 고등학교
	국립 호치민 사범대학 부설 영재 고등학교
롱안	탄타오 대학교 영재 고등학교

표 4-2 고교 과목 개편안

	변경 전	변경 후
필수3	• 수학 • 외국어 • 국어 • 윤리 • 생물 • 국방 • 물리 • 체육 • 화학 • 기술 • 역사 • 정보기술 • 지리	• 국어 • 지역교육 • 수학 • 외국어 • 체육 • 국방 • 체험활동 • 진로지도
선택	다음 중 한 과목 선택 • 실용정보기술 • 영양학 • 전기공학 등	다음 3개의 그룹을 모두 포함하여 5개의 과목을 선택 1. 자연과학(물리, 화학, 생물학) 2. 사회과학(역사, 지리, 경제 및 법률교육) 3. 기술 및 예술(기술, 정보학, 예술)

득하는 일반대학에 바로 진학할 수 없다는 것이다. 기술을 익혀 취업을 목표로 한다면 1~2년 내에 증명서(Diploma)와 함께 자격증을 취득하고 바로 취업할 수 있다. 기술학교는 중학교 성적 이외에 특별한 선발 방식은 없다. 최근 전기, 컴퓨터 네트워크, 컴퓨터 관련 학교의 경우 경쟁률이 해마다 높아지고 있다. 더구나 기술학교에 진학한 학생들 중 기술에 뛰어난 성과를 보이는 학생들이 있어 이 학생들의 대학 진학을 위한 제도도 검토하고 있다.

현재 고등학교 교육과정 개혁을 통해서 교과목 개편이 이루어지고 있다. 이전에는 13개의 필수과목과 1개의 선택과목을 선택할 수 있었지만, 2022~2023학년도 고등학교 1학년부터 7개의 필수과목과 3개의 그룹에서 5개의 선택과목을 선택할 수 있다. 고교 교과목을 개편한 이유는 학생들에게 일률적으로 제공하던 교육을 스스로 선택하고 자신의 진로에 맞는 과목을 공부할 수 있게 하여 세분화된 인재를 양성하기 위해서이다. 또한 각 교과목이 분리된 상태로 암기 위주로 학습하던 것을 STEM 교육을 도입하여 암기뿐만 아니라 고차원적 사고를 위한 실습을 경험·적용하기 위함이다. 그러나 개편의 취지는 좋으나 너무 많은 선택지로 인해 세부과목별 교사 인력 부족 문제와 역사교과가 선택과목으로 들어간 문제, STEM 교육을 위한 교사의 역량 부족 등이 과제로 남았다. 또한 새로운 교육과정을 적용하면서 입시에도 많은 변화가 있을 것으로 예상된다.

3) 제4차 산업혁명 미래 고등·평생교육의 과제

베트남은 「사회주의공화국 헌법」(1992), 「교육법」(1998), 제9차 베트남 전당대회 정치보고서(2001), 2001~2010년 사회경제 전략 계획 등을 통해 고등교육 발전방향을 제시하였다. 고등교육의 목표는 정치적, 도덕적 소양을 갖춘 인적자원을 양성하여 지식 및 실제적 지식, 건강, 능력을 가지고 국가를 방어하고 발전시킬 수 있는 시민을 길러내는 데 있다(한국교육개발원, 2007: 210). 또한 2005년 「교육법」을 개정한 이후 직업기술교육은 2006년 이전까지는 자격증(certificate)과 학위(degree) 등 두 가지의 자격을 대상으로 한 시스템이었으나, 2007년부터는 그 과정을 초급(primary certificate)-중급(secondary degree)-고급 과정(vocational diploma)으로 나누고 있다(한국교육개발원, 2007: 245-6).

초급과정의 직업교육은 직업훈련센터(Vocational Training Center)에서 학력에 관계없이 단기과정으로 운영되고 있으며, 중급과정은 고급기술고등학교(Technical Senior High School, Vocational Secondary School이라고도 함)에서 교육한다. 그리고 중학교 졸업자의 경우 3년간 직업교육이나 일반교육을 이수한 이후에 입학이 가능하며, 고등학교 졸업자는 18개월에서 24개월의 직업교육훈련을 받은 후에 입학이 가능하다. 또한, 고급과정의 경우 직업훈련전문학교(Vocational Training College)에서 교육하는데,

3년간의 직업교육을 이수한 이후에 입학이 가능하며, 18개월에서 24개월의 중급과정 직업교육을 이수한 이후에 입학할 수 있다(한국교육개발원, 2007: 246).

　베트남 직업기술교육(TVET) 체제의 범위와 목적은 다음과 같이 요약할 수 있다(한국교육개발원, 2007: 246). 첫째, 실업자와 고용자를 위한 단기 직업 훈련 및 재훈련 프로그램을 제공해 특정 직업 기술과 수료증을 제공한다. 둘째, 중등학교나 고등학교 졸업자에게 1~3년 직업훈련 프로그램을 제공하여 직업 관련 수료증을 취득하게 한다. 훈련의 기간이나 종류에 따라 1~3급에 해당하는 자격증을 취득할 수 있다. 졸업 후에는 숙련된 노동자로서 취업할 수 있다. 셋째, 2년에서 3년에 걸친 직업 및 기술 교육이 있다. 이 프로그램에는 일반 교육 과목과 특정 직업 과목이 있으며 학위를 수여한다. 졸업자는 고등교육에 진학할 수 있다. 베트남의 TVET은 공립, 준 공립, 사립 기관 등 다양한 서비스 제공자가 있으며, 정규 및 비정규 교육, 지속교육, 현직 훈련 등 다양한 형태의 교육을 제공한다.

　한편, 평생교육도 훈련 및 교육의 한 형태로, 문해교육, 보완교육, 현직 훈련 및 노동자 양성을 위한 정규과정에서 공부할 수 있는 기회를 가지지 못한 사람들에게 제공되었다. 지난 70년 이상의 교육개발의 결과, 평생교육체제는 중앙에서 지방에 걸쳐 건실하게 설립되었다. 향후 평생교육을 통해 다음과 같은 성과를 달성하고자 한다(한국교육개발원, 2007: 248). 첫째, 문해교육을 위한 학급을 계속 운영하여 개발지역의 15~35세 인구, 도서벽지, 소수민족 거주지역 등 낙후지역의 15~25세 인구를 포함한 연령별 인구의 문해율을 제고한다. 둘째, 문해 이후 성인교육(post-literacy) 시설을 널리 개설한다. 또한 초등에서 중등 수준의 보완 학급을 통해서 문맹퇴치 캠페인의 질과 효율을 높인다. 셋째, 커뮤니티 교육센터는 개발지역의 각 동과 집단부락에 우선 개설하여 점차 낙후지역으로 확대시켜 나간다. 커뮤니티 교육센터는 점차 컴퓨터 과학과 외국어 교육에 초점을 맞추는 방향으로 질 관리를 강화한다. 넷째, 원격통신학습은 교육 프로그램 장비 및 시설자원을 개선함으로써 교과과정과 교습, 학습 교재의 개발 및 혁신이 최대 과제가 될 것이다.

　한편, 교육훈련부는 고등교육 부문에서 2022~2023학년도의 핵심 개혁과제를 다음과 같이 제안하면서 고등교육 국제화 전략으로 공유하였다(베트남교육신문, 2022. 9. 14.). 첫째, 고등교육기관 관리의 법(규정) 집행 능력을 향상시킴으로써 관련 법률 체계를 정비하고, 감사관과 법률 직원의 역량을 강화하여 고등교육기관의 활동 및 책

임관리 능력을 향상시킨다. 둘째, 관련 규정에 따라 조직 구조를 완성하고 대학 거버
넌스 역량을 강화함으로써 교육위원회 각 구성원의 직위, 역할 및 기능에 대한 책임
을 명확하게 규정한다. 셋째, 2023년까지 대학등록 방법을 확정하고 교육 및 학습에
서 관리시스템의 정보기술 및 디지털 변환 적용을 강화한다. 넷째, 교육 품질 보증 및
관리 조건을 강화하여 교육기관은 내부 품질 보증 시스템을 구축하고 개선하는 데 중
점을 두고, 교육 프로그램의 품질 인증 및 고등교육기관 인증을 강화하도록 한다. 다
섯째, 과학기술 및 혁신활동의 발전을 강화함으로써 교수-학생을 중심으로 한 연구
그룹 형성을 촉진하고, 외부투자자원을 유치하도록 한다. 여섯째, 국제협력을 촉진
하여 외국 파트너와 양질의 협력 프로그램 및 프로젝트를 개발하고, 장학생 해외연수
및 교수 파견 등을 본격적으로 진행한다.[6]

4) 2020년대 새로운 교원정책 개혁과 향후 과제

현재 베트남의 교원정책은 교원 질 향상을 위한 교사 훈련 프로그램 개선과 교사의
도덕성 향상에 강조점을 두고 추진되고 있다. 이를 위해 각 단계별 교사 교육 개선 방
안은 다음과 같다(한국교육개발원, 2007: 310-312).

첫째, 유치원 및 유아원, 유아학교 등의 취학 전 교육을 담당하는 교사 훈련을 강화
하여 사립 유아원 교사 수요를 맞춘다. 또한 취학 전 교육 담당교원의 표준화를 달성
하며, 특히 산간, 도서벽지 지역의 학령 전 교육 교사를 위한 정책을 수립한다.

둘째, 초 · 중등교육 교원의 구조를 재조정하여 음악, 미술, 스포츠 및 체조, 가사,
직업교육 교사를 증원하고, 종일수업을 듣는 학생에게 다양한 활동과 교육을 제공한
다. 초등과 중등교육 단계에서 학사학위 소지자를 중심으로 교사비율을 본격적으로
확충하며, 과목별 부장교사 등의 교원연수를 강화함으로써 일반대학 수준의 자격을
갖출 수 있도록 한다. 석사학위를 소지한 고등교육 교사의 비율을 최소 10% 이상으

---

6) 실제로 베트남 국제협력은 한국과 일본 등 아시아 주요국의 고등교육 유학생 유치현황에서 최상위권을 차
지하는 등 해외 교류를 강화하고 있다. 참고로 2023년 6월 기준 베트남 주요 국립대학의 해외유학 · 연수
실적을 가진 교수인력은 주로 한국, 일본, 호주, 미국, 프랑스 등에서 석 · 박사학위를 받은 것으로 발표되
었다(2023년 6월 25일 일본 조치(上智)대학교에서 개최된 제49회 일본비교교육학회 연차학술대회 과제연
구 발표 자료를 참조하여 인용)

로 확대한다. 또한 산간, 도서벽지 및 소수민족 지역의 교원을 확보하는 것이 중요하다. 동시에 모든 교사들이 지속적으로 재교육 프로그램에 참여할 수 있도록 한다.

셋째, 직업기술교육 및 전문 중등교육 교사를 양성하여 일정한 기준을 갖추도록 하고 새로운 전문영역 교사를 길러 낸다. 교사들이 매 5년마다 재교육 과정을 받도록 하고, 고등교육 기관이나 기술연구기관에서 나온 우수한 자격요건을 갖춘 노동자나 전문가 등의 방문교사 수를 늘린다.

넷째, 고등교육 교원의 자질을 높이고, 이러한 교원을 양성하고 모집하는 일이 시급하다. 이를 통하여 학생 대 교사 비율을 1:30에서 1:20으로 낮추고, 과학기술 과목에서는 1:15~20, 사회학, 인문학, 경제학에서는 1:20~25로 낮춘다. 또한 향후 고등교육의 발전을 도모한다. 대학 및 전문대학의 우수 강사진을 보완하기 위하여 석사 및 박사과정의 정원을 늘린다. 대학의 교원 보충을 위하여 우수한 졸업자를 선택하고, 더 높은 수준의 교육과정을 받을 수 있도록 한다. 특히 고등교육기관의 강사에게 외국에 나가 공부할 수 있는 우선순위를 부여하고 이를 위한 국가 예산을 늘리고 기타 자금원을 확보한다. 숙련된 경험과 우수한 과학기술 지식을 갖추고 현재 연구기관이나 국가부처, 기업, 혹은 외국에서 일하고 있는 베트남 과학자를 대학으로 초청하여 학생을 가르치도록 하고, 이를 위한 여건을 마련한다.

그런데 2019년 「교육법」 개정에 따른 새로운 교원정책이 교육계에 많은 변화를 초래하였다(베트남교육신문, 2020. 7. 6.). '2019년 「교육법」'의 제72조에 의거, 교사가 충족해야 하는 교육 수준에 대한 신규 조건은 다음과 같이 조정되었다. 일단 유치원 교사는 3년제 사범대학 졸업자 이상으로 자격을 상향 조정하였으며, 초등학교 교사와 중학교 교사도 4년제 사범대학 학사학위 소지자 이상으로 조정하였다. 다만, 초등학교, 중학교 교원이 부족할 경우, 전공 학사증명서와 사범 업무 자격증을 소지할 경우에 교사로서 수업을 진행할 수 있다는 유연한 교원정책, 즉 교원 양성과정을 개방제 방식으로 전환하였다.

그런 한편으로 2019년 개정 「교육법」 제71조의 제10항에는 교사의 권리를 보장하기 위하여 다음과 같은 내용을 명시하였다(베트남교육신문, 2020. 7. 6.). 첫째, 교사는 근무시간에 대한 편의가 제공되며 경비 지원을 받도록 한다. 다만, 규정하는 소정기간 내에 학습 과정을 마무리할 수 없는 경우 연장된 학습 기간에 발생되는 비용은 스스로 지불해야 한다. 다만, 법적으로 학습지원수당과 보너스를 100% 지급받도록 한다. 둘째, 교사는 이수한 교사양성 교육기간보다 최소 2배 이상의 기간 동안 교원으로 근무해야 함을 사전 약속해야 한다.

반면에 사범대학 소속 예비교사로서 지원받은 경비를 보상해야 하는 경우도 있다. 첫째, 자율적으로 교사직을 포기하거나, 교사양성 교육기간 중 일방적으로 포기한 경우에 해당된다. 둘째, 사범대학 졸업증(자격증)을 발급 못 받는 경우(승인된 불가항력 사유로 된 경우 제외)에 적용한다. 셋째, 사범대학 졸업증을 발급받은 후 일방적으로 노동 계약을 종결하거나 약속한 기간을 지키지 못하고 계약을 종결할 경우에 보상해야 한다. 이런 경우의 보상비용은 사범대학 학비, 교원양성과정 중 소모한 비용(급여, 수당, 보너스 제외)을 포함하도록 한다.

이상과 같은 교원정책을 중점 실천하는 과정을 통해서 향후 교원의 복지와 대우를 개선하는 것이 시급한 과제로 부각되었다. 특히 베트남에서 교사에 대한 처우는 상당히 열악한 것으로 분석되었다. 실제로 2020년 이후로 사범대학 재학생 학비면제 정책이 사실상 소멸됨으로써 예비교사 양성정책도 어려움에 처해 있다. 그래서 교사를 위한 노동규범, 근로체제, 수당제도 등을 향상시키고, 학교교육활동 및 교수학습의 양과 질에 따른 급여체계를 점차 확립해 나간다.[7) 그래서 국가는 교사를 위한 급여 특혜 정책을 보급해야 한다. 장기근로계약을 기반으로 하여 교사 및 강사를 증원한다. 또한 장애아동을 가르치는 교사 및 교육 관리자를 위한 특혜를 제공한다.

이런 상황을 개선하기 위해서 최근에는 대학, 전문대학, 교육시설의 교육 역량을 강화시키고 교사훈련 프로그램을 개선하는 것에 집중하고 있다. 대학과 전문대학에 교육, 교사훈련, 재교육을 위한 센터를 건립함으로써 양질의 교사훈련 및 선진국 수준의 교육연구를 수행하기 위한 교육학 대학을 집중 지원하도록 한다. 이는 소수민족 출신 교사 및 소수민족 언어를 사용할 수 있는 교사에 우선순위를 두고 교사훈련을 시행하도록 한다.

그래서 교육훈련부는「교원법」제정을 위한 제안서 초안에서 교원을 육성하기 위

---

7) 실제로 2023년 베트남의 현직교사는 정규수업 시간 이외에 특별보강수업을 통해서 별도의 수강료를 받을 수 있다. 이것이 사교육을 금지하는 법체계에서 허용되는 예외사항이기는 하지만, 현실적으로 교육계는 특별보강수업 수강료 조치 등이 개인적인 교육행위가 아닌 국가 수준의 급여 인상 등 교원복지정책을 요구한다는 측면에서 향후 중요한 교원복지 및 처우개선을 위한 개혁과제로 부각될 것이다(베트남교육신문, 2021. 1. 17.).

한 주요 개혁안을 제안하였다. 이는 주로 「교원법」을 제정·공포함으로써 교원의 위상이 높아지고 교사모집 및 관련 제도 개편에 긍정적인 영향이 있을 것으로 기대하고 있다. 교사의 직위와 역할을 강화하여 교사들이 그들의 직업에서 안정감을 느끼고, 국가에 더 나은 공헌을 할 수 있음은 물론이고 교사 부족 문제를 해소함으로써 교사의 전문성을 높일 수 있다는 것이다. 그런 측면에서 검토하고 있는 혁신 제안은 다음과 같다(베트남교육신문, 2022. 10. 23.).

첫째, 교사는 공립과 사립을 불문하고 교사라는 직위가 보장되어야 한다. 즉, 교사의 일부는 공무원이고, 일부는 계약직이며, 공립과 사립으로 구분되기 때문에 고용계약에 어려움이 있다. 새로운 「교원법」을 통해서 모든 교사를 집단적 차원에서 정의하여 책임, 권리, 직업적 기준을 명확히 할 수 있도록 한다. 둘째, 교원임용은 통합 운영함으로써 지역별 장애요인을 해소하고, 교사의 이동근무 등 제약요인을 해결함으로써 교원의 근무편의와 유지에 도움이 되도록 한다. 셋째, 교직 이수를 하는 모든 학생에게 교원 자격을 부여하도록 한다. 현행 제도는 사범대에서 4~5년 동안 공부한 학생들이 교사로 임용될 수 있는데, 사범대생 이외에도 교직이수 및 교생실습을 통해 교사가 되고자 하는 사람에게도 기회를 제공한다. 넷째, 교원에 대한 별도의 급여 및 수당을 본격적으로 제공한다. 이를 통해 교사의 낮은 보수를 보완할 수 있도록 관련 법을 개선하여 수당을 정비하도록 한다. 다섯째, 교장임명에 대한 제도적인 개선이 요청된다. 교장에 대한 책임이 커질 것을 예상하는 개혁이 필요하며, 학교의 주요 직위에 대한 모집 및 임명에 대한 제도를 본격적으로 마련해야 한다. 여섯째, 현재 심각한 교원인력 부족현상을 해결할 수 있는 방식으로 교원 정원을 조정해야 한다. 현행법으로는 교원의 수를 10% 줄여야 하지만, 실제로는 초등학교 영어, 정보 교사를 포함하여 상당한 수준에서 교사가 부족한 상황이므로, 법 개정을 통해 교원의 수급과 운영을 효율화해야 한다. 일곱째, 학교 자율성을 증대하여 교육자원을 효율적으로 사용함으로써 비공립학교를 포함한 베트남의 모든 교육의 질이 향상될 것이다.

3. 교육행정제도

1) 베트남 「교육법」 체계와 운영

베트남 개정 「교육법」 제3조에는 "교육이 마르크스 레닌주의와 호치민 사상에 입각한 대중적, 국가적, 과학적, 현대적, 사회주의 교육이어야 함"을 강조하였다. 1945년 일본제국주의에서 해방된 8월 혁명 이후, 베트남의 교육체제는 민주적 방식으로 새롭게 정의되었다. 남북으로 분단된 이후 1960년에는 북베트남에서 교육을 정비하고, 1975년에는 전국 단위에서 사회주의 교육으로 포괄 정의되었다. 1975년 이후 베트남 교육은 「교육법」 체계를 통해서 모든 시민, 교육자, 특히 교사와 교육행정가, 학생 등을 통해서 일상적인 교육전통과 학교교육 기반을 확고하게 정립하였다. 「교육법」을 통한 교육원칙은 교육을 높은 수준과 질로 끌어올리고 인간의 자유를 신장하는 개발전략으로 활용된다.

베트남 교육행정 · 경영체제는 교육훈련부가 유아 및 초 · 중등교육, 고등평생교육까지 포함한 모든 수준의 교육정책방향을 포괄적으로 책임지고 관리하는 중앙정부조직을 이루고 있다. 그러나 학교교사(校舍) 및 부지를 포함한 기간시설, 교직원, 재정지원 체제는 점차 분권화 방향으로 진전하였다. 그래서 교육훈련부(Ministry of Education and Training: MOET)는 고등교육 등에 대한 업무를 직접 주관하며, 후기중등교육과 중등직업기술학교은 광역단위 교육훈련부에서 관리하고, 전기중등교육과 초등학교에 대한 관리체제는 기초단위 지자체 혹은 학교구의 교육훈련국에서 담당한다. 교육지원시설은 점차적으로 중앙권력의 통제방식을 벗어나서 각 지방교육청 수준에서 수입재원을 확보하는 방식으로 변하고 있다. 특히 지방교육훈련국은 교육훈련부와 지방인민위원회의 공동 관할범위에 있으며, 각 학교구 수준에서 인민위원회의 단위조직이 교육경영에 대한 책임의식을 가진다고 볼 수 있다.

이상과 같은 중앙 및 지방교육행정 영역과 체계, 임무와 역할 등을 기준으로 볼 때 다음과 같은 특징을 볼 수 있다. 첫째, 사회주의 교육체제에 적합한 행정운영 관리체계를 강조한다. 2006년 개정 「교육법」 제2조에서도 "교육의 목표는 도덕, 지성, 신체, 예술성, 전문성 및 사회주의와 자주 사상을 갖춘 전인적 시민을 기르는 것"을 제시한 바와 같이 국가안전과 국방, 국가개발을 이끌 수 있는 인격, 자질, 능력 등을 갖춘 시민을 육성한다. 둘째, 보편적 교육행정 정책을 통해서 국가와 당 체제를 중심으로 인민이 주체가 되는 인민을 위한 교육체제를 발전시키는 정책을 추진하였다. 그래서 지역교육의 개발, 특히 산간지방, 소수민족 거주지역, 메콩강 삼각주, 고원지역 등의 취약계층 거주지역에 우선순위를 두고 "만인교육"과 형평성에 최우선 순위를 둔다. 셋째, 국민교육의 특성으로서 국어, 역사, 문학, 지리 교수학습을 강조하며, 베트남어(Vietnamese)를 공식교육언어로 하는 애국심과 "시민의식"을 고양한다. 이런 교육상황에서 소수민족의 언어를 존중하고 이를 교육적으로 보존하고 실천하는 교육활동도 적극 지원하고 있다(UNESCO, 2011: 4).

2010년대 이후 중앙의 교육업무를 총괄하는 교육훈련부는 내각총리 산하의 교육개발과 국가교육전략을 주관하고 있다. 교육훈련부는 교육전문분야를 분장 주관하는 교육부국과 교육지원업무를 포괄하는 일반지원부국, 그리고 교육훈련부 산하조직 등으로 크게 구분할 수 있다(한국교육개발원, 2007: 278). 일반지원부국은 재정기획실, 인사과, 국제협력국, 과학기술국, 교원정책국, 정치국, 체육지원국, 국방교육국 등을 설치하였으며, 교육부국은 취학전교육국, 초등교육국, 중등교육국, 전문중등교육국, 평생교육국, 고등교육국 및 대학교육실, 교육감사실 등이 있다. 그리고 교육유관 산하기관으로서 국립교육과학연구소는 일반교육방법과 교육과정개발센터를 부설하여 교육과정 및 교육평가 연구를 수행하고 있다. 이와 별도로 국립교육과학연구소와 교육훈련부 직속기관인 교육출판사 및 교과서위원회 등 3개 기관이 연계하여 교과서 개발 및 검정, 출판업무 등을 포괄적으로 수행하고 있다(UNESCO, 2011: 4-5).

한편, 1980년대 중반 도이모이 체제를 도입한 이후부터 학교교육 현장에는 기존의 공립학교 교육체제를 벗어나서 민립 운영방식 혹은 사립학교 등이 새로운 교육기관으로 등장하였다. 중앙정부는 민간 및 사립학교 등도 국가 공교육에 포함되는 기관으로서 다양한 방식으로 자체경영수지를 확보하고 독자적인 교육체제를 구축하는 것을 승인하였다. 그러나 공립학교와 비공립사설학교는 교육목표, 내용, 교육과정, 교과서, 교수법, 입학규정, 교수학습, 시험, 과정 이수, 졸업인정 등의 학사운영은 동일하게 이루어질 것을 권장하였다. 비공립학교는 유아교육부터 고등교육기관까지 모든 교육수준에서 운영되었다. 그러나 비공립학교는 국가 교육재정의 부담을 덜어 준다는 장점이 있으면서도, 교육과정을 개선하거나 효율적인 교수활동을 전문적으로 수행하는 측면에서 여전히 국가 질 관리시스템 및 표준화 수준에 미치지 못하는 문제점을 지니고 있다(UNESCO, 2011: 5). 베트남 교육훈련부는 이런 문제점을 극복하기 위한 측면에서 최근에는 국제적인 추세에 적합한 학교교육을 실천할 수 있는 방안을 모색하고 있다.

　베트남은 국가적인 수준에서 국제화 정책을 추진하면서도 공산당 및 호치민선봉대 등의 공교육 조직과 연계활동도 강조하고 있다. 이를 반영하여 2019년 개정「교육법」은 전체적으로 국제성 및 글로벌화에 대한 교육적인 대응방안에 비중을 두면서도 학교교육 현장의 당 혹은 '호치민공산소년선봉대' 활동을 강화하는 방식으로 일정한 사상통제를 실천한다. 즉, 학교교육에 있어서 글로벌화에 대한 대응정책과 함께 당의 영향력도 확대하는 것이 핵심적 개혁 동향이라고 할 수 있다. 최근에는 특히 외국계 교육기관이나 사립교육기관에 대해서도 정치사상교육을 지도하거나 관리를 강화하는 방식으로서 호치민 공산청년단이나 호치민소년선봉대의 활동을 중시하는 특징도 나타난다(UNESCO, 2011: 6).

　2005년 및 2019년 개정「교육법」에 따라서 중앙정부, 즉 교육훈련부를 중심으로 추진하고 있는 교육정책결정과정은 다음과 같은 특성을 지니고 있다(한국교육개발원, 2007: 278-281). 대체로 중앙정부가 추진하는 교육기본 원칙은「교육법」등의 법령체계가 정비되기 이전에 신속하게 추진할 경우에는 각종 규정, 규칙 및 명령 등을 통해서 중앙정부 및 유관 단체 등이 주도하는 경향이 두드러지고 있다(近田政博, 關口洋平, 2023).

　첫째, 베트남 공산당 중앙위원회와 공산당대회가 주도적으로 국가 교육의 전략적 방향과 의무를 결정한다. 1979년 제4차 공산당대회는 교육개혁에 관한 결의안 14를 채택함으로써 마르크스 레닌주의 원칙과 호치민 사상을 결합한 교육목표를 확립하였고, 1993년 제7차 전당대회에서는 "교육과 훈련에 관한 지속적 개혁"에 관한 결의안 4를 채택하였다. 1996년 12월 제8차 전당대회는 "산업화와 근대화에 발맞춘 교육개발의 전략적 집중"과 2000년대 교육개혁 과업을 설정하였다.

　둘째, 국회는「교육법」등의 교육 관련 법령을 제정하고 교육예산 및 중요한 교육프로그램을 결정한다. 1990년 국회는 문해교육과 초등교육 보편화 프로그램을 수립하였고, 1991년 초등교육 보편화에 관한 법을 제정하였다. 1998년 12월 이후에는 지난 2019년까지 3차에 걸쳐서「교육법」을 통과시켰다. 현재의 2019년「교육법」은 주로 국제교육 동향과 글로벌 추세를 반영하는 교육정책을 중심으로 비교적 문서상으로 세부적 사항들이 명시되어 있다. 또한 국회는 각종 교육과 훈련에 관한 법령을 제정할 수 있는데, 직업교육에 관한 법 혹은「고등교육법」제정 등이 대표적이라고 할 수 있다.

셋째, 교육훈련부 등의 중앙정부는 당 중앙위원회와 공산당대회가 제정한 규범을 이행하는 것과 관련하여 구체적인 지침 혹은 지시방안으로서 명령이나 결의안, 지시 등을 발표·집행할 수 있다. 이런 배경에서 교육부의 조직, 기구, 기능, 의무 등에 대한 결의안, 혹은 국가교육체제에 대한 법령을 제정할 수 있다. 그래서 내각총리는 대학의 설립이나 매각에 대한 결정권을 행사할 수 있으며, 국가위원회를 조직하여 문해교육과 초등교육 보편화 프로그램을 실천하였다. 그 이외에 유관 부처 장관 및 공공기관장 등으로 구성된 교원인사위원회를 운영하여 대학인사행정을 담당 수행하기도 한다. 그 외에 총리 직속 국가교육위원회는 교육개발에 관한 중요한 결정을 내리거나 교육과 훈련 방식 등을 결정하기도 하였다.

2) 중앙 및 지방교육행정체제의 변화

2005년 개정「교육법」당시부터 국가는 교육목표, 프로그램, 교육내용, 교육계획, 교사기준, 입시제도, 등급·학위체제 측면에서 단일한 국가교육체제를 유지해야 함(제14조)을 강조하였다. 주로 국가교육체제는 교육의 질을 관리하고, 교육경영의 분권화를 실천하였으며, 교육제도의 책무성과 자율성을 강화하였다. 결국 유아교육 및 초등교육, 중등교육에 대한 전문기술훈련, 교육과정, 시험관리, 표준평가 등은 교육훈련부가 총괄 관리하며, 그 이외의 교원인사, 교육재정, 직업기술훈련 등에 대해서는 기초단위 및 광역단위 인민위원회, 기업체, 공공기관 등의 부서장이 직접 관리하도록 한다. 특히, 고등교육 영역은 교육훈련부가 직접 대학과 일부 전문대학을 주관 운영하지만, 예체능 전문대학과 교사훈련전문대학 등을 포함한 전문대학은 광역지자체에서 직접 운영하기도 한다.

그런데 2005년 개정「교육법」제51조는 (지역사회가 지원하는) 민립학교 혹은 사립학교를 설립할 수 있는 주관 담당기구를 다음과 같이 다양하게 제시하였다(UNESCO, 2011: 5-6). 첫째, 기초단위 인민위원장은 어린이집, 유치원, 초등학교, 전기중등학교 및 소수민족 출신학생 대상의 준기숙형 일반교육학교를 허용하는 의사결정을 할 수 있다. 둘째, 광역단위 인민위원장은 후기중등학교, 소수민족 출신학생을 위한 일반 기숙사학교를 허락할 수 있다. 셋째, 중앙부처 장관 및 장관급 기관장 등은 특정부처 및 기관이 통제하는 중등직업전문학교를 허락할 수 있다. 그중에서 교육훈련부 장관은 단과대학 및 4년제 각종 학교 등을 결정할 수 있는 반면에 직업훈련관리 유관 부처의 장은 직업기술대학에 대한 결정권한이 있다. 내각총리는 정규대학에 대한 설립 권한을 가지게 된다.

다른 한편 공립학교의 학교평의회(School Council) 또는 민영학교와 사립학교의 학교이사회는 학교활동의 방향 설정, 학교시설 자원 등을 사용할 수 있는 방안 및 모니터링, 학교와 지역사회 연계방식, 교육목표를 실현할 수 있도록 지원하는 기구 역할을 한다(「교육법」 제53조). 학교장은 중앙교육당국이 승인하거나 임명하는데 단위학교 운영에 대한 책임을 지게 된다(「교육법」 제54조). 그래서 학교장은 교육관리자, 교사, 지역대의원 등으로 구성된 학교운영위원회의 자문 지원을 받아서 학교경영을 추진한다. 이때 학교운영위원회의 조직과 활동 등은 학교헌장에 작성되어야 한다(「교육법」 제55조). 또한 2005년 개정 「교육법」 제111조는 지방분권 운영원리에 따라서 교육감사 제도를 운영하는 방안에 대해 구체적으로 제안한다. 교육감사는 법 집행의 긍정적인 요소를 촉진하고 「교육법」을 잘 준수하여 부정과 부패를 사전에 예방하는 등 투명하고 공정한 학교경영을 장려한다. 그래서 전문 교육감사관을 중심으로 정확하고 올바른 교육 의무와 권리를 실천하기 위한 교육 감사를 개발하고, 주로 수업활동 및 운영시간, 교육과정, 교육목적, 전문적인 관리체제, 교육내용과 계획, 프로그램 등에 대한 감사 및 장학정책을 지원하도록 한다(UNESCO, 2011: 6). 그러나 여전히 교육예산과 교직원인사 조직관리 등의 교육서비스 분야를 중심으로 지역단위 분권화, 혹은 단위학교의 자율성 등이 더욱 합리적으로 추진되어야 할 것이다.

3) 교육재정 운영에 따른 혁신적 변화

2000년대 초반까지만 해도 베트남의 교육재정은 〈표 4-3〉과 같다. 2000년 당시 베트남의 총 정부지출 대비 교육비 예산은 9.7%로 나타났으며, GDP 대비 공부담 교육비는 2007년 기준으로 1.8%에 불과한 실정이다. 전체 교육단계에서 공공부문의

표 4-3 | 베트남의 교육재정 구조

지표	작성방법	단위	금액	기준년도
교육예산(중앙/예방)	중앙정부교육예산＋지방정부교육예산	백만$	12,750 ＝3,393＋9,357[1]	1998
총 정부지출 대비 총 공부담 교육비	전체교육단계(초·중·고등교육)의 교육비 지원＋가계지원 공부담 교육비	$		
		%	9.7[2]	2000
	국가재정총지출	$		
GDP 대비 공부담 교육비	전체교육단계(초·중·고등교육)의 교육비 지원＋가계지원 공부담 교육비	$		
		%	1.8[3]	2007
	국민총생산액(GDP)	$		
전체교육단계에서 교육기관에 대한 공공 및 민간투자의 상대적 비중	공공 재원, 민간 재원, 민간재원 중 공공보조금	$		
		%		
학생 1인당 교육기관 연간교육비 ppp US$	전일제 학생, 교육 단계(취학 전, 초·중·고등교육)	$		
		%		

자료: 1) World Bank Vietnam: Public Expenditure Review 2000; 2) UNDP Human Development Report 2003;
　　　3) UNESCO Data centre Finance Indicators by ISCED level.
출처: 한국교육개발원(2007: 280) 재인용.

교육투자비중과 학생 1인당 교육비는 확인되지 않는다. 이로써 베트남의 교육재정은 매우 취약하다고 할 것이다.

　베트남의 교육에 대한 투자 수준은 2011년부터 2020년까지 10년 동안 꾸준히 증가하였다. 베트남의 교육재정은 총 국가 예산의 18% 이상, GDP의 4.9%에 해당하는 규모로 다른 동남아시아 국가보다 높은 상황이다. 베트남의 2019년 개정「교육법」에 따르면, 교육재정은 국가 예산 편성에서 주요한 예산으로 총 국가예산의 최소 20%를 지출할 것을 명시하고 있다.

　2011~2020 베트남 교육산업 분석 보고회에서 베트남 교육과학연구소 측은 다음과 같이 발표하였다. 교육에 대한 투자수준은 매년 꾸준히 증가하는 경향이 있으며, 2011~2020년 10년간 평균 약 17~18%, 높은 해에는 19%에 도달하여 미국(13%), 인도네시아(17%), 싱가포르(19.9%) 등 타 국가와 비교했을 때 베트남의 교육예산 지출

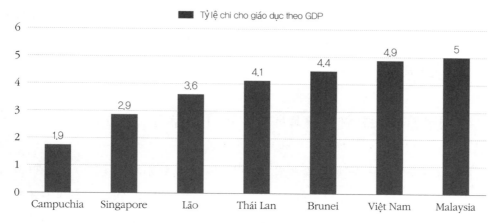

[그림 4-3] ASEAN 국가 GDP 대비 교육비 지출비율(2017년)

주: 그래프 좌측부터 캄보디아, 싱가포르, 라오스, 태국, 브루나이, 베트남, 말레이시아

비중은 낮지 않음을 강조하였다. GDP 대비 교육비 지출 비중은 GDP의 4.9%로 말레이시아 5%에는 못 미치나 캄보디아를 비롯한 다른 아세안 국가들에 비해 높은 편이다. 전체 국가 예산의 20%를 지출하도록 「교육법」에 명시되어 있으나 실제 지출은 그보다 적게 집행되고 있는 것이 현실이다. 특히 코로나19로 인해 경제적, 사회적으로 많은 영향을 미쳐 교육비 지출 수준은 점점 감소할 것으로 예상하며, 2021~2030년 동안은 절대 숫자가 감소할 것으로 전망된다. 현재 베트남은 교육비 예산이 지방분권관리 시스템에 속해 있으므로 교육훈련부가 인적자원관리와 국가예산을 지출하는 데 어려움이 있다고 언급한다. 50% 이상의 성, 시(하노이, 하이즈엉, 박닌, 흥옌, 호치민)에서는 20% 이상 교육비로 지출되고 있지만, 이와 대조적으로 하장(4%), 뚜엔꽝(3%), 손라(9%), 호아빈(6%), 속짱(6%)과 같이 교육비 지출비율이 10%에도 미치지 못하는 아주 낮은 지역도 있다.

한편, 베트남의 교육비 지출 수준이 설정목표인 20%에 도달하지는 않았지만 과거에 비해 베트남의 처한 상황 내에서 꽤 잘하고 있다고 볼 수 있다. 2020년 기준으로 베트남의 1인당 총소득이 2,785USD(한화 373만 원)로 ASEAN에서는 6위, 세계에서는 100위 안에 들고 있다. 참고로, 필리핀 3,193USD(한화 약 428만 원), 태국 7,900USD(한화 약 1,059만 원), 말레이시아 10,402USD(한화 약 1,395만 원)로 베트남의 2~3배 소득을 올리고 있다. 베트남이 1인당 국민소득은 낮지만 주변 국가와 비교해 볼 때, 교육에 대한 지출 수준은 동일하거나 높아 긍정적인 것으로 본다. 앞으로 베트남의 교육이 발전하기 위해서는 실행가능성이 있는 장기적 관점이 필요하며, 1~2년 안에 싱가포르와 대등해지기는 불가능하나 향후 15년 안에 싱가포르와 동등한 수준에 도달하는 것을 목표로 하고 있다.

4) 행정합리화를 위한 교육통계혁신 사업 추진

베트남 교육통계는 「통계법」 및 동법 시행령, 국무총리 결정(No.43 · 2010 · QD-TTG: 국가통계지표시스템의 발행) 및 교육훈련부 고시(39 · 2011 · TT-BGDDT: 교육 및 훈련 통계 지표 시스템 공표)에 의거하여 교육훈련부의 주도하에 수집 · 활용되고 있다.

이와 같은 근거 아래 과거 베트남은 교육통계조사를 위한 도구로 기초적 수준의 EMIS(교육정보관리시스템)[8]를 활용하여 교육통계조사를 수행했다. EMIS는 UN의 SDGs 달성과 관련하여 SDG4(교육분야) 목표달성 여부를 확인하기 위한 지표산출에 있어 필수적인 시스템이다. 그렇기 때문에 UN은 EMIS의 구축을 여러 개발도상국에게 권장하고 있으며 Open EMIS라는 개방형 플랫폼을 제공하기도 한다. 아프리카 대륙을 비롯한 대부분의 개발도상국은 UN에서 제공하는 개방형 플랫폼을 기반으로 EMIS를 구축하여 활용하고 있다.

베트남의 경우 여타 다른 개발도상국과는 달리 자체적으로 EMIS를 구축하여 교육통계정보 생산에 활용했다. 해당 시스템은 개별데이터를 수집하는 방식이 아닌 통계치 정보 입력을 위한 시스템으로, 수집된 통계치의 합계 검증 외 데이터 입력단계의 형식 검증이나 데이터 간 교차 검증을 통해 정보의 오류를 확인할 수 있는 내용 검증 등과 같은 별도의 오류검증 기능이 없었다. 따라서 EMIS를 통해 산출되는 데이터는 신뢰도가 떨어지고 집계치 데이터의 특성상, 분석에 한계가 있었기 때문에 베트남에서도 활용도는 낮았다.

이후 베트남은 국가발전 전략으로 2015년 전자정부 수립 정책을 발표하였고, 특히 교육훈련부가 새로운 EMIS를 개발 · 활용할 것을 지시하여 교육훈련부 IT국(Information Technology Dept.)의 주관으로 2016년부터 2017년까지 2년간 교육통계

---

8) EMIS(Education Management Information System): 교육정보관리시스템으로 교육데이터를 수집, 검증, 가공하여 통계정보 산출, 지표산출, 행정자료 산출 등을 위해 활용되는 정보시스템이다.

조사를 위한 '교육정보 데이터베이스시스템'이라는 신규 시스템을 구축하였으며, 2017~2018, 2018~2019의 2년간 교육통계데이터를 수집, 관리하는 시범운영을 실시하였다. 이를 통해 베트남은 전국을 관할하기 위한 학교—지역교육청(군, 현)—시도 교육청(시, 성)—교육훈련부로 연계되는 4단계의 체계적인 교육통계 수집 및 관리시스템을 구성할 수 있었고 유·초·중·고등교육의 학생, 교원, 학교에 관한 2년간의 개별화된 데이터를 축적할 수 있었다.

해당 시스템 구축비용은 대략 한화로 35억 원이며 World Bank의 지원금이 활용되었다. 현재 베트남 내 모든 유·초·중·고등교육기관이 이 시스템을 사용하고 있으며, 2019년 기준 총 2만 4천 명의 학생과, 1백 5만 명의 교사의 정보가 입력되어 있다. 베트남의 모든 학교들은 이 시스템의 사용자로 가입되어 있고, 유치원부터 대학원까지 학생코드를 생성하여 학생정보의 추적 및 열람이 가능하다. 시스템 활용을 위한 교육 연수프로그램은 2018년부터 연 1회(약 2시간) 실시하고 있으며, 63개의 각 시, 성 교육청에서 1~2명의 담당자가 약 100명 정도 참여하고 있다. 학교단위 시스템 사용자들에 대한 교육의 경우 온라인을 통한 연수가 제공되며, 교육훈련부 홈페이지에서 영상자료를 통해 학습할 수 있다.

신규 구축된 '교육정보 데이터베이스시스템'의 가장 큰 특징은 베트남 전국의 학생, 교원 등에 대한 정보를 원자료(Raw data) 기반의 개별데이터로 수집한다는 것이다. 이는 기존 EMIS가 지니고 있던 집계데이터 방식의 문제점을 개선하여 원자료 기반에서 데이터의 분석과 지표 생성이 가능하도록 시스템이 진화된 것이라 볼 수 있다.

시스템의 메뉴는 크게 유치원, 초등학교, 중학교, 고등학교, 보수교육(평생교육), 교육과(교육지원청) 관리, 교육청(시, 성 교육청) 관리, 교육훈련부 관리 등 8개로 구성되어 있다. 학교와 관리 부서마다 별도의 계정을 부여할 수 있으며, 교육훈련부는 관리 계정으로 모든 학교, 학생, 교원 정보 등을 열람할 수 있다. 첫 화면에서 관리자 메뉴로 로그인하면 전국에 소재한 개별 학교로 들어가 학생들의 현황을 살펴볼 수 있으며 시스템 내 모든 인적자원 데이터는 개별화되어 수집되기 때문에 학생의 경우 일련번호에 따라 학생번호, 이름, 생년월일, 성별, 민족, 재학상태 등의 확인이 가능하다. 개별 학생을 검색하거나 새로운 학생을 추가, 삭제할 수 있으며 엑셀로 변환하여 총괄데이터를 산출하는 것도 원자료 수집체계 덕분에 가능해졌다. 학생 정보 이외에도 교원, 학교(기관) 정보 등 총괄적인 교육 관련 데이터를 수집, 보유하고 있으며 교원의 경우, 학생과 같이 일련번호에 따라 이름, 생년월일, 재직상태, 민족, 직급, 고용형식, 학력, 담당교과 등의 항목을 입력하도록 구성되어 있다. 그리고 세부사항에는 주민등록번호, 이메일, 연락처, 단원/당원, 사회보험번호 등과 더불어 교원에게 지급되는 각종 수당(구직 수당, 연공 수당, 직업우수 수당, 지도 부수당 등)을 기록할 수 있다.

이와 같은 세부 개별 요소들에 대한 조회 및 출력 기능들은 집계형 자료수집 형태의 EMIS에서 원자료 기반의 '교육정보 데이터베이스시스템'으로 전환되면서 완성되었다. 이러한 기능은 이전보다 다양한 방식의 통계분석을 가능하게 할 뿐만 아니라 지표 개발을 위한 기초데이터를 산출할 수 있다는 장점을 제공한다.

하지만 이러한 장점을 활용하여 국가 수준의 EMIS로 운용하기 위해서는 시스템에 대한 추가적인 고도화가 필요할 것으로 보인다. 모든 초기 시스템들이 그러하듯 '교육정보 데이터베이스시스템' 또한 설계 혹은 요구기능 구현에 대한 문제 때문인지 부족한 부분을 갖고 있기 때문이다.

해당 시스템이 갖는 대표적인 문제는 다음과 같다.

ⓐ 조사항목으로 수집되는 데이터들에 대한 코드화가 적용되지 않고 단순 텍스트 문자열로 입력된 값으로 저장되어 있어 데이터의 중복 및 오입력이 발생할 수 있다.

ⓑ 입력된 정보를 객체 단위로 식별할 수 있는 고유코드(Unique Code)의 부재로 데이터의 분석, 검증, 통계 산출, 지표 산출 등이 어렵다.

ⓒ 데이터 수집과정에 있어 형식 검증(입력 타입 검증), 내용 검증(데이터 간 논리검증), 시계열 검증(데이터 추이 변화 검증) 등과 같은 여러 단계의 검증 기능이 없고 오직 합계 검증에 대한 기능만 탑재하고 있어 데이터의 신뢰도가 낮다.

ⓓ 데이터의 수정, 삭제에 대한 이력관리 기능이 없어 변경된 데이터에 대한 이해 및 관리가 어렵고 어떤 정보가 원자료인지 구별하기 힘들다.

결과적으로 '교육정보 데이터베이스시스템'에 탑재되는 원자료 기반의 개별데이터의 수는 증가했지만, 여전히 데이터 신뢰도 문제와 데이터 활용적인 측면에서의 개선과제들이 남아 있다. 하지만 이러한 문제들은 시스템을 활용하는 시간 경과에 따라 수요자들 요구에 의해 점진적으로 개선될 수 있을 것으로 보인다.

현재 베트남은 국가개발정책, 전자정부정책, SDGs 이행계획 등의 다양한 정책으로 국가 수준의 지표를 개발 및 관리하고 있고, 교육훈련부를 포함한 정부부처에서는 통계의 중요성에 대한 기본적인 인식을 공유하고 있으며, 보다 효과적이고 효율적인 통계관리에 대한 관심과 이해도 또한 높은 수준이다. 뿐만 아니라 시스템 개발에 주도적 역할을 했던 교육훈련부의 IT국은 시스템 구축에 관한 사전 경험과 지식을 보유하고 있으며, 구축된 시스템의 한계도 인식하고 있으므로 시스템 개선과 관련한 정책과 재원만 뒷받침된다면 언급했던 문제들을 해결할 수 있을 것이다.

현재 베트남 내의 모든 학교에는 인터넷망이 구축되어 있으며, 모든 학교가 인터넷으로 연동 가능한 상태로 파악된다. 향후, 교육 관련 정보 접근을 위한 법적 근거가 개정될 예정이며, 새로운 규정 이후에는 정보 접근 권한이 다양한 이해관계자에게 확장될 것으로 예상된다. 베트남 내 관련 전문가들은 교육통계와 관련된 '자료 협력 및 공유에 대한 계획'을 통해 연구자들 간 관련 자료를 공유할 수 있으며, 고도화된 '교육정보 데이터베이스시스템'을 활용하여 향후 증거에 기반한 교육정책을 수립할 것이다.

4. 교육개혁 동향

1) 베트남의 코로나19 위기와 새로운 교육개혁 방향

베트남 교육훈련부는 2020년 3월 25일 코로나19 예방을 위하여 학생이 학교에 등교하지 않는 동안의 교육 프로그램 운영 지침을 공문으로 발송하였다. 정부는 코로나19 확산 예방을 위하여 텔레비전과 인터넷을 활용한 수업을 진행하기로 결정하였다. 베트남의 고등학교 단계 10학년이 치르는 고등학교 입학시험과 12학년이 치르는 시험이 잠정적으로 모두 연기되었으며, 상황에 따라 방학을 생략하는 것까지 적용하였다(김지연, 2020. 4. 2.). 다음에서는 2020년 3월 25일자로 베트남 교육훈련부가 일선 교육기관과 학교 현장, 과학기술부 등에 보낸 코로나 바이러스감염증—19 대응을 위한 지침을 정리하고자 한다.

베트남은 코로나19 발생 초기에는 정규 채널을 빌려 교육방송을 송출하고 있었으며, 학생들이 등교를 하지 않는 상태에서 학습을 지원하기 위해 인터넷과 텔레비전을 통한 교육에 관한 지침(Pdf Hướng dẫn dạy học qua internet, truyền hình)을 공식적으로 추진하였다. 이 기간 동안 학생은 등교할 수 없었으며, 교육훈련부는 인터넷 및 TV를 통한 교육의 형태를 제공하였다. 인터넷 기반 교육은 교사가 인터넷 응용 프로그램 또는 서비스를 활용하여 교육 활동을 구성하고 학생의 학습 결과를 테스트 및 평가하는 교육 형태였다. 이는 교육기관이 학생의 학습 과정을 모니터링하고 관리하도록 지원하는 것으로서 교사가 학습 안내서, 과제, 지원 및 답변을 통해 학생과 의사소통하는 것을 지원하였다. 또한 학생에 대해서는 학습 과정을 추적하고 온라인 학습 콘텐츠에 참여하며 교사 및 다른 학생과 연결하여 수업 중 상호작용할 수 있도록 지원하였다.

그러나 현실적으로는 비대면 수업방식으로는 텔레비전 교육을 더욱 효율적인 방식으로 강조하였다. 텔레비전 교육은 텔레비전에서 진행되는 강의에 따라 학습 과제를 수행하고 학생의 학습 결과를 확인하고 평가하기 위해 학생을 조직하고 안내하는 교수방법의 한 형태였다. 여기에서 텔레비전 장비 및 기반 시설은 국가 텔레비전 시스템과 호환되는 텔레비전 수신요구사항을 충족해야 한다. 수업은 교육훈련부의 보편적 교육 프로그램 및 규정과 지침에 따라 텔레비전에서 수업을 한 경험이 있는 교사가 가르치는 방식이었다. 교재에 사용되는 자료에는 교과서, 문서, 자료, 질문, 교육 및 시험 조직을 위한 과제, 텔레비전 수업에 따른 학생의 학업성취도 평가 등이 포함되며, 각 수준에서 학생에게 적합한 과학적인 교수법을 보장하였다(김지연, 2020. 4. 2.).

이미 베트남 당국은 코로나 바이러스로 인해 학생의 개학·개강이 연기되어 온라인 교육에 주목하였으며, 장기적으로 진행될 경우를 예측하여 2020년 2월 5일 전국 학교에 코로나 바이러스 예방을 위해 휴교 조치를 단행하였다. 그 이후로 학교와 교사의 자율참여로 온라인 교육을 진행하고 있으며, 온라인 교육 시스템이 없는 학교는 전자 우편 혹은 페이스북 등의 매체를 이용하여 숙제를 내 주는 방식으로 진행하고 있다. 그 외에도 베트남의 최대 통신사인 'VNPT'에서 자사의 이러닝 솔루션을 무료로 제공하는 등 코로나 바이러스 특수 상황으로 인해 온라인 교육을 활성화하고 있다(베트남교육신문, 2020. 2. 26.).

코로나19 발병 초기에 정부는 이런 휴교 조치가 자연재해·전염병으로 인한 휴교이므로 개강 이후 보강 프로그램을 운용하고 방학 연기 등의 조치를 하여 학업을 완료하기에 충분한 시간이 있다고 판단하였다. 그러나 코로나19 예방과 통제로 인하여 학생이 등교할 수 없게 되면서, 베트남 교육에 새로운 문제가 발생하였다. 학생들이 등교할 수 없는 기간 동안 교사들은 온라인으로 가르치기 위해 준비하고 있는데, 이때 역량이 부족한 교사들은 수업과 생활지도에 대해 상당한 어려움에 직면하였다. 이에 교육훈련부는 무료 교육자원 웹사이트(elearning.moet.edu.vn)를 통해 1~12학년까지의 강의를 제공하였으며, 모든 과목은 교육, 평가, 해석을 포함하고 교육부 데이터베이스를 활용하였다(베트남교육신문, 2020. 3. 2.).

이후 코로나19 상황이 장기화함에 따라서 현행 37주의 중등학교 정규학기를 다음 새 학기에는 수업기간을 2주 단축하여 35주로 정하는 정책을 시행하였다. 35주로 단축하기 위한 필수 해결책으로, 먼저 학습 내용을 간소화하고 교수법을 혁신해야 하며, 학생들의 실습과 경험을 향상시킬 수 있는 기회를 창출하였다. 또한 교육훈련부는 장기적으로 사립학교와 공립학교에서 교육훈련부의 교육 프로그램을 동일하게 진행하도록 하였다. 이를 위하여 여름방학 동안 진행하는 교육 프로그램의 경우 새 학년도 내용의 선행학습을 금지하였으며, 모든 학교는 정규 교육과정 이전에 수업을 실시하지 않는 규정을 엄격히 준수해야 한다는 점을 다시 한 번 강조하였다(Thanh Nien, 2020. 7. 23.).

그러나 19개 소수민족은 각기 다른 언어를 사용하기 때문에 온라인 교육 이전에도 교육 격차가 있었다. 국가에서 제공하는 모든 자료와 공지사항 등이 베트남어로 되어있기 때문에 소수민족은 언어적인 측면에서 소외되고 있다. 이에 디지털 교육을 활용하여 교육의 격차를 줄이고자 하였으나 실제로는 격차가 더 벌어진 것으로 파악된다. 특히 온라인 학습 플랫폼으로의 접근성 격차가 나타나고 있다. 예를 들면, 하장(베트남 북부에 있는 도시) 및 기타 산악 지역은 인터넷 연결 안전성이 고르지 않아 학습 플랫폼에 접근하기 어려운 상황이며, 소수 민족 아동과 사회경제적 취약 계층 아동은 휴대 전화, 컴퓨터 또는 인터넷과 같은 기술을 사용하여 도시의 아동처럼 온라인으로 공부할 수 없는 실정이다. 따라서 전국적으로 사용할 수 있는 교육 플랫폼을 통해 디지털 기술을 가르칠 수 있는 정책이 필요한 실정이다.

그럼에도 베트남의 대응책은 지난 몇 년 동안 교육을 변화시키기 위해 지속해서 노력해 왔다는 점에서 긍정적이라는 평가가 개진되고 있다. 특히 교육 활동에 IT의 활용을 촉진하기 위한 프로젝트를 통해 디지털 인적 자원 양성, 디지털 콘텐츠 개발 등과 관련하여 중요한 성과를 거둔 것으로 평가되었다. 또한 OECD의 국제 학업성취도 평가(PISA) 보고서에 따르면 코로나19 위기 속에서 베트남의 온라인 학습은 다른 국가 및 지역에 비해 긍정적인 점이 많은 것으로 조사되었다. 예를 들면, 베트남에는 79.7%의 학생이 온라인으로 공부하고 있으며, 이는 OECD 평균(67.5%)보다 높은 수치이다(인민군온라인신문, 2021. 1. 27.).

2) 베트남의 2019년 개정 「교육법」 체제: 교육의 국제화 전략을 중심으로

(1) 「헌법」 조항을 적용하는 교육진흥 방안

2019년 개정 「교육법」은 종래의 「교육법」과 다르게 교육 글로벌화 실천과제로 교육의 보편적인 보급과 질을 제고하는 측면에 대해서 중점을 두고 있다. 베트남의 교육 관련 법령 체계는 「헌법」과 「교육법」 그리고 교육 관련 법안 및 그 하위 수준으로 각종 규정과 규칙, 명령 등이 있다. 베트남의 「헌법」은 제정 이후 1980년, 1992년과 2013년 3차에 걸쳐 개정하였으며, 「교육법」도 1998년에 제정된 이후 2005년과 2019년에 개정하였다. 그 외에 교육에 관련된 법령으로 2012년에 제정한 「고등교육법」, 2014년에 개정한 「직업교육법」, 2016년에 개정한 「청소년법」, 2018년에 개정한 「체육·스포츠법」 등이 있으며, 교육적으로 적정하면서도 임의적으로 관리·실행해야 할 현황과 관련하여 규정, 규칙, 명령 등을 제정하여 적용하기도 한다.

1975년 사회주의공화국으로 통일을 이룬 베트남 법체계는 1980년대 중반 도이모이 개방체제 이후 「헌법」과 「교육법」 등이 정비되기 시작하였다. 그간에는 주로 공산당과 각 정부부처가 수시로 정하는 규칙이나 규정, 명령 등에 따라서 정책을 집행하였으며, 이런 집행명령은 개별적으로 이루어지는 경향이 있어서 체계적이거나 계층적 이해를 파악하기가 어려운 실정이다(近田政博, 關口洋平, 2023). 이런 배경에서 베트남의 다양한 중앙부처가 교육기관을 관장하는 것도 또 다른 특징이라고 할 수 있다. 예를 들면, 중등교육 수준의 직업기술교육과 전문대학의 직업기술교육은 노동보훈·사회부가 주관하며, 전문특수대학은 각 정부부처가 별도 소관으로 관리하고 있다. 현재 하노이 건축대학은 건설부가 관장하고, 하노이 법과대학은 법무부 소관 교육기관이라고 할 수 있다. 이와 같이 중등 및 고등교육기관 중에서 교육업무를 관장하는 교육훈련부가 모든 학교에 대한 책임 소관이 있는 것이 아님을 알 수 있다(近田

政博·關口洋平, 2023).

베트남의 교육목표는 1980년「헌법」제40조에서 "교육제도는 학습과 실제를 결합하고 교육과 생산노동, 학교와 사회를 연계함으로써 지속적으로 발전·개선해야 한다. 그러므로 교육의 목표는 우수한 사회주의 노동자를 양성하고 장래의 혁명세대를 육성하는 것으로 한다"고 명기하였다. 이는 마르크스 레닌주의와 호치민 사상을 승계한 교육이념에 따른 공산주의형 인간을 육성하는 것으로서 구소련체제의 교육을 수용한 것으로 볼 수 있다. 또한「헌법」제41조를 통해서 '국가는 교육에 책임을 지는 유일한 존재'라고 선언함으로써 국가가 주도하는 교육체제만을 인정하고 있었다.

이것이 1992년「헌법」제35조에서 "교육·훈련은 최우선 국책이다. 국가는 인민의 지적 수준을 높이고 인적자원을 확보하며 인민의 재능을 펼치기 위해 교육을 발전시킨다. 교육의 목표는 인민의 인격, 도덕, 능력을 형성·양성하는 것으로 한다." 동법 제36조는 "……국립학교, 민립학교, 기타 교육형태의 발전을 추진한다. 국가는 교육에 대한 투자를 우선시하고, 다양한 투자재원을 확보하도록 장려한다." 즉, 1980년「헌법」체제에 비해서 국가가 교육을 위해서 실질적으로 담당해야 할 역할로서 재원확보 및 다양한 교육형태를 보장할 수 있도록 책임의식을 강조하였음을 알 수 있다.

이런 교육적 발전전략은 2013년에 개정한「헌법」을 통해 더욱 잘 드러난다.「헌법」제61조에서 "교육의 발전은 지식을 높이고 인재를 육성하며 재능을 육성하기 위한 중요한 국가전략"이라고 강조하였다. 그래서 동법 제61조 제2항에서 "국가는 교육에 대한 투자를 우선하며, 그 외의 투자를 유치한다. 유아교육에 관심을 기울이고, 초등교육을 의무교육으로 하며 국가는 수업료를 징수하지 않는다. 중등교육을 단계적으로 보급시키고, 고등교육과 직업교육을 발전시킨다. 그리고 영재교육과 특수교육에 대한 지원정책은 물론이고 국가 공교육을 발전시키기 위해 각종 장학금과 수업료에 대해 합리적인 정책을 실시"할 정도로 구체적인 교육진흥정책이「헌법」속에 담겨 있다. 이와 같은 2013년 개정「헌법」의 교육개혁 방안은 2019년 개정「교육법」을 통해 구체적인 실천계획을 확인함으로써 2021년 신학기부터 본격적으로 적용되고 있다.

(2) 개정「교육법」을 통한 기본적인 교육방향

1998년에 제정한「교육법」은 시장경제화 과정에서 교육 보급을 촉진하는 방식에 대해서 초점을 맞추었다. 그래서 교육이 지속적으로 성장하는 시기에「교육법」을 개정(2005년)하게 되었는데, 이 시기는 주로 일정한 수준으로 보급하고 있는 교육의 질과 내용을 제고하는 전략에 관심을 두었다. 2005년 개정「교육법」이 강조한 최우선 국정개혁과제는 교육개발이 인민의 지식을 향상시키고, 인력을 훈련시키고 재능을 육성하는 관점에 있었다(제9조). 여기에서 교육개발은 사회경제적 개발, 과학기술적인 진보, 확고한 국방안보와 연계되어야 하며, 국가 기반의 표준화 및 사회화, 현대화를 위한 발전전략으로 구상되어야 한다. 그러므로 교육개발은 궁극적으로 교육 자격의 측면에서 전문적 구조와 지역적 구조 간에 균형을 보장해야 하며, 교육의 질과 효율성을 확대 보장하고 교육과 고용을 원활하게 연계해야 함을 강조하였다(UNESCO, 2011).

베트남의 교육전략은 2005년 개정「교육법」을 기반으로 해서 교육과 고용, 그리고 교육을 통한 국가발전동력이 되어야 한다는 측면, 즉 국가주의적 관점의 실용적 교육발전을 강조한 것이라고 볼 수 있다. 이를 계승한 2019년 개정「교육법」은 베트남 교육의 발전과 글로벌화 성장전략으로서 국제교육동향을 더욱 강하게 의식하고, 교육의 보편적인 보급 방안과 질 보증 전략의 동반발전전략에 초점을 맞추었다(近田政博, 關口洋平, 2023). 전체 9개의 장 및 115개 조항으로 이루어진 2019년 개정「교육법」에서도 제7장 교육에 대한 투자와 교육재정이 가장 글로벌적 교육혁신 방향과 투자재원 확보방식 등의 시장주의적 개혁 동향을 반영한다고 볼 수 있다.

2019년 개정「교육법」은 교육보급 방안과 관련하여 다음과 같은 네 가지 특성을 지닌다고 볼 수 있다(近田政博, 關口洋平, 2023). 첫째, 취학 전 유아교육과 전기중등교육의 보편교육을 완성한다. 이는 초등교육을 의무제도로 적용한 후에 취학 전 교육과 전기중등교육을 보편화하는 방안으로서 무상화 실천전략을 적용하려는 것이다. 그래서 개정「교육법」제5조는 "교육보편화는 법률규정에 따라서 해당 연령에 있는 모든 인민이 학습을 통해 특정 학력에 도달할 수 있도록 교육활동을 조직하는 과정"이라고 정의하였다. 그래서 국가는 "만 5세 아동에 대한 취학 전 교육 및 중학교 교육을 보편화할 수 있어야 하며"(「교육법」제14조), 만 5세 아동과 중학교 학생은 "정부가 정한 공식절차에 따라서 수업료를 면제"하도록 한다(동법 제99조).[9]

---

9) 2022년 10월 현재까지도 베트남 교육훈련부는 도시지역 및 농촌지역, 도서벽지 및 소수민족 거주지역으로 구분하여 유아 및 초등학교, 중학교, 고등학교에 대한 수업료 등의 교육비를 공식 책정하고 있다. 다만

둘째, 사회적 취약계층에 대한 집중적인 교육보급 정책을 실천한다. 공산당과 중앙정부는 사회적으로 취약한 배려계층에 대한 교육 보급을 중시하고 있으며, 소수민족 및 도서벽지 주민, 특히 장애인과 부랑자 집단 등에 대한 자녀교육을 강조한다. 이와 관련하여 2010년에 「장애인법」을 제정하고, 아동의 '기본적 권리 보장'과 '아동 역할과 특성을 명확하게 규정'하였던 「청소년법」을 2016년에 제정하였다. 그래서 「교육법」 제13조에 따라서, 국가는 "교육에서 사회적인 공정을 실현하고 안전한 교육환경을 정비하며 포용교육(Inclusive Education)을 보장함으로써 학습자 스스로 잠재역량이나 재능을 발휘할 수 있는 여건을 보장"하도록 한다. 또한 국가는 「유아법」에서 규정하였던 특별한 배경을 가진 자녀, 「장애인법」에서 규정한 장애아동, 빈곤계층 및 빈곤차상위계층 학습자에 대해 우선적인 교육여건을 조성함으로써 이들 취약계층 자녀의 학습권리와 교육의무를 보장한다.

셋째, 모든 국민을 위한 평생학습사회를 실현해야 한다. 그러므로 지역사회와 노동시장에 대한 적응을 전제로 하여 평생학습사회를 형성하는 것에 중점을 둔다. 평생학습을 통해서 각 개인의 인격을 형성하고, 전문성이나 학문수준, 업무역량 등을 향상시킬 수 있도록 한다. 이런 배경 속에서 개정 「교육법」 제41조는 "평생교육이 학습사회를 형성하는 데 기여할 수 있어야 함"을 강조하였다. 즉, 평생교육은 근로자이면 누구나 계속 배우고 생애에 걸쳐서 학습할 수 있도록 하며, 개인의 능력을 발휘하고 인격을 완성하여 이해를 넓히고 학문과 전문성, 업무 수준을 높이기 위한 여건을 마련한다. 그래서 새로운 일자리를 발견하고 창출하며 사회생활에 적응할 수 있도록 한다.

넷째, 베트남 교육에 대한 국내외 투자가의 역할을 분명하게 강조하며, 투자된 교육재원을 효율적으로 확보·활용할 수 있어야 한다. 교육에 대한 투자는 주로 소수민족과 사회적 취약계층이 많이 거주하는 지역을 비롯하여 베트남 전체 국민의 교육보편화를 도모하기 위해 교육에 대한 집중 투자를 중시하였다. 그래서 교육발전에 대해 투자자의 역할을 규정하고 교육에 대한 투자를 장려한 것이다. 즉, 국가는 "교육

이는 학교교육운영비 및 교사급여 등으로 활용되는 재원이라고 할 수 있으며, 저소득계층 출신 학생에 대한 교육비 면제조치가 예외적·파격적으로 이루어짐으로써 교육비 무상화전략을 점차 실천하고 있다[한국교육개발원 교육정책네트워크정보센터 홈페이지, http://edpolicy.kedi.re.kr 베트남(베트남 교육신문, 2022. 9. 14.) 교육사례에서 관련 정보자료 활용하여 재구성].

에 대한 투자를 우선하며, 교육에 대한 여러 투자자를 유치·영입해야 한다. 그래서 산악지역, 도서지역, 소수민족 거주지역, 특별한 곤란상황에 처하는 사회·경제적 여건 속의 지역과 공업단지에서 보편적인 교육을 촉진하기 위해 교육발전을 위한 투자를 우선해야 함"(「교육법」제17조)을 강조하였다. 특히 외국인 및 외국법인의 교육 투자만큼이나 국내 단체 및 개인의 교육투자를 촉진시키고자 하였다. 즉, 교육을 위한 국내 투자자는 "베트남 국적을 가진 개인이나 베트남 법률에 따라서 설치한 조직 등"(동법 제54조)등을 중시하였다. 결국 베트남 공교육은 국가 자체적인 재원 이외에 가급적이면 국민들의 자발적인 지원과 투자, 헌신으로 발전할 수 있음을 강조하였다.

이상과 같은 「교육법」 개정은 2015년 5월 인천세계교육선언과 같은 해 9월에 확정한 지속가능개발목표(SDGs) 4번 "모든 사람이 포용적이며 공평하고 질 높은 교육을 제공하고, 평생학습 기회를 촉진"하는 내용을 의식적으로 반영한 것으로 볼 수 있다. 대표적으로 글로벌 경향과 부합하는 개정 내용은 SDGs 4.1번 초등교육 및 중등교육의 수료, SDGs 4.2번 영유아의 발달, 돌봄 및 취학전교육에 대한 접근성, SDGs 4.5번 교육취약계층에 대한 모든 수준의 교육 및 직업기술훈련에 대한 평등한 접근 등이었다. 실제로 베트남은 2017년 국가실천계획을 제출하고 국내 상황을 반영하여 SDGs 각 목표와 공통하는 17개 국가목표를 정하였다. 이런 배경 속에서 2019년 개정 「교육법」은 SDGs에 대응하는 베트남의 국가실천계획의 내용을 반영한 것이라고 할 수 있다.

(3) 교육의 질 제고를 위한 개정 「교육법」의 방향

2019년 「교육법」을 개정하는 취지는 교육의 질을 제고하는 전략이 강하게 담겨 있다. 교육계에서 분석한 추진전략은 대략 다음과 같은 5대 방향으로 이해할 수 있다(近田政博, 關口洋平, 2023).

첫째, 유아 및 초·중등교육 등 보통교육을 통해서 학습자가 육성해야 할 자질·능력과 달성목표를 구체적으로 밝히고 있다. 즉, 각각의 보통교육 과정에서 학습자의 자질·능력 등의 성취목표를 설정하도록 한다. 개정 「교육법」은 모든 학습자가 "각각의 연령, 교육활동, 활동을 실시할 때의 방법과 형태, 교육환경, 영유아 발달에 대한 평가와 관련하여 각각의 도달목표를 규정할 것"(제25조)을 제시하였다. 또한 "각 교육단계를 수료할 때에 학습자의 자질과 능력에 대한 성취 목표를 규정하는 것"(제31조)

까지 제안하였다.

둘째, 고등교육을 통해 기업가 정신(Entrepreneurship)을 육성하는 것을 강조하였다. 구체적으로 2016년 이후 베트남은 정책을 통해서 전체적으로 기업가적인 문화·환경을 형성하는 데 진력하고 있다(近田政博, 關口洋平, 2023). 2017년에는 창업을 촉진하기 위해 대학생·청년 등을 지원하고, 기업가 정신을 촉진시켰다. 개정 「교육법」은 "교육을 통해서 학습자가 덕, 지, 체, 미에 관해 전면적으로 발달하고, 지식, 기능, 직업적인 책임을 준비할 수 있도록 한다. 또한 교육을 통해서 학습자가 교육 수준에 따라서 과학기술의 진보에 대해 이해하고, 스스로 학습하며, 창조하고 근무환경에 적응할 수 있도록 하며, 동시에 기업가 정신(tinh than lap nghiep)과 인민에 대한 봉사의식을 준비할 수 있도록"(제39조) 한다.

셋째, 교육의 국제화 추세에 부합하는 방향으로 고등교육 시스템을 대학으로 일원화한다. 현재 베트남 고등교육개혁 차원에서 대학으로 일원화하는 의미는 고등교육과 직업기술교육을 유기적으로 재구성하고, 교육훈련부를 중심으로 고등교육정책을 효율적·효과적으로 개편하는 것이다. 즉, 대부분의 전문대학은 노동보훈조사부로 이관하여 직업기술교육체제로 위상을 정립하며, 전문대학의 교육과정 편성이나 평가활동에 대해서 기업과 연계·제휴를 중시한다. 다만 전문교육대학만은 사범계 육성전략으로서 교육훈련부 소관의 고등교육 시스템에 편제한다. 이는 모두 2014년 「직업교육법」과 2019년 노동보훈·사회부통지 등과 함께 「교육법」을 적용한 개혁이라고 할 수 있다. 이런 절차를 통해서 직업기술교육은 초급과정, 중급과정, 전문대학과정 및 기타 직업교육과정으로 체계화하고, 고등교육은 개정 「교육법」 6조를 통해서 "대학학부과정, 석사과정 및 박사과정으로 실시할 수 있음"을 분명히 하였다.

넷째, 초·중등 및 유아, 고등교육까지 포함하여 각급 학교별 교원의 학력요건을 엄격하게 규정하고, 교원양성을 위한 개방제를 혁신적으로 추진한다. 즉, 교원의 학력요건은 유아교육 등 취학 전 교육, 담당교원은 전문대학 수준 이상으로 하며, 초등교육 이상 학교급 담당교원에 대해서는 학사 이상의 소지자로 한다.[10] 이는 교원 양

---

10) 2005년 개정 「교육법」은 취학 전 교원 및 초등 교원은 중급사범학교 졸업자 이상, 중학교 교원은 사범전문대학 졸업자 이상으로 규정하였다. 그러나 2019년 개정 「교육법」은 교육 국제화 기준에 따라서 초·중등 교원은 학사학위 이상의 소지자, 취학 전 교육 교원은 사범전문대학 졸업자로 요건을 강화하여 교육의 질을 보증·제고하고자 하였다(近田政博, 關口洋平, 2023).

성제도의 국제표준에 적합하게 적용할 수 있는 방향에 따라서 초등교육 이상의 담당 교원을 학사과정 이상으로 일원화하는 것을 포함한다. 나아가서는 2010년대를 통해서 교원 양성제도를 종래의 '폐쇄제'에서 '개방제'로 이행하는 것을 강조하였다. 그래서 개정 「교육법」 제72조는 이를 반영하여 "초등학교, 중학교, 고등학교 교원은 교원양성계열의 학사학위 이상의 졸업자격을 갖추어야 하며, 교원양성계열의 학사학위 소지자 이상의 교원을 충분히 확보하기 어려운 과목의 경우에는 해당 전문분야 학사학위에 더해서 교원자격증을 필요로 하는 것"으로 예비교사 범위를 확대·개방하였다. 2012년부터는 고교 교사 중에서 사범계열 이외의 학과·학부·대학에서 교사자격증을 취득할 수 있었지만, 2021년 이후로는 초등학교 및 중학교 교원도 다른 계열 학사로서 교사자격증을 취득할 수 있도록 조치하였다.

다섯째, 교육정책을 입안하는 과정에서 국제동향을 참조하는 등 국가자격체계를 책정하는 방향으로 전환하였다. 베트남 정부는 ASEAN 지역 내에서 교육의 질 관리와 역내 인재 유동성을 촉진하기 위한 방안으로서 국가통일자격 등을 체계화하였다. 2016년에 '베트남 국가자격체계'를 공포하고, 베트남 대학들이 더욱 질 높은 커리큘럼을 설계하는 기준으로 참조하며, 글로벌 인재육성방안으로서 ASEAN 회원국 간의 교육정보 및 자격체계 등을 상호 공유하고 참조·기능하도록 한다. 특히 개정 「교육법」 제104조는 교육 국제화를 통한 글로벌 인재육성전략을 위한 기반으로서 "교육목표, 커리큘럼, 내용에 대한 선정, 그리고 국가자격체계와 교원 기준을 획정하는 것"이 중요하다고 보았다. 또한 교육정책은 과학연구 성과, 베트남 내에서 실천성과, 국제동향 등을 고려하여 입안·실행하도록 한다. 특히 교육정책과 관련된 국제동향이 중시되어야 하며, 그래서 "국가는 교육기관이 과학기술활동 발전을 최우선하는 정책을 마련한다. 교육에 관한 방침과 정책은 과학연구의 성과 및 그 성과가 베트남에 실천된 내용, 그리고 국제동향 등을 고려하여 입안되어야 함"을 강조하였다(「교육법」 제19조).

이와 같이 베트남은 교육의 질 관리 차원에서 국제동향이나 국제적으로 표준이 될 수 있는 교육체제를 실현하기 위해 움직이는 것을 알 수 있다. 그런 측면에서 특히 UN이나 유네스코 이외에도 OECD 옵저버 국가로서 관심을 촉구하고 있으며, 세계은행 및 기타 북미, 한국, 일본, 호주 등의 아시아·태평양 지역 선진국과의 교육 교류에 중점을 두고 있다. 특히 앞에서 소개한 것처럼 학생을 존중하는 교육으로 전환하며 자질·능력에 관한 성취목표를 설정하고 이를 진단하는 교육평가를 중시하고 있다. 교원정책과 관련하여 대학의 교사양성 일원화 체제를 구축하고 교원의 학력요건을 강화한 것도 중요한 개혁과제로 실천되고 있다. 또한 고등교육의 창업 및 기업가교육 강조, 국제화 동향에 따른 글로벌 교육개혁 등도 새로운 실천과제로 제안되고있다. 이와 같은 국제화 동향의 영향으로 제4차 산업혁명과 인공지능 사회를 선도할디지털 교육혁신이 향후 미래 개혁과제가 되고 있다.

베트남은 국가적인 수준에서 글로벌 정책을 추진하면서도 공산당 및 호치민선봉대 등의 공교육 조직과 연계활동도 강조하고 있다. 이를 반영하여 2019년 개정 「교육법」은 전체적으로 국제성 및 글로벌화를 강조하는 교육적인 대응방안에 비중을 두면서도 학교교육 현장의 당 혹은 '호치민공산소년선봉대' 활동을 더욱 강화하는 방식으로 일정한 사상통제를 실천한다. 즉, 학교교육에 있어서 글로벌화에 대한 대응정책과 함께 당의 영향력도 확대하는 것이 핵심적 개혁 동향이라고 할 수 있다. 최근에는특히 외국계 교육기관이나 사립교육기관에 대해서도 정치사상교육을 지도하거나 관리를 강화하는 방식으로서 호치민 공산청년단이나 호치민소년선봉대의 활동을 중시하는 특징도 나타난다. 결국 베트남의 교육제도 및 정책은 국제동향에 따른 개혁을중시하며 지속가능개발목표(SDGs)를 실현하기 위한 국가실천계획을 책정하고 글로벌화에 대응하는 방식이 큰 흐름이라고 할 수 있다. 이와 함께 교육의 양적 측면으로서의 보급·확대 전략, 그리고 사상 통제와 연계한 질 관리 보증전략이 양질 균형원칙으로 이루어질 것으로 보인다. 전자는 사회적 공정성 측면에서 교육취약계층을 주대상으로 하는 교육 보편화를 지향한 것이며, 후자는 당 중심 체계 속에서 각 개인에적합한 교육과 시장 지향적인 교육을 실천하는 자유와 경쟁 원칙에 따른 교육혁신을검토한 것이다. 미래 베트남 교육에서 디지털 교육혁신이 교육의 공정성을 실천하는수단이 될 수 있다면, 교원 자질향상 방안과 창업정신, 개성교육 등은 자유주의 교육을 참조하는 측면에서 이채롭다고 할 수 있다.

참고문헌

Bao Lao Dong(2020. 2. 6.). [베트남] 교육부, 코로나바이러스 사태에 온라인 학습을 장려. 한
국교육개발원 교육정책네트워크 정보센터. https://edpolicy.kedi.re.kr/frt/boardView.do?s
trCurMenuId=55&nTbBoardArticleSeq=825143

news.zing.vn(2020. 1. 16.). [베트남] 교육부 장관, 유치원 교사의 역량 강조. 한국교육개발원
교육정책네트워크 정보센터. https://edpolicy.kedi.re.kr/frt/boardView.do?strCurMenuId
=55&nTbBoardArticleSeq=825138

Thanh Nien(2020. 7. 23.). [베트남] 새 학년도, 내용을 간소화하여 2주간 학습 시간 단축. 한
국교육개발원 교육정책네트워크 정보센터. https://edpolicy.kedi.re.kr/frt/boardView.do?s
trCurMenuId=10092&nTbBoardArticleSeq=827564

김지연(2020. 4. 2.). 베트남의 코로나19 사태 대응을 위한 교육 분야 대책. 한국교육개발원 교
육정책네트워크 정보센터. https://edpolicy.kedi.re.kr/frt/boardView.do?strCurMenuId=5
4&nTbBoardArticleSeq=825638#goSnsShare

김지연(2022. 5. 11.). 베트남의 고등학교 체제 변화 양상. 한국교육개발원 교육정책네트워크
정보센터. https://edpolicy.kedi.re.kr/frt/boardView.do?nTbBoardSeq=&strCurMenu
Id=10091&nTbCategorySeq=&pageIndex=1&pageCondition=10&nTbBoardArticleSe
q=834803&searchTopic=&searchObject=&searchCondition_D=36&searchKeyword_
SD=&searchKeyword_ED=&searchCondition_W=6&searchKeyword_W=

대외경제정책연구원(2021). 한국–베트남 경제 · 사회협력 30년: 지속가능한 미래 협력 방안
연구. 대외경제정책연구원 연구보고.

베트남 교육신문(2020. 2. 26.). [베트남] 학교 건설은 왜 어려운가? 한국교육개발원 교육정책네
트워크 정보센터. https://edpolicy.kedi.re.kr/frt/boardView.do?nTbBoardSeq=&strCur
MenuId=55&nTbCategorySeq=&pageIndex=1&pageCondition=10&nTbBoardArticleS
eq=825521&searchTopic=&searchObject=&searchCondition_D=36&searchKeyword_
SD=&searchKeyword_ED=&searchCondition_W=6&searchK

베트남 교육신문(2020. 3. 2.). [베트남] 교사는 온라인 수업에 어려움을 겪고 있나? 한국교육
개발원 교육정책네트워크 정보센터. https://edpolicy.kedi.re.kr/frt/boardView.do?strCur
MenuId=55&nTbBoardArticleSeq=825522

베트남 교육신문(2020. 7. 6.). [베트남] 공립학교 교사의 수준 향상과 경비 지원. 한국교육개발
원 교육정책네트워크 정보센터. https://edpolicy.kedi.re.kr/frt/boardView.do?strCurMen
uId=55&nTbBoardArticleSeq=827158

베트남 교육신문(2021. 1. 17.). [베트남] 사교육 및 과외활동에 관한 법률 조항. 한국교육
개발원 교육정책네트워크 정보센터. https://edpolicy.kedi.re.kr/frt/boardView.do?nT

bBoardSeq=&strCurMenuId=10092&nTbCategorySeq=10097&pageIndex=1&page Condition=10&nTbBoardArticleSeq=829772&searchTopic=&searchObject=&searc hCondition_D=36&searchKeyword_SD=&searchKeyword_ED=&searchCondition_ W=6&searchKeyword_W=

베트남 교육신문(2021. 10. 2.). [베트남] 베트남 초등학교 학생들은 수학, 읽기, 쓰기 3개 영역에서 아세안 1위. 한국교육개발원 교육정책네트워크 정보센터. https://edpolicy.kedi. re.kr/frt/boardView.do?strCurMenuId=10092&nTbBoardArticleSeq=832447

베트남 교육신문(2021. 10. 16.). [베트남] 학생들이 학교로 돌아갈 수 있도록 시설, 학교 및 수업이 준비되어 있는지 확인하기 위한 요구사항. 한국교육개발원 교육정책네트워크 정보센터. https://edpolicy.kedi.re.kr/frt/boardView.do?nTbBoardSeq=&strCurMenuId=1 0092&nTbCategorySeq=10097&pageIndex=5&pageCondition=10&nTbBoardArticleS eq=832449&searchTopic=&searchObject=&searchCondition_D=36&searchKeyword_ SD=&searchKeyword_ED=&searchCondition_W=6&searchKeyword_W=#goSnsShare

베트남 교육신문(2021. 11. 15.). [베트남] 유치원·사립초등학교 교사 지원 정책 시급. 한국교육개발원 교육정책네트워크 정보센터. https://edpolicy.kedi.re.kr/frt/boardView.do?strCu rMenuId=10092&nTbBoardArticleSeq=832791

베트남 교육신문(2022. 9. 14.). [베트남] 많은 지역에서 수업료를 지원, 최대 1조 2,000억 VND. 한국교육개발원 교육정책네트워크 정보센터. https://edpolicy.kedi.re.kr/frt/boardView. do?nTbBoardSeq=&strCurMenuId=10092&nTbCategorySeq=10097&pageIndex=1&p ageCondition=10&nTbBoardArticleSeq=836094&searchTopic=&searchObject=&sear chCondition_D=36&searchKeyword_SD=&searchKeyword_ED=&searchCondition_ W=6&searchKeyword_W=

베트남 교육신문(2022. 10. 23.). [베트남] 교원법 제정: 교원 급여 및 특별수당 입법화. 한국교육개발원 교육정책네트워크 정보센터. https://edpolicy.kedi.re.kr/frt/boardView.do ?nTbBoardSeq=&strCurMenuId=10092&nTbCategorySeq=10097&pageIndex=1&pa geCondition=10&nTbBoardArticleSeq=836312&searchTopic=&searchObject=&sear chCondition_D=36&searchKeyword_SD=&searchKeyword_ED=&searchCondition_ W=6&searchKeyword_W=%EA%B5%90%EC%9B%90%EB%B2%95+%EC%A0%9C%EC %A0%95

베트남 교육신문(2022. 9. 14.). [베트남] 2022-23학년도 고등교육의 9가지 핵심과제. 한국교육개발원 교육정책네트워크 정보센터. https://edpolicy.kedi.re.kr/frt/boardView.do?strCu rMenuId=10092&nTbBoardArticleSeq=835931

베트남 교육신문(2022. 9. 17.). [베트남] 10학년의 절반, 교과서 준비되지 않아 복사해서 공부하고 있어. 한국교육개발원 교육정책네트워크 정보센터. https://edpolicy.kedi.re.kr/frt/boardView.do?strCurMenuId=10092&nTbBoardArticleSeq=836093

윤종혁(2022). 한국과 베트남 간의 교육협력 현황과 미래 과제. 경제인문사회연구회·베트남 사회과학원 편. 제1회 한·베인문국제컨퍼런스 발표자료집.

인민군온라인신문(2021. 1. 27.). [베트남] 지역 간 교육의 디지털 격차 감소. 한국교육개발원 교육정책네트워크 정보센터. https://edpolicy.kedi.re.kr/frt/boardView.do?strCurMenuId=10092&nTbBoardArticleSeq=829871

청년신문(2022. 4. 16.). [베트남] 교육부 장관, 자녀에게 새벽 3~4시 공부 강요, 가정폭력으로 간주해야. 한국교육개발원 교육정책네트워크 정보센터. https://edpolicy.kedi.re.kr/frt/boardView.do?nTbBoardSeq=&strCurMenuId=10092&nTbCategorySeq=&pageIndex=1&pageCondition=10&nTbBoardArticleSeq=834686&searchTopic=&searchObject=&searchCondition_D=36&searchKeyword_SD=&searchKeyword_ED=&searchCondition_W=6&searchKeyword_W=

한국교육개발원(2007). 아시아 개발도상국가와의 교육협력에 관한 연구(Ⅰ): 아시아 개발도상국가의 교육 실태 분석. 한국교육개발원 연구보고, RR2007-28.

ETEP (2018. 12. 28.). Bộ GD&ĐT chính thức công bố chương trình giáo dục phổ thông mới. https://etep.moet.gov.vn/tintuc/chitiet?Id=847

Hồ Sỹ Anh (2022. 5. 3.). Thiếu điều này, Chương trình giáo dục phổ thông mới khó thành công. Thanh Nien. https://thanhnien.vn/thieu-dieu-nay-chuong-trinh-giao-duc-pho-thong-moi-kho-thanh-cong-post1454563.html

SITC (2022). Giá trị của bằng trung học chuyên nghiệp, trung cấp chuyên nghiệp. https://www.sitc.edu.vn/vi-vn/gia-tri-cua-bang-trung-hoc-chuyen-nghiep-trung-cap-chuyen-nghiep.html

UNESCO (2011). Viet Nam. World Data on Education: Données mondiales de l'éducation Datos Mundiales de Educación VII Ed. 2010/11. UNESCO-IBE. https://unesdoc.unesco.org/ark:/48223/pf0000193193/PDF/193193eng.pdf.multi

UNESCO (2021). Youth report 2022: Non-state actors in education: who chooses? who loses?. Global Education Monitoring Report Team. https://unesdoc.unesco.org/ark:/48223/pf0000381643.

Xuan Tien Vo (2018. 1. 31.). Informal Learning in Vietnam: Status quo, Circumstances of existence and the demand to be acknowledged. TVET@Asia. http://tvet-online.asia/issue/10/vo-tvet10/

近田政博, 關口洋平 (2023). ベトナム2019年改正教育法の特質－教育のグローバル化對應を めぐって. 日本比較教育學會第59回大會自由研究發表文.

萱島信子 (2023. 6. 25.). 研究概要と4カ国比較. 途上国における海外留学のインパクトに関 する比較実証研究－アセアンの主要大学の海外留学経験をもとに. 日本比較教育學會第 59回年次學術大會.

베트남 교육훈련부 (2016. 7. 26.). Công văn số 3645/BGDĐT-GDCN về việc công nhận bằng Trung cấp chuyên nghiệp. https://moet.gov.vn/giaoducquocdan/giao-duc-chuyen-nghiep/Pages/tin-tuc.aspx?ItemID=4025

베트남 보훈사회부 (2017. 3. 31.). Quy định hoạt động đào tạo trình độ trung cấp, cao đẳng. http://www.molisa.gov.vn/Pages/tintuc/chitiet.aspx?tintucID=26292

베트남 보훈사회부 (2020. 3. 16.). Giới thiệu hệ thống Giáo dục nghề nghiệp. https://daotaocq.gdnn.gov.vn/gioi-thieu-he-thong-giao-duc-nghe-nghiep/

제5장

인도네시아의 교육제도와 교육개혁 동향

1. 사회문화적 배경

인도네시아는 동남아시아에서 인구가 가장 많고 다양한 민족과 종교로 구성된 국가이다. 인도네시아의 인구 규모는 중국, 인도, 미국에 이어 세계 4위(2억 7,550만 명(2022년))이며, 자바족(45%), 순다족(13.6%) 등 300여 종족이 인도네시아어(공용어), 자바어 등 600여 지방어를 사용하고 있다. 종교는 이슬람교(87%)가 가장 많지만, 개신교(7%), 가톨릭(3%), 힌두교(2%), 불교(1%) 등 다양한 종교들이 공존하고 있어서, 거대한 규모와 구성의 다양성이 인도네시아 인구의 특징이다. 인도네시아의 교육제도도 이러한 다양성을 반영하고 있다. 교육 언어는 인도네시아어이며 영어 또는 다른 언어로 이중 언어 교육을 제공하는 학교도 있다. 교육기관은 교육문화연구기술부(이하 교육부)와 종교부가 각각 관장하는 일반학교와 종교학교가 있다.

인도네시아는 자바섬, 수마트라섬, 칼리만탄섬, 술라웨시섬, 파푸아섬 등 많은 섬으로 이루어져 있다. 이러한 지리적 특성 때문에 지역 간에 교육 수준과 환경에 큰 차이가 있다. 2022년 기준 인도네시아의 초·중·고등학교 이수율은 각각 97.8%, 88.9%, 66.1%이다. 초등학교 이수율은 지역별로 82.0~99.5%, 중학교 이수율은 66.2~97.6%,

고등학교 이수율은 38.5~87.9%이다(BPS-Statistics Indonesia, 2022). 상급학교로 갈수록 지역별 이수율 편차가 크다.

인도네시아는 네덜란드 식민지였던 역사적 배경으로 인해 네덜란드식 교육제도의 영향도 받았다. 네덜란드는 17세기 초 자카르타부터 시작하여 20세기 초까지 그 영향력을 계속 확대하여 현재의 인도네시아와 같은 영토에 식민지를 완성하였다. 식민지 시대(네덜란드령 동인도)의 학제는 당시 네덜란드식 7·3·3제(초등학교-중학교-고등학교) 또는 7·5제(초등학교-고등시민학교)였고, 토착민에 한해 초보적인 읽기, 쓰기, 산수, 기초 기술 등을 가르치는 3·2제(초급 초등학교-중급 초등학교) 학제를 별도로 운영하였다. 네덜란드식 교육제도는 서양식 근대화와 기독교 전파를 목적으로 하였으며, 인도네시아의 전통적인 교육제도와는 대조적이었다. 인도네시아의 전통적인 교육제도는 이슬람교의 영향을 받아 종교적인 교육을 중시하였으며, 지역별로 다양한 형태를 가지고 있었다.

인도네시아는 전문교육을 중요시하는 나라인데, 이는 네덜란드령 동인도 시대에 네덜란드인들이 현지인들에게 기술과 직업을 가르쳐 주었기 때문이다. 인도네시아의 고등교육기관 중에는 직업 관련 전문학교가 많이 있다. 이러한 전문학교에서는 농업, 공학, 의료, 관광 등 다양한 분야의 실무적인 교육을 받을 수 있다.

인도네시아는 1945년에 독립을 선언하였으나, 네덜란드와의 전쟁과 내전으로 인해 1950년대까지 정치적으로 불안정한 상황이 계속되었다. 이러한 상황에서 교육은 국가 통합과 국민 정체성의 구축을 위한 수단으로 강조되었고, 교육부를 설치하였다. 독립 전에는 인도네시아어와 네덜란드어가 공식언어로 사용되었으나, 독립 후에는 인도네시아어만을 공식언어로 채택하였다. 교육부는 국가의 통합과 발전을 위해 교육과정과 교육기관을 개선하고, 민족의식과 애국심을 강화하는 교육을 추진하였다. 국가 이념인 Pancasila(다섯 가지 원칙)[1]가 교육의 기초가 되었다.

1950년대에 인도네시아는 지역 간 분쟁과 정치적 불안정으로 교육개혁에 지장을 받았다. 1957년에 네덜란드 자산을 국유화하면서 네덜란드계 학교들이 폐쇄되거나

---

[1] 인도네시아의 초대 대통령 수카르노가 제시한 다섯 가지 건국 이념으로써, ① 하나뿐인 신에 대한 믿음, ② 공정하고 문명화된 인본주의, ③ 인도네시아의 단결, ④ 대표자들 간의 협의·대표를 통한 지혜의 통찰력에 의한 민주주의, ⑤ 인도네시아 국민 모두를 위한 정의를 의미한다.

인도네시아화되었다. 1959년에 수카르노 대통령은 인도네시아의 다양한 민족과 종교를 수용하고, 이슬람교와 기독교를 포함한 모든 종교교육기관을 교육부의 감독하에 두었다. 또한 인도네시아의 역사와 문화를 강조하는 국민교육을 실시하고, 학생들에게 인도네시아어와 함께 지역어와 외국어를 가르쳤다. 수카르노 대통령은 경제발전과 인적자원개발을 위해 교육에 투자를 늘렸다. 1962년에는 인도네시아 과학원을 설립하여 과학기술과 연구개발을 촉진하였고, 1965년에 국가개발 5개년 계획을 수립하였다. 1960년대부터 1990년대까지 수하르토 대통령의 독재정권하에서 경제적으로 발전하였으나, 민주화와 인권에 대한 요구가 커지면서 1998년에 정권이 붕괴되었다. 현재의 6 · 3 · 3 · 4년제는 1968년에 만들어졌으며, 1970년대 인도네시아는 석유수출로 경제성장을 이루고, 그 수익의 일부를 교육에 투자하였다.

1980년대에는 국제금융기구와 세계은행의 구조조정 프로그램에 따라 국가예산의 일부를 교육 분야에서 다른 분야로 재분배하게 되었다. 이로 인해 국가의 교육비 지원이 줄어들고, 학생들은 비용을 더 부담하게 되었다. 또한 정부는 사립학교와 민간기관의 참여를 장려하고, 지역자치와 학교자치를 강화하였다. 1990년대에는 교육의 질과 효율성을 높이기 위해 교육개혁을 추진하였다. 1998년에는 수하르토 대통령이 하야하고, 민주화와 분권화가 진행되어 인도네시아는 지방분권화와 다원주의를 추구하는 민주적인 정치체제로 전환하였다. 이러한 변화는 교육부의 권한을 축소하고, 지방정부에게 교육의 책임과 자율성을 부여하였고, 학생들에게 비판적 사고와 창의성을 강화하는 교육을 제공하기 위해 교육과정을 개정하였다. 또한, 글로벌화와 지식 기반 사회에 대응하기 위해 고등교육의 질과 접근성을 향상시키기 위한 노력을 하고 있다.

인도네시아도 코로나19 대유행으로 인해 교육에 많은 어려움을 겪었다. 2020년부터 대부분의 학교가 온라인 수업으로 전환하였고, 학생들과 교사들은 디지털 기기와 인터넷 접속에 대한 문제를 해결해야 했다. 정부는 온라인 교육의 질과 평등성을 높이기 위해 다양한 정책과 지원을 시행하였다. 2021년에는 교육부를 교육문화연구기술부로 개칭하고, 교육과 문화의 융합을 강조하는 새로운 비전과 방향을 제시하였다.

2. 교육제도 및 교사교육

1) 교육제도

(1) 학제

인도네시아 학제는 6 · 3 · 3 · 4년제(1학기: 7~12월, 2학기: 1~6 · 7월)이며, 1984년에 초등학교 교육 6년을 의무교육화 하였다. 1994년에 9학년(초, 중) 의무교육제를 채택하였고, 2015년부터 12년(초, 중, 고) 과정이 의무화되었다.[2] 인도네시아 학교제도의 특징은 취학 전 교육부터 고등교육까지 교육부가 관장하는 일반학교와 종교부가 관장하는 종교학교와 병렬적으로 운영하고 있다. 종교학교는 정부 인가를 위한 공통 필수 과목(인도네시아어, 수학, 영어) 외에 각 종교의 신학, 종교적 윤리학, 역사를 다룬 과목과 세속 과목들과 같이 교육하고 있다. 인도네시아 교육과정의 특징으로는 초 · 중등 교육과정에서 일정 이상의 종교교육을 「교육법」상 필수로 하고 있다.

초 · 중 · 고 학생들은 마지막 학년에 국가고사(Ujian Nasional)를 치르게 되어 있다. 공립학교는 Negeri(국가)와 동일지역 내에서는 숫자를 붙여 SDN 1, SMPN 1, SMKN 1, SMAN 1식으로 학교 명칭을 사용하고, 사립학교는 Negeri 대신 지역이나 재단의 종교적 특색을 나타내는 명칭을 붙여서 사용한다. 국정교과서는 교육부 교과서센터에서 총괄하여 제작하며, 일선 학교들은 지방정부의 주도로 기금을 지원받아 교과서를 배부하며 사립학교들은 민간 출판사 교과서도 사용한다.

인도네시아 중학교와 고등학교는 비평준화되어 있어서 지역(주 또는 도시)별로 국가고사 성적, 내신 성적, 각종 경시대회 수상 경력, 학교별 체육 활동 경력 등을 종합하여 입학사정을 하고 있다. 따라서 인도네시아의 중등교육 수준이 지역별 격차가 매우 크다. 고등학교에 진학할 때 인문계고등학교는 자연과학, 사회과학, 어문학 전공 중 하나를 택하여 진학하고, 특성화고등학교는 노동시장의 요구에 맞게 조정된 교육 과정을 운영하는데, 9종의 계열(기술공학, 에너지자원, 정보커뮤니케이션, 사회복지, 농업, 수산, 상경, 관광, 예술)별 학교로 진학하여 세부 전공 선택하고 있다.

---

2) 의무교육이 무상교육을 의미하는 것은 아니다. 또한 공립학교와 사립학교는 학비면에서 차이가 크다.

인도네시아 고등교육체제는 네덜란드 식민시대의 직업학교(의학, 공학, 농업)에서 시작하여 독립전쟁 과정에 식민 정부가 흩어져 있던 각종 학부를 통합하면서 종합대학이 출범하였다. 독립 이후 수하르토 시대에는 각 주에 하나 이상의 국립대학을 설치하는 정책을 추진하였고 사립대학 설립 규제를 대폭 완화하여 고등교육기관은 양적으로 빠르게 팽창하였다. 이 과정에서 내실이 갖추어지지 않은 대학이 난립하여 대학 간 교육·연구의 질적 수준 차이가 매우 큰 편이다.

인도네시아 고등교육의 경우 직업학교에서 출발한 특징이 다음과 같이 종합대학, 중점대학, 폴리테크닉, 특성화대학, 아카데미 등 고등교육기관의 분류에도 잘 나타난다.

ⓐ 종합대학(Universitas): 사회과학, 과학, 기술, 인문학, 경영 등 다양한 분야의 학술 또는 직업교육 과정 운영
ⓑ 중점대학(Institut): 종합대학과 유사하게 학술 또는 직업교육을 제공하지만 1~3가지 분야에 중점을 둠
ⓒ 폴리테크닉(Politeknik): 기술과 응용과학 관련 직업 전문교육 제공
ⓓ 특성화대학(Sekolah Tinggi): 단과대학과 같이 한 분야의 학술 또는 전문교육 제공
ⓔ 아카데미(Akademi): 한 분야의 직업 전문교육 제공

운영 방식에 따라 고등교육기관을 분류하기도 하는데, 이는 우리나라와 비슷하게 국립 고등교육기관, 사립 고등교육기관, 정부기관 직할 고등교육기관 등이 있다. 정부기관 직할 고등교육기관은 대부분이 직업학교 특성이 강한 폴리테크닉이나 특성화대학인 것이 특징이다.

ⓐ 국립 고등교육기관(Perguruan tinggi negeri): 국립 종합대학, 국립 중점대학, 국립 폴리테크닉, 국립 특성화대학, 국립 아카데미 등
ⓑ 사립 고등교육기관(Perguruan tinggi swasta)
ⓒ 정부기관 직할 고등교육기관(Perguruan tinggi kedinasan, sekolah kedinasan): 재무부, 내무부, 법무인권부, 교통부, 중앙통계청, 기상청, 국가정보국 등 정부 기관이 직할 관리하는 대학으로, 졸업 후 이를 감독하는 부처나 정부 기관에서 일을 할 수 있음

고등교육 학위 역시 직업교육 특성의 전문학위와 일반대학의 학술학위로 구분된다. 전문학위는 교육 연한에 따라 다양한 체계를 갖고 있고, 학술학위는 학사, 석사, 박사의 체계를 갖고 있다.

- 전문학위

    D1(Diploma 1; Ahli Pratama): 1년제 전문학사

    D2(Diploma 2; Ahli Muda): 2년제 전문학사

    D3(Diploma 3; Ahli Madya): 3년제 전문학사

    D4(Diploma 4; Sarjana [terapan]): 4년제 전문학사, 학사 학위와 유사

- 학술학위

    S1(Strata 1; Sarjana): 4년제 학사

    S2(Strata 2; Magister): 석사

    S3(Strata 3; Doktor): 박사

인도네시아 교육체계의 가장 큰 특징은 종교학교가 취학 전부터 고등교육에 이르기까지 설립·운영되고 있으며 종교부가 관장하고 있다는 점이다. 또한 사립학교의 비중이 높으며, 고등교육의 경우 비싼 등록금이 고등교육 접근성 저해 요인이 되고 있다.

종교부 관할에 있는 교육기관은 다음과 같이 구성되어 있다. 이들은 이슬람 특성이 있는 일반교육과 정규 이슬람 기숙학교로 구분된다. 일반적인 이슬람 특성을 지닌 정규 교육기관은 다음과 같다. Raudhatul Athfal(RA)는 4세에서 6세 사이의 어린이를 대상으로 이슬람 종교적인 특성을 살려 교육하는 일반 유치원과 동등한 유아 교육기관의 한 형태이다. Madrasah Ibtidaiyah(MI), Madrasah Tsanawiyah(MTs), Madrasah Aliyah(MA)는 이슬람교의 특수성을 바탕으로 교육을 하는 각각 일반 초등학교, 중학교, 고등학교와 동등한 정규 교육기관이다. Madrasah Aliyah Kejuruan(MAK)는 이슬람교의 특수성을 바탕으로 공업 교육을 시행하는 정규 교육기관으로서 특성화고등학교에 해당한다. Perguruan Tinggi Keagamaan Islam(PTKI)은 이슬람 종교대학으로서 고등교육기관이다.

정규 이슬람 기숙학교는 다음과 같다. Satuan Pendidikan Muadalah(SPM)는 이슬람 교본을 기반으로 설계한 교육과정을 가르치는 기숙학교로서, 종교부는 SPM 졸업생에게 정규 학교 졸업생과 동일한 자격을 부여한다. SPM은 Ula(SD/MI와 동일), Wustha(SMT/MTs와 동일) 및 Ulya(SMA/MA와 동일)의 3단계로 구성되어 있다.

Pendidikan Diniyah Formal(PDF)은 이슬람 기숙학교에서 운영되며, 교육과정은 정부에 의하여 표준화되어 있다. 졸업생들은 정규 학교와 동등한 자격을 부여받는다. PDF도 Ula(SD/MI와 동일), Wustha(SMT/MTs와 동일) 및 Ulya(SMA/MA와 동일)의 3단계로 구성되어 있다. Ma'had Aly는 이슬람 기숙학교에서 주관하는 이슬람 교본을 바탕으로 이슬람 종교지식 숙달 분야의 학문적 교육을 조직하는 이슬람 종교대학이다.

비정규 이슬람 기숙학교는 다음과 같이 여러 유형이 있다. 다른 교육기관과 통합된 이슬람 기숙학교가 있으며, 전통적인 이슬람 기숙학교로서 이슬람 교본 낭송 기숙학교를 Pesantren Pengajian Kitab Kuning(PK-PPS)라 부르고, 초·중등 정규 교육과 동등한 교육을 실시한다. 이 기숙학교도 Ula(SD/MI와 동일), Wustha(SMT/MTs와 동일) 및 Ulya(SMA/MA와 동일)의 3단계로 구성되어 있다.

표 5-1 인도네시아 정규 교육체제

학교	교육 기간	비고
초등학교	6년	일반학교(Sekolah Dasar, SD) 종교학교(Madrasah Ibtidaiyah, MI)
중학교	3년	일반학교(Sekolah Menengah Pertama, SMP) 종교학교(Madrasah Tsanawiyah, MTs)
고등학교	3년	인문계고등학교(Sekolah Menengah Atas, SMA) 특성화고등학교(Sekolah Menengah Kejuruan, SMK) 종교학교(Madrasah Aliyah, MA) 종교특성화고등학교(Madrasah Aliyah Kejuruan, MAK)
전문대/대학교 (Institut/ Universitas)	전문대(Diploma)	1년, 2년, 또는 3년 과정 별도 운영
	학부과정(S1) 8~10학기	학사
	석사과정(S2) 4학기	석사
	박사과정(S3)	박사

비정규 이슬람 교육기관으로는 초 · 중등교육 수준의 Madrasah Diniyah Takmiliyah (MDT), 코란의 읽기, 쓰기, 암기 및 이해를 가르치는 Lembaga Pendidikan Al Qur'an (LPQ)가 있다.

또한 종교부는 기독교 공동체 지도 총국, 가톨릭 공동체 지도 총국, 힌두교 공동체 지도 총국, 불교 공동체 지도 총국 및 유교 지도 및 교육 센터를 통해 타 종교교육을 실시하고 있다.

(2) 취학 전 교육

인도네시아에서 취학 전 교육은 의무교육은 아니며, 사립 유치원 중심으로 취학 전 교육이 시행되고 있다. 유치원 교육의 형태에는 유치원, 놀이그룹 및 보육센터가 있다. 유치원은 학교교육에 포함되지만 놀이그룹과 보육센터는 학교 밖 교육으로 분류된다. 유치원은 교육부 관할이며, 4세에서 6세 사이의 아이들을 위해 운영되고 교육기간은 1년 또는 2년이다. 놀이그룹 및 보육센터는 사회부 관할이며, 3세 미만의 아동이 다닐 수 있다. 이 외에도 유치원과 같은 지위에 있는 특별한 이슬람 유치원도 있는데, 이는 종교부가 관할하고 있다.

2021년 기준 교육부 산하 유치원 중 5.0%가 공립이며, 유치원생 중 6.6%가 공립 유치원에 다니고 있고, 종교부 산하 유치원은 모두가 사립으로, 유치원 교육은 대부분 사립에서 이루어지고 있다. 또한 의무교육이 아니고 사립유치원 중심으로 취학 전 교육이 실시되고 있어 유치원 교육을 받는 아동의 비율이 낮은 편이다.

(3) 초등교육

초등학교 입학 연령은 7세이며, 2021년 기준 초등학교 순취학률은 97.8%로 과거에 비하여 상당히 높아진 편이다. 초등학교 중 85.1%(148,863개교)가 교육부 관할에 있으며, 나머지 14.9%(26,129개교)가 종교부 관할에 있다. 전체 초등학교 중 75.6%(교육부 소속 87.7%, 종교부 소속 6.5%)가 공립이며, 전체 초등학생(28,459,315명) 중 74.6%(교육부 소속 85.0%, 종교부 소속 13.3%)가 공립학교에 재학 중이다. 학생 수와 교사 수는 증가 추세이나 시설 부족 및 낙후화, 자격 교원의 부족과 낮은 질 등이 과제로 남아 있다.

(4) 중등교육

2021년 기준 중학교 순 취학률은 80.59%이며, 고등학교 순 취학률은 61.65%이다. 학교급이 높아지면서 순 취학률이 급격하게 낮아지고 있다. 이는 중학교와 고등학교는 초등학교에 비하여 공립학교의 비율이 낮은데 기인하는 것으로 추정된다. 전체 중학교(60,102개교)의 42.1%(교육부 소속 57.4%, 종교부 소속 8.1%)가 공립이며, 전체 중학생(13,405,382명)의 60.3%(교육부 소속 72.8%, 종교부 소속 22.8%)가 공립학교에 재학 중이다. 인문계고등학교의 49.5%가 공립이며, 학생의 74.0%가 공립학교에 재학하고 있고, 특성화고등학교는 25.8%가 공립이며, 학생의 47.3%가 공립학교에 재학하고 있다. 종교부 소속의 고등학교는 8.6%만이 공립이며, 학생의 30.0%가 공립학교에 재학하고 있다.

(5) 고등교육

2021년 기준 교육부 소속 대학교(3,115개교)의 공립학교 비율은 4.0%인데 반하여 학생 중 41.8%가 공립학교에 재학하고 있으며, 종교부 소속 대학교(860개교) 역시 공립학교 비율은 6.7%이며, 학생 중 63.3%가 공립학교에 재학하고 있어, 공립대학교 비율에 비하여 상대적으로 많은 학생이 공립대학교에 재학 중이다.

한편, 사립대학교의 비중이 높아 비싼 등록금을 감당해야 하는 문제, 고등교육 진학률의 도시와 지방 간 격차, 이공계 고등교육기관의 확충과 시설 정비의 필요성, 교수의 질 및 역량 제고 등이 고등교육의 주요 과제로 대두되고 있다.

표 5-2 교육부 산하 학교, 교사, 학생

구분	공립		사립		계	
연도	2020	2021	2020	2021	2020	2021
유치원						
유치원 수	4,093	4,550	85,952	86,817	90,045	91,367
교사 수	27,754	24,753	333,290	319,710	358,044	344,283
학생 수	212,524	221,465	3,350,705	3,131,621	3,563,229	3,353,086
초등학교						
학교 수	130,972	130,624	17,644	18,239	148,616	148,863
교사 수	1,416,027	1,347,901	222,824	226,570	1,638,851	1,574,471
학생 수	21,205,797	20,690,002	3,626,549	3,641,754	24,832,346	24,331,756
중학교						
학교 수	23,624	23,751	16,914	17,592	40,538	41,343
교사 수	515,759	508,641	194,563	192,101	710,322	700,742
학생 수	7,365,229	7,323,910	2,719,331	2,740,016	10,084,560	10,063,926
인문계고등학교						
학교 수	6,889	6,934	6,964	7,016	13,853	13,995
교사 수	240,862	234,403	97,838	92,119	338,700	326,522
학생 수	3,704,148	3,768,619	1,312,410	1,326,724	5,016,558	5,095,343
특성화고등학교						
학교 수	3,628	3,663	10,449	10,535	14,077	14,198
교사 수	157,342	157,916	178,638	175,229	335,980	333,145
학생 수	2,369,667	2,548,799	2,888,759	2,884,139	5,258,426	5,392,938
대학교						
학교 수	122	125	3,044	2,990	3,166	3,115
교사 수	80,653	82,608	182,901	182,844	263,554	265,452
학생 수	2,994,915	3,205,606	4,374,994	4,459,910	7,369,009	7,665,516

출처: BPS-Statistics Indonesia (2022).

표 5-3 종교부 산하 학교, 교사, 학생

구분	공립		사립		계	
연도	2020	2021	2020	2021	2020	2021
유치원						
유치원 수			30,113	30,606	30,113	30,606
교사 수			122,155	139,415	122,155	139,415
학생 수			1,279,948	1,253,788	1,279,948	1,253,788
초등학교						
학교 수	1,710	1,711	24,116	24,418	25,826	26,129
교사 수	37,702	45,480	252,112	289,053	289,814	334,533
학생 수	551,379	550,911	2,559,905	3,576,648	4,111,284	4,127,559
중학교						
학교 수	1,525	1,526	16,836	17,233	18,361	18,759
교사 수	57,047	72,961	233,357	272,044	290,404	345,005
학생 수	749,931	763,381	2,539,049	2,578,075	3,288,080	3,341,456
고등학교						
학교 수	808	809	8,335	8,639	9,143	9,448
교사 수	37,194	48,969	113,923	136,240	151,117	185,209
학생 수	479,495	468,648	1,091,726	1,092,181	1,571,221	1,560,829
대학교						
학교 수	58	58	796	802	854	860
교사 수	19,163	21,439	24,860	24,751	44,023	46,190
학생 수	760,619	816,332	473,813	474,336	1,234,432	1,290,668

출처: BPS-Statistics Indonesia (2022).

2) 교사교육

교사양성 교육은 점진적으로 발전해 왔다. 1950년대에는 중학교 수준의 교사양성 교육을 이수한 사람은 누구나 교사자격증을 취득할 수 있었다. 그러나 1970년대 이후 초등학교 교원은 고등학교 졸업이 의무화되었고, 그 이상의 교원은 대학 수준의 교육과정을 이수하도록 의무화되었다.

인도네시아의 교육부와 종교부가 같이 교육을 담당하고 있기 때문에 교사양성 역시 교육부와 종교부가 각각 담당하고 있다. 교육부는 일반학교의 교사를 종교부는 종교학교의 교사를 양성한다. 일반학교의 교사가 되려면 Sarjana(S1) 학위를 취득해야 한다. 국립교육대학교는 초등학교 교사를 양성하는 4년제 학사과정과 중등학교 교사를 양성하는 5년제 학사과정이 있다. 일반대학교에서는 교육학과 또는 전공학과에서 교사 자격을 취득할 수 있는 4년제 학사과정을 제공한다.

종교부는 종교사범학교에서 교사를 양성한다. 종교사범학교는 각 종교별로 설치되어 있으며, 이슬람 사범학교(IAIN), 기독교 사범학교(STAK), 가톨릭 사범학교(STAKAT), 힌두 사범학교(STAH), 불교 사범학교(STAB) 등이 있다. 종교사범학교에서도 Diploma와 Sarjana 학위를 수여하며, 종교학교의 교사가 되려면 Sarjana 학위를 취득해야 한다.

인도네시아의 교사양성 과정은 교양과정, 전공과정, 실습과정으로 구성되어 있다. 교양과정은 인도네시아어, 영어, 컴퓨터, 종교, Pancasila(다섯 가지 원칙), 시민권, 사회문화 등을 포함한다. 전공과정은 교직이론과 교과교육학을 포함하고, 실습과정은 참관실습, 봉사실습, 학급실습, 수업실습 등으로 구성되어 있다.

인도네시아의 교사 전문 개발은 연수, 자격갱신, 진급 등으로 이루어져 있다. 연수는 국가나 지방정부가 주관하거나 사립기관이 제공하는 다양한 형태의 짧거나 긴 기간의 교육 프로그램이다. 자격갱신은 4년마다 한 번씩 실시되며, 교사들은 자신의 역량을 평가받고 향상시키기 위해 포트폴리오를 제출하고 시험을 치러야 한다. 진급은 교사들이 자신의 경력과 성과에 따라 다른 등급의 교사로 승진할 수 있는 제도이다.

3. 교육행정제도

인도네시아 교육행정은 교육부와 종교부 이원체제로 되어 있으며, 유·초·중등학교 중 84%는 교육문화연구기술부 산하에, 16%는 종교부 산하에 있으며, 종교부 소속의 학교의 대부분은 사립학교이다. 일부 영유아 보육시설과 유치원은 사회부가 관리·감독하고 있다.

인도네시아는 2021년 정부 조직 개편을 통해 연구기술부와 교육문화부를 교육문화연구기술부로 통합하였다. 교육문화연구기술부는 중앙부처와 지방부처로 구성되어 있다. 중앙부처는 사무국, 인력국, 유·초·중등교육국, 직업교육국, 고등교육·연구·기술국, 문화국 등으로 구성되어 있다. 지방부처는 34개 주별로 지방문화교육청이 설치되어 있으며, 이들은 중앙부처의 정책을 실행하고 지역의 교육 문제를 해결한다.

종교부는 인도네시아의 다양한 종교에 대한 행정과 교육을 담당한다. 인도네시아가 다양한 종교로 구성되어 있음에 따라 종교부도 이슬람 교육 총국(Direktorat Jenderal Pendidikan Islam), 기독교 공동체 지도 총국(Direktorat Jenderal Bimbingan Masyarakat Kristen), 가톨릭 공동체 지도 총국(Direktorat Jenderal Bimbingan Masyarakat Katolik), 힌두교 공동체 지도 총국(Direktorat Jenderal Bimbingan Masyarakat Hindu), 불교 공동체 지도 총국(Direktorat Jenderal Bimbingan Masyarakat Buddha), 유교 지도 및 교육 센터(Pusat Bimbingan dan Pendidikan Khonghucu) 등으로 구성되어 있다.

이슬람 교육 총국의 경우 여러 교육 관련 행정 사무국을 두고 있다. 교육과정, 인프라, 제도 및 학생 사무국(KSKK)은 법령 규정에 따라 교육과정, 시설 및 학생부 분야의 정책 수립 및 구현, 표준화, 기술지침 및 평가뿐만 아니라 감독을 수행하는 임무를 가지고 있다. 교직원 사무국(GTK)은 정책 수립 및 시행, 표준화, 기술 지침, 품질 보증 촉진, 평가 및 감독 개발을 수행하는 임무를 가지고 있으며, 종교 유치원, 종교 초·중·고, 종교 특성화고 교사 및 교육 인력의 자격, 역량 및 인증 개발을 감독한다. 이슬람 종교 고등교육 사무국(PTKI)은 이슬람 종교 고등교육 분야의 정책, 표준화, 기술 지도 및 평가 등의 임무를 수행한다. 이슬람교 교육 사무국(PAI)은 유아교육부터 고등교육까지 이슬람교 교육의 정책 수립 및 시행, 표준화, 기술 지도, 평가, 품질관리 등의 교육 감독 업무를 수행한다. 이슬람 기숙학교 사무국(PD-Pontren)은 기숙학교에 대한 정책의 수립 및 시행, 표준화, 기술 지도, 평가, 정규 교육과 기숙학교교육 감독을 수행한다.

종교부도 중앙부처와 지방부처로 구성되어 있다. 지방부처는 각 주별로 지방종교청이 설치되어 있으며, 이들은 중앙부처의 정책을 실행하고 지역의 종교 문제를 해결한다.

4. 교육개혁 동향[3]

인도네시아는 교육 시스템을 1989년을 기준으로 그 전과 후를 각각 제1기와 제2기로 구분한다. 1989년 교육과 관련하여 통합된 법률이 시행된 1989년 2월을 기준으로 구분하는 것이다. 1989년 이전은 특히 제1차 장기국가발전계획[PJP(Pembangunan Jangka Panjang) I: 1969~1994] 기간을 포함하고 있다. 이 기간에는 「학교교육 원칙에 관한 법률」 「교수법 원칙에 관한 법률」 「대학 교육 시행에 관한 법률」 등 세 가지의 법률에 따라 교육제도가 운영되었고, 1989년 2월 법률 제2호에 근거하여 국가교육체계를 재정립하였다.

제1기의 고등교육은 1960년대 초반의 여건상 고등교육의 구조가 매우 단순하여 발전이 지체되었다. 고등교육 프로그램은 학문 중심적이어서 현대경제 발전의 빠른 속도에 적응할 수 있는 능력이나 역량을 키우는 데에는 부족하였다. 고등교육의 더딘 발전은 학생과 교육기관의 수뿐만 아니라 사회의 보다 복잡하고 다양한 요구에 비하여 고등교육 프로그램의 범위가 좁았기 때문이다.

유치원 교육은 1년 또는 2년 기간이었는데, 당시의 법에 따르면 유치원은 학교의 한 종류에 불과할 뿐, 유치원 교육과 초등학교 교육과 연계성이 명시되어 있지 않았다. 그리고 초등학교 졸업 후 3년의 중학교 과정은 일반교육과 직업교육으로 구분되었는데, 당시 농업과 제조업 중심의 노동시장의 특성에 따라 직업교육은 3개 유형의 학교, 즉 중학교-경제학교, 중학교-가정복지학교, 중학교-기술학교로 구성되어 있었다. 당시는 직업교육이 확대되는 시기이었기 때문에 일반중등교육과 일반고등학교를 통한 직업고등학교의 종류도 급속히 성장했다. 중학교 직업교육을 계속하는 학교(즉, 고등학교-경제학교, 고등학교-가정복지학교, 고등학교-기술학교)를 제외하고 개발된 다른 유형의 학교로는 교사양성 학교, 고등학교 스포츠 학교, 대학, 기관, 아카데미 또는 기타 고등교육기관을 통해 학사 수준의 경우 3~4년, 대학원 수준의 경우 5~7년이 소요되는 대학교 등이 있었다.

---

3) 이 절은 The National Education System(https://kemlu.go.id/london/id/pages/sistem_pendidikan_indonesia/4289/etc-menu)의 내용을 중심으로 정리하였다.

이 기간 동안 교육체계에 중요한 변화가 있었다. 1970년대 중반에 중학교 수준의 직업교육을 일반중학교 교육으로 통합하였다. 이러한 변화는 선진국, 특히 미국, 일본 및 유럽과 같은 공여국의 연구 결과의 영향을 받았다. 일부 선진국의 연구 결과에 따르면 직업교육은 고등교육 수준이나 산업체에서 시작하는 것이 더 유익하다는 것이다. 인도네시아는 산업화 초기 단계에서 중급 수준의 숙련된 인력이 여전히 필요하므로 직업교육은 후기 중등 수준에서 필요하였다. 이에 따라 1977년부터 실업계 중학교의 기능(경제, 가정복지, 기술)을 일반계 중학교로 전환하였다.

인도네시아의 경우 학교교육 외에 학교 밖 교육을 중요시하고 있다. 학교 밖 교육의 목표는, 첫째, 학교에 다닐 기회가 없었던 문맹 성인에게 읽기, 쓰기 및 계산 능력을 포함한 지식과 기술을 제공하는 것, 둘째, 일하는 성인이 업무에서 생산성을 높일 수 있도록 지원하는 것, 셋째, 도시와 농촌 사이의 개발 격차를 줄이는 것이다. 이러한 목표를 위해 학교 밖 교육 프로그램은 다양한 장소와 방법을 통해 광범위하게 수행되었다.

1989년 법률 제2호에서는 국민교육을 학교교육과 학교 밖 교육의 두 가지 경로로 명시하였다. 학교교육은 전통적인 방식으로 학습-교수 활동을 통해 학교에서 수행되는 교육이다. 학교 밖 교육은 참가자가 공식적으로 구축된 특수 목적 환경에서 수업에 참석할 필요가 없는 비전통적 환경에서 수행되는 교육을 의미한다.

학교교육에 포함되는 교육 유형은 일반, 직업, 장애, 공무원, 종교, 학술 및 전문교육 등으로 구성된다. 일반교육은 지식 확장과 기술 향상, 직업교육은 특정 분야에서 직접 일할 수 있도록 관련 기술을 갖추는 것을 목표로 한다. 신체적 또는 정신적 장애가 있는 사람들을 위한 특수교육, 공무원 또는 정부부처 또는 관련 공공기관 취업을 희망하는 자를 대상으로 하는 공무원교육, 각 종교에 관한 특별한 지식을 숙달하여 종교교육, 학생들의 지식과 과학의 소양을 함양하는 것을 목표로 하는 학문교육, 전문성과 지식을 국가와 사회의 발전에 응용할 수 있는 전문인력을 양성하는 전문교육 등이 있다.

학교 밖 교육도 일반, 종교, 직업, 공무원 및 직업교육 등으로 구성되어 있다. 학교 밖 교육은 정규 학교체계 밖에서 수행되는 교육 활동이다. 학교 밖 교육 단위는 가족 교육 학습 그룹, 컴퓨터와 같은 특별 과정 및 기타 유사한 교육기관을 포함한다. 학교 밖 교육의 주요 목표는 ⓐ 학습자가 가능한 한 빨리 성장하고 발전할 수 있도록 학습자의 요구에 부응하고 평생 동안 자기 가치를 개발하고 생활 방식의 질을 향상시키고, ⓑ 학습자가 생계를 위해 일하거나 더 높은 수준의 교육을 계속하기 위해 필요한 기술, 태도 및 지식을 습득하도록 학습 활동을 조직하고, ⓒ 정규 교육만으로는 충족될 수 없는 교육에 대한 사회적 요구를 충족시키는 것이다. 교육과정은 교육 참여자 스스로 성장하고 생계를 유지하며 더 높은 수준의 교육을 받을 수 있도록 운영한다. 정부에서 편성한 학습반은 학습반패킷 A와 학습반패킷 B로 구성된다. 학습반패킷 A는 학습자가 초등학교 자격을 취득할 수 있도록 자료를 제공하고, 학습반패킷 B는 저학년을 위한 자료를 제공한다. 탁아소나 놀이 그룹과 같은 기타 학교 밖 기관은 사회부와 교육부가 협력하여 운영한다.

참고문헌

한국교육개발원(2007). 인도네시아의 교육현황 및 발전과제. 한국교육개발원 연구보고, RM2007-124-04.

BPS-Statistics Indonesia (2021). The Indonesian Population Census 2020 Highlights. https://unstats.un.org/unsd/demographic-social/meetings/2021/egm-covid19-census-20210209/docs/s03-04-IDN.pdf.

BPS-Statistics Indonesia (2022). Statistical Yearbook of Indonesia 2022. BPS-Statistics Indonesia.

Sukmayadi, V., & Yahya, A. H. (2020). Indonesian Education Landscape and the 21st Century Challenges. *Journal of Social Studies Education Research, 11*(4), 219-234.

The National Education System (n.d.) https://kemlu.go.id/london/id/pages/sistem_pendidikan_indonesia/4289/etc-menu

제**6**장

호주의 교육제도와 교육개혁 동향

1. 사회문화적 배경

호주는 한국 국토의 약 78배 크기(한반도의 35배)로서, 국토 면적이 774만 km²로 세계에서 여섯 번째로 큰 유일한 대륙 국가이다. 인도양과 태평양 사이에 위치하면서 기타 대륙과 지형학적으로 오랜 기간 동안 고립되었기 때문에 아름답고 깨끗한 자연 환경을 간직하고 있다. 호주는 국가 면적에 상응하는 노동경제력을 충분하게 확보하고 있지 못하다. 최근에 들어서야 경제발전을 위한 인적 기반 강화와 노동시장 안정화 차원에서 다국적 이민자를 적극 수용함으로써 인구 규모가 약 2천 6백만 여 명에 달하고 있다. GDP는 약 1조 7,075억 달러로서 세계 13위의 경제력을 가지고 있다. 대부분의 인구(약 67%)는 대륙의 동쪽과 동남쪽 해안선 도시에 밀집되어 있다. 호주는 다민족 사회로서 전체 인구의 3분의 1이 이민자 배경을 가지고 있으며, 인구의 15%는 집에서 영어 이외의 언어를 사용한다. 지리적으로는 남반구에 위치하여 있고 광대한 크기로 인하여 기후는 열대에서 온대까지 골고루 분포되어 있다. 한국의 계절과는 정반대로 호주의 여름은 12월에서 2월, 가을은 3월에서 5월, 겨울은 6월에서 8월, 봄은 9월에서 11월까지이다.

영어는 호주의 공식 언어이며, 인구의 대부분이 기독교를 믿는다. 경제구조는 전통적으로 농업, 목축업, 광물질 수출 등의 1차 산업을 중심으로 발전하였으나, 최근에는 고등 부가가치 산업분야 개발에 보다 많은 노력을 기울이고 있다. 국제교육, 음악, 컴퓨터 소프트웨어 개발에 있어서 괄목할 만한 성장을 보이고 있으며, 특히 청정자연환경을 활용하는 관광사업과 외국 유학생 유치를 위한 교육사업은 호주의 경제발전에 크게 기여하는 분야 중 하나이다. 영연방국 전통에 입각하여 호주도 영국과 유사하게 소득수준에 상관없이 포괄적인 국가의료보험제도의 혜택을 전 국민에게 제공하고 있다.

호주의 정부체계는 연방정부, 주정부, 지방정부로 구성된 연방 민주국가이다. 수도는 시드니(Sydney)와 멜버른(Melbourne) 사이에 위치한 캔버라(Canberra)이다. 호주의 연방정부는 공식적으로는 입헌군주제를 표방하고 있으나 실질적으로는 상원과 하원으로 구성된 연방의회제를 채택하고 있다. 따라서 국가 원수는 형식적으로 영국 여왕이지만 국정을 책임지는 정부 수반은 3년마다 선출되는 호주 수상(Prime Minister)이다.[1] 연방 총독(Governor General)은 영국 여왕의 대리인으로서 연방정부를 대표한다.

연방의회는 상원과 하원으로 구성되며, 하원에서 가장 많은 의석수를 차지한 당은 정부, 즉 행정부(수상과 내각)를 구성한다. 상원은 인구비례에 상관없이 6개 주별로 각 12명, 2개 자치구별로는 각 2명씩 비례대표제와 선호투표제로 총 76명을 선출한다. 상원 임기는 6년이지만 하원과 병행하기 위하여 매 3년마다 절반을 선거로 교체한다. 하원은 인구비례에 근거해서 소선거구제와 선호투표제에 근거하여 선거구별로 3년 임기로 총 151명을 선출한다(PARLIAMENT of AUSTRALIA, n.d.).

호주의 정부체계는 1901년 「연방헌법」 제정과 더불어 영국 식민지로부터 독립된 6개 주의 연합체로 구성되어 있으며, 2개의 특별 자치구를 포함한다. 6개 주는 뉴 사우스 웨일즈(New South Wales), 빅토리아(Victoria), 퀸즐랜드(Queensland), 웨스턴 오스트레일리아(Western Australia), 사우스 오스트레일리아(South Australia), 타즈마니아(Tasmania)이고, 특별 자치구는 노던 테리토리(Northern Territory, 북구자치구)와 수

---

1) 총독은 의회를 해산할 수 있는 권한이 있지만 실제로 실행된 사례는 없다. 호주의 국가 정체성(영국 여왕이 국가 원수로 있는 영영방국가의 일원)에 대해서는 내부적으로 여전히 논란 중에 있다.

도 캔버라가 위치한 오스트레일리아 캐피털 테리토리(Australian Capital Territory, 호주 연방수도특별지구)이다. 각 6개 주는 주의 수반으로서 주 수상(State Premier)이 있으며 주별로 의원 내각 제도를 운영하고 있다. 6개의 주정부와 2개 특별 자치구 정부는 각 지역별로 독립적인 지방교육행정조직을 갖추고 있으며, 각 주별로 해당 교육부 장관이 있다(박선형, 2016: 62-63). 호주의 중앙교육행정조직은 교육부(Department of Education)이다.

2. 교육제도 및 교사교육

여타 선진국과 마찬가지로 호주는 지방자치제도가 일찍 확립된 바 있다. 따라서 교육제도 운영과 관련 교육정책 실행에 대한 전반적인 책임은 중앙정부가 아닌 주정부와 지방정부에 귀속되어 있다. 즉, 주정부와 지방정부가 고등교육기관을 포함한 모든 교육제도 운영에 대한 행·재정 지원과 관리기능을 담당한다. 중등교육 분야의 재학생 분포를 보면 전체 학생 중 60%가 주정부가 지원하는 국공립학교(state government schools)에 재학하고 있으며, 주정부의 지원을 받지 않는 사립학교(non-government schools)는 40%를 차지한다(Australian Bureau of Statistics, 2008). 주정부 또는 지방정부의 재정 지원을 받지 않는 사립학교는 대부분 종교를 건학이념으로 설립되었으며 사립학교 재학생의 약 3분의 2정도는 가톨릭 학교에 재학한다.

미국, 캐나다 등의 서구 국가들과 비교해 볼 때 호주 교육의 수월성은 교육내용과 교수 방법적 측면에서 결코 뒤지지 않는다. 복사기, 자동차용 에어컨디션, 항공기 블랙박스 등이 호주인의 발명품이고, 과학, 의학, 문학 분야 등에서 10명의 노벨 수상자가 배출되었다는 것은 호주 교육의 우수성을 나타내는 사례이다. 호주의 학제는 영국의 학제를 바탕으로 발달되었다. 의무교육은 6~15세(타즈마니아 16세)에 해당하는 학생에게 적용된다. 최근에는 부모가 교육공급자의 역할을 수행하는 재택교육(home education)이 의무교육에 대한 하나의 교육적 대안으로서 채택되고 있다. 타즈마니아 주는 법적으로 재택교육을 지원하고 있다.

1) 호주 교원양성체제 현황과 관련 교육정책 최신 경향[2]

한국의 교원양성은 유치원 교원과 초 · 중 · 고등학교 교원은 별도의 설립목적을 가지는 교육기관, 즉 유아교육학과가 개설되어 있는 일반대학(또는 사범대학), 10개 교육대학, 46개 사범대학의 교사교육을 통해서 이루어진다. 이에 반해 호주의 교원 양성은 유아교육, 초등교육, 중등교육 학교 급별에 상관없이 통합 교육체제로 운영된 다. 호주에서 교원이 되기 위해서는 6개 주별로 별도로 존재하는 교사 자격기준 전담 관리 기관으로부터 교육 프로그램 인증을 취득한 국립대학 내의 사범대학[3] 또는 사 립대학을 졸업해야 한다. 사범대학의 교육과정 내용이 유아교육과 초 · 중등교육을 포 괄하기 때문에 졸업 시 취득하는 자격유형은 교육학 학사(Bachelor of Education)이지만 학위는 세부전공에 따라 유아교육, 초등교육, 초등상급/중등하급, 중학교육, 초등 · 중 학교육, 중등교육 등의 전문분야가 표기된다(박선형, 2012: 392-393).

통상적으로 사범대학의 교원양성 프로그램은 전일제로 4년간의 학부교육으로 운 영되는 것이 보통이지만 대학원 수준의 준석사학위 프로그램의 경우는 시간제 또 는 원격학습으로 수행되기도 한다. 호주 예비 교원의 교직 입직경로는 크게 세 가지 로 구분할 수 있다. 교육학 학사처럼, 사범대학에서의 4년간의 학부과정을 이수하여 수습 초임 교원으로 입직하는 경우, 3년 또는 4년간의 학부과정을 마치고 1년간 교 수 분야 준석사학위(Diploma of Teaching)나 2년간 수학하는 교수 분야 석사(Master of Teaching)를 취득하는 경우, 교수학 학위(Bachelor of Teaching)/문학사 학위(Bachelor of Arts)의 동시 취득처럼 연계 또는 복수학위 프로그램을 이수한 경우가 그것이다.

---

2) 저자가 작성한 보고서(한국교육개발원, 2019) 내용을 활용하였다.

3) 호주의 사범대학은 각 대학마다 명칭이 다르지만 일반적으로 Faculty of Education 또는 School of Education으로 통칭된다. 호주의 37개 대학 중 사범대학이 운영되는 곳은 총 24개 대학이다. 이를 열거 하면 다음과 같다. Australian Catholic University, Charles Darwin University, Charles Sturt University, Deakin University, Edith Cowan University, Flinders University James Cook University, Monash University, Murdoch University, Queensland University of Technology, RMIT University, Southern Cross University, University of Canberra, University of Melbourne, University of New England, University of New South Wales, University of Newcastle, University of Queensland, University of South Australia, University of Southern Queensland, University of Sydney, University of Tasmania, University of the Sunshine Coast, University of Western Australia, Victoria University

최근 들어서는 두 번째 교직 입직 경로 중 하나인 1년간 교수 분야 준석사학위 취득 후의 수습 초임 교원 임용과정은 해당 교육 프로그램이 국가적 수준의 교원 질 관리 수준의 강화 정책을 반영하여 고등교육 분야에서 점차로 폐지되고 있는 추세이다(Burns & McIntyre, 2017: 26). 교직 입직 세 가지 경로를 마치고 전일제로 임용된 초임 교원은 추후 논의될 국가적 수준의 교원양성 질 관리 기제인 "호주교사 전문(성) 기준(the Australian Professional Standards for Teachers: APST)"에 따라서 수습 초임 교사 자격(Graduation Teachers)으로 임시인증(provisional accreditation)을 취득하게 된다.

호주정부는 21세기의 급변하는 환경적 변화와 기술혁신 정보문명시대에 부응하기 위하여 2000년 후반부터 학교교육 목표의 재설정, 학교교육 재구조화, 교육평가체제 강화, 교수활동의 질적 수준 제고, 교원 전문성 강화 기제 구안 등의 다양한 교육정책 개혁의제와 이를 위한 법적 제도를 정비하여 이를 체계적으로 실행하고 있다. 대표적인 사례는 멜버른 선언(Melbourne Declaration on Educational Goals for Young Australians)과 2013년의 「호주 교육법(the Australian Education Act 2013)」 제정이다(Burns & McIntyre, 2017: 5-6).

첫 번째 사례의 내용을 살펴보면, 21세기를 대비하는 학교교육체제 운영과 청소년 학생들의 핵심역량 강화 및 학교교육을 통한 보다 나은 시민사회 건설을 위하여 호주 교육 · 고용 · 훈련 · 청년문제 장관위원회(The Ministerial Council on Education, Employment, Training and Youth Affairs)는 2008년 12월에 멜버른 선언을 발표하였다. 멜버른 선언은 호주 학교교육의 미래 발전방향과 전략 실행 목표를 총괄적으로 제시하고 있다는 차원에서 단위학교 운영과 교원교육 정책의제 설정과 집행에도 지대한 영향력을 미치고 있다.

동 선언은 호주 교육의 목표를 두 가지로 설정한 바 있다. 첫째는 호주 학교교육은 형평성(equity)과 수월성(excellence)을 지향한다는 것이다. 둘째, 교육 목표는 모든 호주 청소년을 성공적인 학습자, 자신감을 갖춘 창의적인 개인, 활동적이면서 박식한 시민이 되도록 한다는 것이다. 이러한 목표를 성공적으로 달성하기 위하여 호주정부는 여덟 가지의 상호 연관된 핵심 실행전략을 제시한 바 있다. 보다 강력한 동반자 정신 개발, 교수활동의 질과 학교 지도성 지원, 유아교육 강화, 중학교 교육 향상, 청소년 전환과 학교교육의 상위학년 지원, 세계적 수준의 교육과정과 평가 촉진, 원주민 청소년과 낮은 사회경제적 배경 청소년을 위한 교육결과 향상, 책무성과 투명성 강화가 그것이다. 이러한 실행전략은 추후, 단위학교의 경쟁력 강화를 위한 교육과정 개편, 학생 성취도 확인을 위한 국가수준 평가체제 구축(NAPLAN), 교원의 교수활동의 질적 수준 제고와 전문성 강화를 위한 교원 자격기준 구안 등의 교육개혁 결과로 나타난다(박삼철, 2013).

호주의 교원교육 정책 실행에 영향을 미치고 있는 두 번째 제도적 요인은 2014년도 1월 1일부터 법적 효력을 발휘하고 있는 「호주 교육법령 2013(the Australian Education Act, 2013)」이다. 해당 법령의 주요 목표는 읽기, 수학, 과학 등의 교과 분야에서 높은 지적 성취와 형평성 기반 교육을 실현하고,[4] 학교 개선을 위한 국가계획을 실행하며, 학교 개별 수요에 따른 재정 지원 보조(need based funding)를 명시화하여 연방정부의 재정 지원을 통한 책무성 관리 기제를 강화하는데 초점을 두고 있다. 동 법령 입안의 배경에는 학교교육체제에 대한 정부의 재정 지원을 분석했던 Gonski 보고서의 주요 결과가 크게 작용하였다. Gonski에 따르면 선진국 중에서 호주는 고성취군 학생과 저성취군 학생 간의 간극이 가장 심각하게 벌어져 있으며, 열악한 가정배경 학생들이 가장 낮은 교육성과를 산출하는 국가로 나타났다. 그는 이러한 문제를 극복하기 위해서 41개의 권고안을 제시한 바 있다. 이 중 핵심은 국가교육과정 실행과 교육재정 지원에 있어서의 연방정부의 역할 확대와 강화이다(Gonski et al., 2012).

호주정부는 주정부에 재정 지원을 명시하고 있는 「연방헌법」 96조(Section 96, Commonwealth of Australia Constitution Act, 1901)를 통해 지방자치가 확립되어 있는 6개 주의 거버넌스 운영과 정책의제 실행에 강력한 영향력을 행사하고 있다. 「호주 교육법령 2013」 역시 개별 학교의 교육수요에 따른 연방정부의 재정 지원 기준을 밝힘으로써 주정부의 국가정책에 대한 충실도와 순응도를 촉진하는 '강압적 연방주의(coercive federalism)'의 입장(Harris-Hart, 2010)을 더욱 강화하고 있다고 볼 수 있다. 예컨대, 멜버른 선언이 발표된 당시의 연방정부의 주인은 정책 실현에 있어서 사회정의 실현과 형평성 구현에 최우선적 관심을 가지는 좌파 성향의 노동당이었지만 현재는 시장 친화적 우파 성향의 자유당 주축의 연합당이 집권 여당으로 활동하고 있다.

---

[4] 동 법령은 단위학교의 문해력·수리력 국가평가프로그램(the National Assesment Program-Literacy and Numeracy: NAPLAN)의 실행 결과에 따른 주정부와 특별 자치구에 대한 재정 지원을 명시화하여 연방정부 정책실행의 교육 현장 충실도를 적극적으로 확보하고 있다.

그럼에도 불구하고 최근 의회에서 통과된 호주 「교육법령 수정안 2017(the Australian Education Amendment Bill 2017)」은 여전히 중앙정부의 우선순위 정책실현을 위한 '수요 기반 재정지원체제(need based funding system)'를 주요 정책수단으로 강조하고 있는 상황이다(Hemmon, 2017. 5. 31.).

이러한 입장에 대한 비판적 관점은 국가 정책의제 선정과 집행과정 등에 있어서 연방정부와 주정부 간의 긴밀한 협력적 파트너십 강화에 기반을 둔 '협력적 연방주의(co-operative federalism)'가 실현(Harris-Hart, 2010)될 때에 한해서 국가정책의 실행가능성과 현장 적용 가능성이 담보될 수 있음을 주장하기도 한다. 대표적인 협력 사례는 국가 교육목표의 현실적 수정 노력에서 찾아 볼 수 있다. '형평성과 수월성'을 강조하였던 멜버른 선언에 기반을 둔 2013의 교육법령의 교육목표[5]는 최근 들어 실제 달성 가능성이 희박해짐에 따라서 연방정부 · 주정부 내각위원회(the Council of Australian Governments: COAG)의 협의하에 2018년부터 보다 현실적이고 간결한 새로운 교육목표로 대체되었다. 이러한 논의는 중앙집권적인 성과책무성 관리기제가 호주정부 국정운영의 기본 방향으로 자리 잡고 있는 현 상황에서도 국가 교육정책 의제 선정과 집행과정에 있어서 지방정부와의 의견조율이 필수적으로 선행되며, 다양한 정책 당사자의 협력적 참여가 필수적으로 반영됨을 시사한다.

주정부에 대한 호주 연방정부의 정책적 영향력이 강화되고 있는 최근 시점에서 주목할 만한 추가적 사항은 국가교육정책 기반의 성과 책무성 달성을 위하여 설립 운영되고 있는 국책연구기관이다. 대표적 전문기관은 **호주교육과정평가 · 보고원**(the Australian Curriculum Assessment and Reporting Authority: 이하 ACARA)과 **교수 · 학교지도성 호주연구소**(The Australian Institute for Teaching and School Leadership: 이하 AITSL)이다.

ACARA는 한국의 교육과정평가원과 동일한 역할과 책무를 수행하기 위하여 2008년에 설립되었다. 즉, 국가교육과정 개발 관리, 국가평가 개발 관리, 학생 평가자료 수집 관리 및 분석, 학교 수행성과 관련 정보 출간 등에 대한 법적 책임을 가진다. 또한 동기관은 2008년도부터 실시되었던 문해력 · 수리력 국가평가프로그램(NAPLAN)[6]의

---

5) 2025년까지 읽기, 수학, 과학 분야에서의 수행성과가 전 세계에서 가장 높은 상위 5개 국가에 속하게 될 것이며, 호주 학교교육체제가 국제기준에 상응하는 높은 질적 수준과 고수준의 형평성을 갖추게 될 것이라는 것임.

실행을 2010년도부터 책임 관리기관으로서 주관하고 있으며, 모든 학교의 NAPLAN 평가 결과자료를 온라인 사이트인 MySchool 웹페이지에 탑재하고 있다. 따라서 NAPLAN은 국가적 수준에서의 교육과정 실행체제의 성과 수행도를 확인하는 국가 책무성 지표로 작동하고 있다.

한편, AITSL의 법적 성격은 연방정부와 호주 교육부의 재정 지원을 받는 정부 대행기관으로 규정된다. 동 단체는 교원자격인증과 교육행정가 양성 프로그램의 질적 수준을 보다 효과적으로 관리하기 위하여 2010년 1월에 설립되어 운영되고 있다. 기관의 운영책임을 맡고 있는 이사회 구성은 고등교육 분야, 중등교육 분야, 교육부, 교육노조, 교장연합체, 공립학교, 가톨릭학교, 사립학교 등을 망라한 다양한 범용적인 교육 이해당사자들로 구성된다(Burns & McIntyre, 2017: 18). 이 단체의 역할은 국가수준의 교원 전문성 기준의 강력한 추진을 통해서 각 주별로 시행되고 있는 사범대학 교사교육과 초임교원 교육 프로그램의 인증체제를 강화하고 심화적인 교원 전문성 프로그램 개발을 촉진하는 데 목적이 있다.

그러나 동 기관은 교원 전문성 개발, 교육행정가 훈련, 초임교사 교육 프로그램, 교원 자격기제 적용 등에 대한 안내 규정과 참고 기제를 제공할 뿐이며 어떠한 법적 인증 권한을 가지고 있지 않다. 교원교육 질 향상과 교직 전문성 개발을 위하여 AITSL이 제시하고 있는 국가 기제는 〈표 6-1〉과 같이 9개에 해당한다.

우수교원의 확보와 교원 전문성 제고는 사범대학 입학생 선발과정의 체계성과 교직 역량 기반 교육과정 운영 및 성과기반의 질 관리 체계가 상호 연계적으로 작동될 때 그 효과성을 담보할 수 있다. 그러나 사범대학에 입학하여 교직에 입직하기를 희망하는 호주 예비 교원 학생들의 인지적 수준은 기타 학문 분야 지원자들과 비교해 볼 때 심각하게도 가장 낮은 상황이다. 한국의 수능과 같은 역할을 하는 호주의 대학입학점수(Australian Tertiary Admission Rank: 이하 ATAR) 분포를 살펴보면, 사범대학 입학생의 평균 점수는 통상 60~70점대에 머물고 있다. ATAR는 또래집단 학생 간의 상대 등위점수로서 만점은 99.95이며, 이는 상위 0.05%에 속한다는 의미를 가진다.

---

6) NAPLAN은 매년 5월에 독서, 작문, 철자, 문법, 구두법, 수리력 영역에서 3학년, 5학년, 7학년, 9학년 학생들 대상으로 수행되는 연차별 국가시험이다. 빅토리아주나 뉴사우스웨일스주는 학교경영계획의 전략적 목표를 NAPALN 향상에 초점을 두고 있다.

표 6-1	호주의 교원교육 질 제고를 위한 국가 기제

국가기제	웹사이트
• 호주 초임교사 교육 프로그램 인증(Accreditation of Initial Teacher Education Programs in Australia)	
• 호주 교사 · 학교 지도자의 전문적 학습 헌장(Australian Charter for the Professional Learning of Teachers and School Leaders)	
• 호주 교장 · 지도성 전문기준(Australian Professional Standard for Principals and the Leadership Profiles)	
• 호주 교사 전문기준(Australian Professional Standards for Teachers)	
• 호주 교사 수행성과 · 전문성 개발 기제(Australian Teacher Performance and Development Framework)	https://www.aitsl. edu.au/about- aitsl/9-national- frameworks
• 호주 고성취 교사 · 선도교사 인증(Certification of Highly Accomplished and Lead Teachers in Australia)	
• 예비 교사에서 숙련교사로: 교직 전문직 입직을 위한 호주 교사 연수 안내(Graduate to Proficient: Australian guidelines for teacher induction into the profession)	
• 효과 제고를 위한 지도성: 호주 학교 지도성 개발 안내(Leading for impact: Australian guidelines for school leadership development)	
• 호주 교사 국가 인증(Nationally consistent registration for all teachers)	

통상적으로 의과대학 ATAR 입학 점수는 99.70 이상을 상회한다.

최근 공개된 시드니 대학의 자체 연구 보고서는 사범대학 입학생 선발과정의 체계성과 질 관리의 적정성에 대한 논란을 정치권과 사회 각층에서 가중시킨 바 있다. 이 보고서의 연구결과는 NSW 주와 호주연방수도특별지구(ACT)의 2015년 사범대학 전체 입학생 4,075명의 약 50%가 ATAR 점수체계 하위 50% 범위에 속해 있는 고등학교 졸업생이 차지했음을 밝히고 있다. 동 보고서에 따르면 심지어 28명의 사범대학 신입생은 ATAR 점수 분포에서 거의 빵점 수준인 0∼19점, 29명은 20∼29점, 73명은 30∼39점을 받은 것으로 나타났다. 또한 해당 지역의 4,075명 전체 사범대 입학생 중에서 ATAR 90점 이상을 받은 학생은 292명, 98점을 상회한 학생은 단지 14명뿐인 것으로 확인되었다(Robinson, 2018. 9. 18.).

예비 교원 입학자원의 인지적 성취도 부족과 교직 준비도 미흡을 강화하기 위하여 최근 야당인 노동당은 고등교육 분야에서 대학 스스로 사범대학 입학생 선발 기준을 강화하지 않는다면, 강제적인 최저 입학조건으로서 ATAR 80점을 부과할 것이라고 경고하고 있다(McGowan, 2019. 1. 16.). 그런데 호주는 법적 의무교육 연한이 고등학교 1학년까지이고, 10학년 교육을 이수한 학생은 이후 다양한 입직 활동을 통해서 경제적 행위를 충분히 영위할 수 있는 사회구조를 가지고 있다. 또한, 호주정부의 고등 개혁 방안 중 하나를 살펴보면, 현재 25~34세 인구 집단의 학사학위를 2025년까지 40%로 향상시키겠다는 목표를 설정하고 있는 상황이다(박선형, 2016: 66). 이를 종합적으로 감안하면 우수학생의 교직 입직 유도를 위한 최저 ATAR 점수 도입이나 선발체제의 강화는 현실 여건상 쉽지 않은 것으로 판단된다.

최근 들어 연방정부는 우수한 예비 교원 입학 자원을 확보하기 위하여 교원양성 교육기관의 초임교사 교육 프로그램 국가 인증의 선행 조건으로서 예비 교원 선발 시 문해력과 수리력에 있어 전체 인구의 상위 30%에 속하는 지원자를 선별할 것을 요구하고 있다(Darling-Hammond, 2017: 60). 대학 차원에서도 우수 교사양성을 위하여 예비 교원 선발전형제도 운영에 있어서 인지적 영역과 정의적 영역 및 상황적 판단력 등을 포괄적으로 측정하려는 혁신적 노력을 기울이고 있다. 예컨대, 멜버른대학교 사범대학 석사과정의 경우 교직 인 · 적성과 사회적 상호작용 능력 및 상황대처 역량을 갖춘 신입생 선발을 위하여 웹 기반 평가체제인 교사역량 평가도구(Teacher Capability Assessment Tool: TCAT)를 개발하여 활용하고 있다. 동 도구는 70분에서 90분가량에 걸쳐 웹상에서 5개 영역에 대해 단답형, 선다형, 에세이 기술형태로 응답을 유도하여 지원자의 교직 준비도와 정의적 태도 및 자기규제력 등을 종합적으로 평가하는 것을 목적으로 한다. 지원자는 석사과정에 지원하기 이전에 반드시 웹상에서 5개 영역에 대한 응답을 완료하여야 한다.

구체적으로 5개 영역은 다음과 같다. 첫째 영역은 지원 정당화 근거, 교육경력, 교사 선호 이유, 문화적 배경 등을 단답형으로 기술하여 지원자 개인정보를 제공하는 자기소개서이다. 둘째는 수리력, 이해력, 어휘력, 공간 추론 능력 등을 선다형 문항으로 측정하는 인지적 영역이다. 셋째는 자기의지력, 회복탄력성, 개인 성향 등을 확인하는 자아 영역이다. 넷째는 의사소통, 공정성, 자아인식, 문화적 감수성 등을 검토하는 사회적 상호작용 영역이다. 마지막은 주어진 상황에 대한 대처방안과 이를 선택한 이유에 대해 간략하게 기술 설명하는 상황적 판단 영역이다. 5개 영역 이외에 필요에 따라서 면담과정과 실제 수업시연은 추가적으로 선택할 수 있는 평가 절차 항

2. 교육제도 및 교사교육 **171**

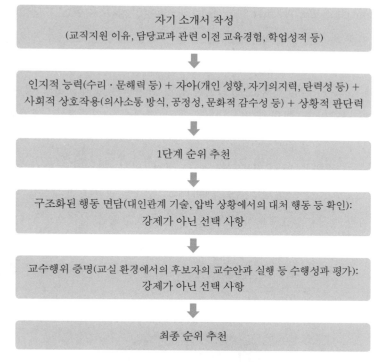

[그림 6-1] TCAT 활용 신입생 선발 절차

출처: Melbourne Graduate School of Education. TCAT Brochure Final.pdf

목이다. TCAT를 활용한 멜버른대학교 사범대학 석사과정 신입생 선발체계는 [그림 6-1]과 같다.

교원양성기관 신입생의 학문적 성취가 상대적으로 매우 낮은 상황에서 각 주정부의 질 관리기관(〈표 6-2 참조〉)이 인증과정을 주관하고, 국가 차원에는 AITSL이 인증제도 운영의 방향성과 기준 절차 등을 안내하는 호주 초임교사 교육 프로그램 인증(Accreditation of Initial Teacher Education Programs in Australia)은 교직이수 학생의 교육역량 강화와 단위학교 적응도를 제고하기 위한 효과적인 정책수단으로 간주된다.[7] 동 인증 프로그램은 다음 절에서 살펴볼 호주 교사 전문 기준 중 수습 '초임

---

7) 초임교사 교육 프로그램 국가 인증의 방향성과 관련 절차는 교사교육 장관 자문집단(the Teacher Education Ministerial Advisory Group: TEMAG)이 2015년 초에 출간한 『Action Now: Classroom Ready Teacher』의 주요 내용에 기반을 두고 있다. 동 보고서는 초임교사 교육 프로그램의 국가 인증을 위한 안내

교사 기준(the Graduate Teacher Standards)'과 '교원양성 교육 프로그램(the Program Standards)' 인증의 상호 통합적 요소들로 구성되어 있다(AITSL, 2018a). 인증평가는 패널 심사단이 문서 심사와 기관 현장 방문을 병행하여 6개 영역별 증거를 종합적으로 확인하는 데 초점을 둔다. 인증 초점영역은 초임 교사양성 교육 프로그램의 "성과, 개발과 설계 및 전달방법, 입학요건, 구조와 내용, 교직실습(전문경험), 평가와 보고 및 개선"이다.

인증심사를 주관하는 패널 위원회는 교수, 교장, 교사, 영역별 전문가 등으로 최소 4인에서 최대 6인으로 구성되며, 매 2년마다 국가인증 교육훈련과정을 이수하여야 한다. 인증심사 절차는 2단계로 구성된다. 첫 단계는 인증을 처음으로 받는 교육기관을 대상으로 하며, 인증 초점은 예비 교사양성 교육 프로그램 기준에 대한 증거, 해당 교육 프로그램 구성 운영에 있어서의 수습 초임교사 기준의 적용과 실행 및 평가, 교

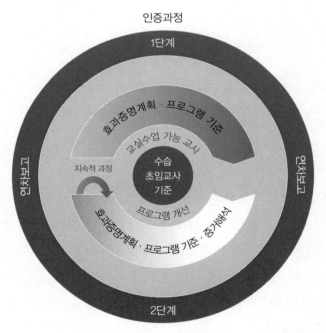

[그림 6-2] 초임교사 대상 교육 프로그램 국가 인증 체계

출처: AITSL(2018a: 6).

기제로서 "지속적 향상, 효과성 초점, 유연성·다양성·혁신, 증거 기반, 동반자 정신, 엄정성, 투명성, 연구 기반"으로 요약되는 여덟 가지 원리를 제시한 바 있다.

육 프로그램의 효과 증명 계획에 맞춰져 있다. 두 번째 인증단계는 교원양성 교육기관이 첫 번째 인증을 받은 시점에서부터 최대 5년 안에 예비 교사와 초임교사에 대한 해당 교육 프로그램의 교육 효과 증거를 구체적으로 평가하는 데 초점을 둔다. 두 번째 인증단계를 통과한 교육기관은 교육 프로그램의 입증된 효과와 프로그램의 변화 등을 해당 기관이 속해 있는 각 주의 교원 인증 전담 관리기관에 연간 보고서를 지속적으로 작성해서 제출해야 한다. 이러한 인증 과정을 도식화하면 [그림 6-2]와 같다.

2) 교원인증체제와 국가수준의 교원 전문기준

전술한 바와 같이 호주 연방정부는 지방자치제의 확립으로 인하여 국가적 차원에서는 교육비전과 교육정책(교육구조, 평가방법, 교육과정 편성 등)에 관한 개략적인 안내 규정만을 제공한다. 따라서 교육제도에 대한 세부적인 운영 내용과 실행 상황은 6개 각 주의 교육여건에 따라 상이하게 전개된다. 통상적으로 교원 전문성 개발에 관한 제반 사항(교원연수 프로그램 구안, 교사 자격 인증과 선발 절차, 교육실습 등)은 주정부와 지방정부가 관장하는 것이 관례이다.

한국과 다르게 호주에서는 예비 교사가 교직에 입문하기 위해서는 먼저 각 주에 소재해 있는 교원 인증 전담기관의 인증과 등록을 취득해야 한다. 〈표 6-2〉에서 보는 바와 같이 6개 주는 독자적인 교사 자격 인증기관체제를 운영하고 있다. 최근 들어, 3개 주의 인증기관 명칭은 주별 교원교육 질 관리 기제 강화의 일환으로 변경된 바 있다. 예컨대, NSW 주의 경우, 기존의 교사교육 프로그램 인증은 NSW Institute of Teachers가 주관하였으나 동 기관은 2014년부터 2016년 기간 동안 Board of Studies, Teaching and Educational Standards NSW라는 명칭으로 변경되었고, 2017년 1월 1일부터는 NSW Education Standards Authority(NESA)로 개칭된 바 있다(NSW Education Standards Authority, n.d.). 이 밖에 호주와 뉴질랜드의 교사 자격기준의 상호 호환 인정과 쌍무적 협력관계 증진을 위한 인증기관으로서 Australasian Teacher Regulatory Authorities도 운영 중에 있다.

표 6-2	주정부와 지방정부의 교사 자격기준 인증 전담 · 관리기관
주/자치구	교사 자격기준 개발 · 인증기관
NSW	NSW Education Standards Authority(2017년 이후)
Queensland	Queensland College of Teachers(2006년 이후)
Victoria	Victorian Institute of Teaching
South Australia	Teachers Registration Board of South Australia
Western Australia	Teacher Registration Board of Western Australia(2012년 이후)
Tasmania	Teachers Registration Board Tasmania
Australian Capital Territory	Teacher Quality Institute
Northern Territory	Teachers Registration Board of the Northern Territory

주: 각 주별 인증기관의 해당 웹사이트를 확인하여 작성하였음(해당 사이트는 참고문헌 참조).

1990년대 후반부터 경제성장과 국가 발전을 지속하기 위해서는 인재 양성을 담당하는 교육기관의 질적 제고가 필요하며, 이를 위해서는 무엇보다도 우수교원 확보와 교원역량 개발을 위한 공통 기준이 국가적 차원에서 우선적으로 확립되어야 한다는 인식이 호주 중앙정부와 주정부 및 교육 이해집단(교육행정가, 교원단체, 학부모 등) 사이에 자연스럽게 공유되었다. 호주의 중앙정부는 2000년대에 접어들면서 교원교육 양성 시스템에 대한 포괄적인 질 관리 체제 구축과 더불어 종합적인 교원 자격기준을 제정하여 "교원이 반드시 갖추어야 할 자질과 알아야 할 전문적 지식"에 대한 제도적 접근을 강화하고 있다(강대구, 박선형, 2005; 박삼철 2008).

이러한 맥락에서 호주 교육 · 고용 · 훈련 · 청년문제 장관위원회(The Ministerial Council on Education, Employment, Training and Youth Affairs)는 2003년에 국가수준에서의 교사 전문(성) 기준(A National Framework for Professional Standards for Teaching) 제정의 방향성을 구체적으로 제안한 바 있다. 교원 전문성 향상을 위한 중앙정부의 노력은 주정부 · 지방정부 교육장관들 간의 긴밀한 협의하에 연방 교육부장관이 교사 전문 국가기준을 2011년 2월 9일에 공표함으로써 본격적인 결실을 맺고 있다. 호주의 교사 전문(성) 국가기준은 생애경력개발 차원에서 교원의 네 가지 전문성 발달 경로를 설정하여 각 단계별로 요구 수준을 달리하여 차등적으로 운영되고 있다. 첫째는 사범대학의 예비 교원 양성인증 교육 프로그램을 이수한 수습 초임교사(Graduate Teachers)이고, 둘째는 교원 자격기준의 모든 조건을 충족하는 숙련교사

(Proficient Teachers)이다. 셋째는 교수학습 활동의 우수성과 교육 프로그램 개발의 효과성을 갖춘 고성취 교사(Highly Accomplished Teachers)이다. 마지막은 동료 교사와 학부모 및 지역사회로부터 존경과 인정을 받으면서 학교 교육개혁을 주도하는 선도교사(Lead Teachers)이다(AITSL, 2011a).

2012년부터 법적 실행규정인 호주 교사 전문(성) 기준이 실행됨에 따라서 초임교사와 숙련교사에 해당하는 기준요건은 호주의 모든 주정부와 지방정부의 교원양성기관 인증과 단위학교 운영에 반드시 적용되어야 하는 강제성을 가진다. 사범대 졸업 후 임용된 모든 전일제 호주 교원은 수습 초임교사로서 임시인증 신분을 가지며, 교직 경력 3년 안에 교육 핵심역량과 교직 전문성을 갖춘 정식 교사인 숙련교사(Proficient Teachers)로 완전 인증(Full Accreditation)을 받아야 한다. 이 과정에서 고성취 교사나 선도교사는 초임교사가 숙련교사로 인증받기 위해 필요한 교수 실제 개선과 전문적 학습을 도와주는 멘토 교사의 역할을 담당한다.[8]

또한 초임교사 전문기준은 교원양성기관 인증평가 기제로 작동하여 사범대학 재학생이 이수해야 할 초임교사 교육 프로그램 내용체계를 규정하며, 숙련교사 전문기준은 교사 등록을 위한 기초 토대로서 작용한다. 숙련교사로 완전 인증을 받게 되면 해당 교사는 본인이 근무하는 학교가 속해 있는 각 주의 교사 자격기준 인증 전담기관에 반드시 등록(registration)을 해야 한다. 교사 등록은 유아교육 분야 일부를 제외하고 모든 초등・중등학교 교사에게 법적 필수 사항이다(AITSL, 2018b: ii).

3단계와 4단계에 해당하는 고성취 교사와 선도교사 전문기준은 법적 강제성이 부과되지 않는 개인 교사 전문성 개발 차원의 자발적 인증 성격을 가진다. 호주 교사 전문(성) 기준은 향후 단위학교평가 등에도 연계적으로 적용될 것으로 기대되고 있다. 현재 초임교사 단계에서 고성취 교사 3단계까지의 인증 전문 기준은 NSW 주를 포함한 3개 주에서 단위학교의 교원연봉 조정과 연계되어 운영되고 있다(Burns & McIntyre, 2017: 20).[9]

---

8) 2003년 이후부터 NSW 교육부는 90개에서 100개 학교에 재직하는 초임교사의 교수실제 개선과 교육 전문성 개발을 전담 보조하는 멘토 교사 50명을 임명하여 활용하고 있다. 50명의 멘토 교사는 공립학교에 재직하는 전체 초임교사의 연간 교원연수의 60%를 담당하는 것으로 알려져 있다(Burns & McIntyre, 2017: 92).

9) 예컨대, NSW 신 연봉체제는 초임교사, 숙련교사, 고성취 교사 인증단계를 6개 봉급체계의 핵심구간으로

표 6-3   호주 교사 전문(성) 기준

교수영역	자격기준	초점 영역
전문적 지식 (professional knowledge)	1. 학생과 학생이 어떻게 학습하는지를 안다(6개 하위 항목 포함).	교원의 4개 전문성 발달 단계별(초임 · 숙련 · 고성취 · 선도)로 37개 세부항목명은 동일하나, 각 항목별 수행역량이나 달성목표에 대한 강조점과 초점이 다르다.
	2. 교육내용을 알고 이를 어떻게 가르치는지를 안다(6개 하위 항목 포함).	
전문적 실행 (professional practice)	3. 효과적인 교수학습을 계획하고 이를 실행한다(7개 하위 항목 포함).	
	4. 지원적이고 안전한 학습 환경을 유지하고 창출한다(5개 하위 항목 포함).	
	5. 학생의 학습에 관해 보고하고 환류를 제공하며 평가한다(5개 하위 항목 포함).	
전문적 참여 (professional engagement)	6. 전문적 학습에 참여한다(4개 하위 항목 포함).	
	7. 동료와 학부모 및 지역사회와 전문적으로 교류한다(4개 하위 항목 포함).	

호주정부는 각 교사 전문성 발달 경로별(초임교사, 숙련교사, 고성취 교사, 선도교사)로 반드시 갖추어야 할 통합적인 전문 기준 7개와 세부 37개 하위 항목을 매우 상세하게 제시하고 있다. 7개의 자격기준은 전문적 지식, 전문적 실행, 전문적 참여라는 교수활동의 3개 영역을 포괄한다. 호주 교사 전문(성) 기준의 개괄적 내용을 살펴보면 〈표 6-3〉과 같다(AITSL, 2011a: 3).

호주의 교사 전문(성) 기준은 일곱 가지 공통 준거별로 교직 발달 단계에 따른 서로 다른 수행능력 기준을 제시하여 교원의 전문성 개발을 극대화하는 데 초점을 두고 있다. 이러한 시도는 국가수준에서의 교원 자격기준 개발은 직전교육, 현직교육, 지도성 훈련의 연계적 통합성과 교원 전문성의 생애경력발달 차원을 동시적으로 고려하

설정하였다. 그 결과, NSW 국립학교의 교사 연봉 시작점은 기타 학문분야 졸업생의 연봉 출발점보다 상당히 높게 책정되어 있다. 2017년을 기준으로 볼 때 회계분야 초임 연봉은 호주 달러로 50,000불, 건축학은 45,000불, 컴퓨터공학은 59,000불, 법학분야는 55,000불, 심리학은 50,000불, 수의학은 50,000불인 데 반하여 국립교사의 첫 연봉은 65,608불이다. 신 연봉체계에서 고성취 교사는 연간 거의 110,000불을 수령하게 됨으로써 기타 직종 종사자에 비해서 결코 적지 않은 임금을 지급 받는다(https://www.tech.nsw.edu.au/exploreteaching/salary-of-a-teacher).

표 6-4　호주 교사 전문(성) 기준 영역별 행동 진술 용어

영역	전문적 지식	전문적 실제	전문적 참여
(수습) 초임교사	증명한다. 조직한다. 활용한다. 실행한다.	계획한다. 설정한다. 포괄한다. 창출한다, 확인한다. 제공한다. 증명한다. 기술한다.	증명한다. 이해한다. 적용한다. 참여한다.
숙련교사	활용한다. 구조화한다. 설계한다. 개발한다. 진술한다. 적용한다. 조직화한다. 제공한다.	선별한다. 다룬다. 활용한다. 보장한다. 통합한다. 참여한다. 보고한다. 평가한다. 계획한다.	기여한다. 시행한다. 수립한다. 참여한다.
고성취 교사	선별한다. 확장한다. 지원한다. 시연한다. 제공한다. 평가한다. 협업한다. 모델화한다.	발전시킨다. 협업한다. 모델화한다. 지원한다. 선별한다. 돕는다. 공유한다. 수행한다. 조직한다.	협업한다. 제공한다. 수행한다. 지원한다. 참여한다. 어울린다. 증명한다. 기여한다.
선도교사	선도한다. 평가한다. 개발한다. 평가 검토한다. 유발한다. 지원 선도한다.	증명한다. 선도한다. 협업한다. 증명한다. 돕는다. 실행한다. 검토한다. 조율한다. 평가한다. 수행한다.	활용한다. 주도한다. 모델화한다. 개발 실행한다. 구축한다. 지지한다.

주: 호주 교사 전문(성) 기준 세부항목 148개 문장 기술지표의 동사를 분석 요약함.

여야 함을 강조한 것으로 볼 수 있다(강대구, 박선형, 2005). 특히, 〈표 6-4〉에 요약되어 있듯이, 4단계별 3개 영역과 7개 기준에 따라 해당 교사가 반드시 알아야 하고 필수적으로 갖추어야 할 수행 역량을 구체적인 행동 진술용어로 심화 차별적으로 진술함으로써 개인 교사의 생애경력별 교육 전문성 개발목표를 체계적으로 명시화하고 있다.

3. 교육행정제도

호주의 학교교육은 취학 전 교육(유치원), 초등교육, 중등교육, 직업기술전문과정, 고등교육으로 구분된다. 이를 주별로 구분하면 〈표 6-5〉와 같다.[10]

표 6-5 호주의 교육시스템

나이	NSW, VIC, TAS, ACT	QLD, SA, WA, NT
17~18세	고등학교 11~12학년	고등학교 11~12학년
12/13~16세	중학교 7~10학년	중학교 8~10학년
6~11/12세	초등학교 1~6학년	초등학교 1~7학년
5세	예비학교 유치원	예비학교 유치원

1) 취학 전 교육(Preschool Education)

2000년부터 초등학교 1학년이 되기 전의 2년간의 교육 프로그램을 취학 전 교육(Preschool Education)으로 규정하였다. 이 단계는 보통 3~4세 사이의 어린이가 공립 유치원 또는 사립 유치원에서 교육받는 기간을 의미한다. 의무적인 교육단계는 아니지만 대부분의 학부모들은 자녀의 취학을 권장 받는다. 주된 교육내용은 아동의 지적 · 사회적 · 정서적 · 육체적 필요와 더불어 흥미를 반영하도록 구성되어 있다.

---

10) 호주 교육부의 웹사이트 자료와 참고문헌에 제시된 관련 자료를 활용하여 작성하였음.

2) 예비교육과 초등교육(Preparatory and Primary Education)

예비교육은 1학년이 되기 전의 교육을 지칭하는 것으로 주와 지역에 따라 예비(Preparatory), 유치원(Kindergarten), 전이(Transition), 준비(Reception), 초등 전(Preprimary) 등 다양하게 명명되고 있다. 이 단계의 교육내용은 주로 아동의 전체적인 발달과 초등교육과 관련된 교육과정에 초점을 둔다. 퀸즐랜드와 서부 호주를 제외한 모든 주와 특별지구에서 예비교육 단계를 초등교육의 한 단계로 간주한다.

의무교육은 6세에서 15세까지(타즈마니아는 16세까지)이지만 대부분의 아이들은 5세부터 교육을 받기 시작한다. 초등교육은 주에 따라 교육기간이 다른데 수도 특별지구, 뉴사우스웨일즈, 타즈마니아, 빅토리아는 6년이고, 그 밖의 주는 7년 간 이루어진다.

호주의 교육부와 6개 주의 교육부는 전체 교육과정에 대한 기본적인 틀만을 제공할 뿐 가르치는 교육내용에 대한 전적인 권한은 담당교사에게 있다. 호주 초등교육은 학습내용이 실용교육과 창의성의 진작을 위한 교육으로 구성되어 있다. 도서관, 미술관 및 박물관 견학, 공공기관 방문, 자연 보호활동, 실제 운동경기 참여, 실험 실습 등의 현장학습이 강조되며, 학생 스스로 혹은 소집단 속에서 협동하여 자료를 수집·발표하고 보고서를 제출하는 프로젝트식 수업이 보편화되어 있다. 수업시간은 하루 보통 5시간이고 수업일수는 연간 200일이다. 초등학교 졸업 시 규격화된 졸업시험이나 자격증은 없으며, 마지막 6년 과정을 마치면 자동적으로 중등학교에 진학한다. 학기는 1월 말 또는 2월 초에 시작하여 12월 초까지 계속되며, 1년은 통상적으로 4학기(1월, 4월, 7월, 10월)로 나뉘어져 있고 모든 학교는 교복을 착용한다.

3) 중등교육(Secondary Education)

12~13세가 되는 7학년이나 8학년부터 5~6년간 실시되는 중등교육은 전기과정(7~10학년까지)과 후기과정(11학년~12학년)으로 구분된다. 전기중등교육은 초등교육과 더불어 의무교육기간이다.

대부분의 공립학교는 남녀공학이지만 사립학교의 3분의 1정도는 남학교이거나 여학교이다. 호주 학생들은 중등교육과정을 거치면서 진로를 결정한다. 처음 1~2년의 중등과정에서는 모든 학생들이 공통과목을 수강하며, 그 후에는 핵심과목을 기본으로 학생들의 능력과 선택에 따라 다른 과목을 선택할 수 있다. 핵심과목은 영어, 수학, 외국어, 과학, 기술, 역사, 지리, 보건 및 체육, 예술이고, 선택과목은 상업, 경제학, 컴퓨터, 음악, 가정경제학 등이다.

수업 진행은 초등학교와 마찬가지로 학생이 직접 참여해서 자료를 수집하여 논문을 작성하는 방식을 취하며, 이는 기본 교육방식으로서 대학 교육까지 이어진다. 중등교육의 수업시간은 5.5시간이고 연간 수업일수는 200일이다. 대학 진학을 목표로 하는 학생들은 후기과정인 11, 12학년까지 진학하여 대학입시를 준비하는 데 반하여 진학을 원치 않는 학생들은 전기과정인 10학년까지만 마치고 직업전선에 뛰어들거나 직업교육 학교로 진학하여 취업을 위한 전문적 훈련을 받는다.

4) 직업교육훈련과정(Vocational Education and Training)

호주의 직업교육은 19세기 후반 식민지 시절부터 시작된 오랜 전통을 가지고 있다. 기술계속교육(Technical and Further Education: TAFE)으로 통용되던 직업교육이 현재는 직업교육훈련(Vocational Education and Training: VET)이라는 용어로 대체되었다. 직업교육훈련과정은 기초학업능력과 노동시장에서 필요한 기술이 연계적으로 제공되도록 교육과정을 설계하여 운영하고 있다. 이 과정은 직업에 보다 연관되는 실질적이고 전문적인 학업에 중점을 주는 실무 중심의 교육이라고 할 수 있다. 2015년 기준에 의하면, 약 450만 명의 학생이 국가의 재정 지원을 받는 직업교육훈련과정에 등록하고 있는 것으로 나타났다(Department of Foreign Affairs and Trade, 2016). 일반적으로 학생들은 학기 중 일정 기간의 현장실습 기간을 이수하여야 하며, 이러한 연수 과정은 산업계의 협조를 통하여 국내 및 국제 현황에 맞추어 유지되도록 지속적으로 개정되고 있다.

VET 과정의 자격증 발급과 법적인 책임은 주정부와 지방정부에 있다. 또한 주정부와 지방정부는 교육을 책임지는 연방장관과 주장관 모임인 내각위원회(The Ministerial Council: MINCO)에 참여함으로써 VET의 국가정책 목표와 우선순위 결정을 보조하기도 한다. 주정부와 지방정부는 공적인 자금을 기술 및 직업 교육기관(Technical and Further Education: TAFE)과 지역 및 사립 직업 교육훈련기관에 할당함과 동시에 이러한 기관들의 행정관리에 대한 책임도 있다. VET 과정에 대한 국가전략 개발, 정책 검토, 프로그램 관리 등 전반전인 운영은 2011년 이후부터는 **호주 기술질관리기구**(the Australian Skills Quality Authority: ASQA)가 주관한다.

　호주의 직업교육훈련과정은 산업체 주도 교육, 국가 인증 주도 교육, 도제견습제를 통한 교육의 세 가지 유형으로 구성되며 모든 훈련 프로그램과 평가기준은 전국적으로 합의된 기준에 의거하여 이루어진다. 주정부 또는 지방정부에 의하여 운영되는 VET 과정 제공 기관들은 공인등록훈련조직체(Registered Training Organizations: RTOs)로 등록되어야 그 효력을 인정받는다. 호주 전체에 약 5,000개의 RTOs가 설치되어 있다. RTOs는 국립대학, 기술 및 직업 교육기관(TAFE), 전문기관, 사립 직업 교육기관, 성인 및 지역사회 훈련기관으로 이루어진다. 이 중 TAFE는 주정부와 지역정부가 운영·관리하는 기관으로서 전문대학과 개방대학교의 성격을 가진 국민 교육기관이라 할 수 있다. 호주 전체에 RTOs에 등록되어 있는 TAFE는 59개이다. 대부분의 TAFE 과정은 각 산업청과 밀접하게 연계되어 운영되고 있지만 또한 성인의 특별취미, 자기개발, 여가활동 등 다양한 교육 프로그램 등을 제공하고 있어 성인교육에 큰 역할을 담당하고 있다.

　VET 과정은 6개월에서 3년까지의 기간으로 나뉘어져 있다. 기초, 단순 기술을 공부하는 단기간 수료 과정 1단계에서 4단계에 해당하는 자격증 I∼IV(Certificate I∼IV) 단계에서부터 전문적으로 구체적인 학습 능력을 요구하는 준학사 혹은 고급 준학사과정(Diploma/Advanced Diploma)에 이르기까지 학생들은 자신의 목적에 맞는 과정을 선택할 수 있다. 자격증 I은 보통 3개월에서 6개월 과정으로 직업기술 개발을 위한 기초과정에 해당하는 자격체제이고, 자격증 II와 III은 6개월에서 1년 과정으로 기본지식과 기초지식을 구체화하는 과정에 해당하고, 자격증 IV는 광범위한 교육내용으로 구성되어 있는 1년 과정에 필요한 자격기준이다. 호주의 정규 기술 전문대학에서 수여하는 Diploma와 Advanced Diploma 과정은 한국의 2년제 전문 학사학위에 준한다.

5) 고등교육(Higher Education)

　호주에는 43개 대학이 있다. 이 중에서 37개가 국립대학이고 4개가 사립이며 국제사립 대학교 2개교이다. 37개 국립대학 중 100년 이상의 전통을 가진 대학은 4개 대학이다. 시드니대학(The University of Sydney)이 1850년, 멜버른대학교(The University of Melbourne) 1853년, 아델레이드대학(The University of Adelaide)이 1874년, 타즈마니아대학(The University of Tasmania)이 1890년에 각각 설립되었다. 37개 각 국립대학은 다양한 전공을 제공하면서 특정 분야에 특성화되어 있다. 연방정부는 연방의회의 입법하에 설립된 호주국립대학(The Australian National University)을 제외하고는 고등교육에 대하여 헌법적인 권한을 가지지 않는다. 신규 대학의 인가 등 고등교육에 대한 주된 책임은 주정부 및 지방정부에 있으며, 연방정부의 역할은 고등교육에 대한 국가정책 개발과 공적인 재정 지원에만 국한된다. 지역교육 질 기준 규제기관(the Tertiary Education Quality and Standards Agency: TEQSA)은 고등교육 질 관리를 총괄하는 국가기구로서 대학 교육기관을 인증하고 7년마다 재등록하는 업무를 담당한다. 호주의 고등교육 부문은 **호주자격기제**(Australian Qualification Framework)에 의해서 질적 수준이 관리되고 있다. 호주자격기제는 대학, 직업기술교육, 각급 학교 등과 연계된 14개의 상이한 자격기준을 총괄하는 국가 시스템으로서 1995년에 도입되어 2000년부터 교육에 대한 질 관리 시스템으로서 정착되고 있다. 2019년 연방정부는 인공지능이 선도하는 기술 환경 변화와 노동시장의 유연성 대두 및 전문 인력 양성체제 개편의 필요성 등에 적극적으로 부응하기 위하여 기존의 호주자격기제를 혁신적으로 개혁한 바 있다. 전통적으로 각 자격의 기준 성취를 나타내던 10개 수준(levels)은 8개의 영역(bands)으로 변경되었으며, 연수 총량 기반의 학습결과는 시간 총량 개념으로 전환되었다. 14개의 자격기준은 8개의 지식(knowledge) 영역(bands)와 6개의 기술(skills) 영역(bands)으로 구성되어 있으며. 세 번째 성취기준인 적용(application)은 엄격하게 영역에 고정되어 있지 않다(Department of Education, 2019).

호주 대학의 특징은 연구 중심의 전통적인 학풍과 세분화된 학사학위과정에 있다. 석·박사의 경우 수업 중심(Coursework)보다 연구 중심(Research)으로 이루어진다. 그러나 경영학 석사(MBA)와 같이 미국에서 발달한 학문분야의 경우에는 교육내용이나 교수방법이 수업 중심으로 진행되기도 한다. 미국의 학사학위와 비교하여 볼 때 호주의 학사학위는 보다 세분화된 학위로서 교양과목의 이수가 요구되지 않는다. 자연과학 분야는 강의, 연습 및 실습으로 구성되어 있고, 인문·사회과학 분야는 주로 광범위한 독서와 연구를 강조한다. 강의는 독서와 자습, 자료분석, 개념과 이론의 이해와 응용, 상이한 관점 및 쟁점 주장들에 대한 이해와 비판적 고찰에 중점을 둔다.

호주 대학의 학위 종류는 다음과 같다.

- 보통 학사학위(Basic or Pass Bachelors Degrees)

한국 대학의 교육과정은 저학년의 교양과목 수강을 강조하는 방향으로 구성되어 있다. 호주의 경우 한국대학에서 학습하는 교양과목은 대부분 12학년 기간 동안 이수된다. 따라서 호주 대학의 경우 한국과 달리 보통 3년이면 학사과정을 마치고 졸업하게 된다. 그러나 의과대학의 경우 6년, 건축·치의학·수의학의 경우는 5년, 법학·공학·농학·일부 예능학과·물리치료학과는 4년을 공부해야 졸업할 수 있다.

- 우등 학사학위(Honours Degrees and Degrees with Honours)

우등 학사학위는 대학 3년을 이수한 보통 학사학위(Pass Degree)와 구분하기 위한 학위제도로서 대학 4년차에 해당하는 해에 우수한 성적을 거둔 상위 등급의 우등생에게 수여한다. 우등 학사학위를 획득하기 위해서는 1년 동안 연구를 심화하여 논문을 제출하여야 한다. 우등 학사학위를 수여받으면 석사학위과정을 이수하지 않고 곧장 박사학위과정으로 입학할 수 있다.

우등 학사학위를 거치지 않은 학생들의 학위는 보통 학사학위(Pass Degree)라 하여 석사 예비과정 학위 1년을 거쳐 석사학위과정 이수 후 박사학위과정에 등록할 수 있다. 대부분의 석·박사과정 이수 희망자들은 우등 학사학위를 거치는데 보통 1등급이면 바로 박사학위(PhD) 입학할 수 있지만 2등급 이하는 보통 석사과정마저도 입학이 어렵다.

- 복수 학사학위(Combined Degrees)

학사학위 수여자가 다양한 전공을 이수한 경우에 수여된다. 많은 대학이 의학·치의학·수의학 학사학위를 관련 분야에 결합하여 학위를 제공하고 있다. 보통 이 학위를 수여 받는 데 1년 정도가 추가기간으로 소요된다.

- 준석사 자격증/준석사학위(Graduate Certificate/Graduate Diploma)

각각 6개월/1년 과정으로 학사학위 소지자(예: 영문학사)가 학부 전공과 관련 없이 특정 분야(예: 컴퓨터 전공)의 지식 또는 기술을 습득할 수 있도록 하기 위한 과정이다.

이 과정을 통하여 타 계열의 학문을 대학원에서 전공할 수 있다.

• 석사 예비과정 학위(Postgraduate Diploma)

학사학위를 마친 학생들 중 바로 석사 학위로 진학하기에는 자격이 부족한 학생이 거치는 1년 석사과정이라고 할 수 있다. 이 학위는 반드시 같은 계열의 전공을 학부에서 이수해야만 입학이 가능한 학위이다. 연구 프로그램 자체가 이수자로 하여금 특별한 직업적·전문적 능력을 갖출 수 있도록 구성되어 있다. 따라서 석사학위를 얻고자 하는 학사학위 소지자뿐만 아니라 이미 대학을 졸업하고 일정한 분야에서 직업적인 경력을 쌓은 사람이 관련 분야에 대한 심층적이고 세부적인 지식을 얻기 위해서 이 과정을 공부하기도 한다.

• 수업 석사학위(Masters Degrees by Coursework or Coursework and Minor Thesis)

수업을 중심으로 또는 수업과 논문작성을 병행하면서 1~2년간 수학한다. 학부 전공이 석사전공과 다르면 입학이 되지 않으며 학교에 따라 관련 경력을 요구하기도 한다.

• 연구 석사학위(Masters Degrees by Research and Thesis)

2년 연구과정으로 입학조건이나 과정이 박사과정과 비슷하다. 수업 없이 연구 주제에 대한 논문으로 학위가 수여되지만, 한두 개 과목의 수업과 병행될 수도 있다. 보통 학사학위만으로 입학이 어려우며 우등 학사학위 또는 석사 이상의 자격 또는 연구 경력을 증명하여야 한다.

• 박사학위(Doctor of Philosophy)

수업 중심이 아닌 연구 중심의 전통적인 박사과정(Doctor of Philosophy: PhD)으로 논문 작성과 해당 논문에 대한 심사에 의해서만 학위가 수여된다. 입학 자격은 연구 석사학위 또는 1등급 우등 학사학위를 갖추고 있어야 하며, 최소 수학 기간은 전일제로 3년이다. 유학생의 경우는 대체로 4~5년을 예상하는 것이 상례이며, 곧장 박사과정을 등록하지 않고 박사 예비과정(PhD Qualifying Course)에 등록하여 6~12개월이 경과한 후 성적 여하에 따라 박사과정으로 전환할 수 있다.

• 전문 박사학위(Professional Doctorate)

미국 등에서 인기 있는 학위 체제이지만 호주에서는 상대적으로 새로운 학위과정이다. 전문영역에서의 실제적 경험을 중심으로 학위과정이 수여된다. 경영학박사(Doctor of Business Administration: DBA), 교육학박사(Doctor of Education: DEd), 심리학박사(Doctor of Psychology: DPsych) 등이 있다.

• 기초과정(Foundation Studies)

학위과정에는 포함되어 있지 않지만 호주의 대학들은 최근 외국 유학생, 특히 고등학교를 갓 마친 학생들은 대상으로 기초과정을 도입하였다. 이 과정은 보통 경상계, 정보공학, 과학, 인문사회계 등의 계열별로 구분되며 1년의 기간 동안 집중적인 영어교육과 함께 학생들을 희망 전공에 따라 계열별로 배치한 후 요구된 성적을 거둔 학생에 한해서 학사 학위과정에 입학시킨다. 따라서 이 코스는 보다 많은 유학생들을 호주 교육에 적응시켜 성공적인 유학 생활을 이끌 수 있도록 도와주는 것을 목표로 한다.

4. 교육개혁 동향

1) 교원양성교육의 특징

우리나라와 달리 호주의 경우, 생애경력 발달단계별(신임교원, 유능교원, 고성취 교원, 수석교원)로 교원의 전문성을 구분하여 단계별로 7개 교원직무수행기준의 요구수준을 차등적으로 적용하고 있으며, 모든 교원양성기관의 교육과정운영은 신임교원과 유능교원에 해당하는 교원직무수행기준을 반드시 반영하도록 법적 강제성을 부과하고 있다(AITSL, 2011b: 6). 이러한 기준은 교사의 전문적인 성찰과정과 지속적 학습을 촉진 지원하는 데 주된 초점이 있으며, 각 주별로 교원양성기관의 인증과 등록을 위한 연방정부 차원의 질 관리 기제로 작동하고 있다. 호주 교원양성교육의 질관리 기제를 보다 상세하게 살펴보면 〈표 6-6〉과 같다.

표 6-6 호주의 교원양성체제 질 관리 기제

구분(유/무)		호주(특징)
국가수준 교사전문 (성) 기준	유(✓)	• 2012년부터 호주 교사 전문(성) 기준(the Australian Professional Standards for Teachers: APST) 제정 운용 −교사 경력발달 4단계(초임/숙련/고성취/선도교사)로 3개 교육영역(전문적 지식 · 실행 · 참여) 148개 핵심 기준으로 구성
	무( )	
지방/대학수준 교사 전문(성) 기준	유(✓)	• 주 차원의 자체 교사 전문(성) 기준을 활용했으나 2012년 이후로 국가 교사 전문기준인 APST 일괄 적용 −예컨대, NSW은 전문교수기준(Professional Teaching Standards)을 2004년부터 2011년까지 활용
	무( )	
교사 전문기준 연동 연봉체제 운영	유(✓)	• APST 3단계 기준(초임/숙련/고성취교사)을 연봉체제 핵심구간으로 설정하여 단계별 성취에 따라 연봉 차등 지급
	무( )	
국가수준 교원양성 질 관리 전담기관	유(✓)	• 교수 · 학교지도성 호주연구소(The Australian Institute for Teaching and School Leadership: AITSL) 2010년 1월 설립, 연방정부와 호주교육부의 대행기관으로서 교원양성기관 질 관리 관련 각종 국가 기제 안내 규정과 참고 기제만 제공
	무( )	
지방수준/대학수준 교원 자격인증 전담 기구	유(✓)	• 6개 주별로 독자적인 교사자격 인증전담 관리기구 존재 −NSW의 경우, 2017년도부터 NSW 교육기준청(NSW Education Standards Authority: NESA)이 교사자격 인증과 교원양성 교육프로그램 인증 전담
	무( )	
예비교원(사범대생) 선발방법	유(✓)	• 교원양성기관 자체 호주대학 입학점수(ATAR) 기준 적용하여 선발, NSW은 ATAR 6등급 중 최소 3등급 이상만 입학 허용, 신입생은 전체 인구의 상위 30%에 해당하는 문해력과 수리력을 갖추어야 함 • Victoria 멜버른대학교 사범대학 석사과정은 지원자의 인지적 능력, 자아진단, 사회적 상호작용, 상황판단 능력을 종합 측정하기 위한 웹 기반 교사역량 평가도구(Teacher Capability Assessment Tool: TCAT)를 개발하여 신입생 선발 기제로 활용
	무( )	
교육실습 지원기구 (주체) · 안내규정	유(✓)	• 6개 주별 교사 자격인증 전담기구에서 주관 −NSW은 NESA가 교육실습 전문 기제(Professional Experience Framework)를 개발하여 운용 −Sydney 사범대학 초등교육 분야 문학사과정은 2~4학년 매 2학기마다 15일, 20일, 30일간 교육실습 참여
	무( )	

교사 법적 자격요건	유(✓)	• APST 4단계 중 2단계인 숙련교사를 정식교사로 인정 　-1단계인 초임교사 자격은 교원양성기관 졸업기관 유형에 따라서 조건인증 교사와 임시인증 교사로 구분 　-모든 교사는 정해진 기간(예: 전일제 임시인증 교사 3년, 전일제 조건인증 교사 4년) 안에 숙련교사로 완전인증을 반드시 취득하여야 함
	무( )	
단위학교와의 협력 네트워크 구축		• 예비교사 교육실습의 현장 연계성과 교직 전문성 제고를 위하여 NSW의 경우, 1,800여 개의 공립학교가 실습 장소로 제공되고 있음 • 2003년도부터 NSW 교육부는 초임교사 재직비율이 높은 90~100개 학교를 대상으로 멘토교사 프로그램을 운영 　-약 50명의 멘토교사가 전체 공립학교 초임교사 60%의 교직 전문성 개발 보조를 담당
교사자격 취득 경로		• 세 가지 경로가 있음 　-사범대학 4년간 학부과정 졸업(예: 교육학 학사) 　-3년 또는 4년간 학부과정 이수 후, 1년간 교수분야 준석사학위(Diploma of Teaching)나 2년간 교수분야 석사(Master of Teaching) 취득 　-교수학 학위(Bachelor of Teaching)/문학사 학위(Bachelor of Arts)와 같은 복수학위 프로그램 이수
초임교사 임용경로·방법		• 6개 주별 교사 자격인증 전담기구가 인증한 교원양성 교육 프로그램 이수자는 개별 학교를 통해 초임 수습교사로 계약
초임교사 연수방법		• 숙련교사 단계로의 완전인증을 위하여 고성취·선도교사가 초임교사의 교수실제와 교수활동을 개선하는 멘토교사로서 코칭 역할을 담당
교원전문성(현직연수) 개발 방법		• NSW의 경우, 모든 숙련교사와 고성취 교사·선도교사는 매 5년마다 해당 단계의 인증을 교원 전문성 개발 활동을 통하여 지속적으로 유지하여 함 　-숙련교사는 5년 안에 100시간 교원 전문성 개발 프로그램 이수(NESA 인증 프로그램 50시간, 교사 연찬활동 50시간) 　-고성취 교사·선도교사는 5년 기간 내에 100시간 중 NESA 인증 프로그램 20시간, 멘토링과 실천연구 수행 등 교육실제 개선 활동을 최소 20시간 이수

교원양성 기관평가	유(✓)	• AITSL이 교원양성기관 평가에 필요한 제반 기준과 운영 절차를 안내하고, 각 주의 교사 자격인증 전담기구가 평가인증을 실시 −국가교사 전문(성) 기준(APST)의 1단계 '초임교사 기준'과 '교원양성 교육프로그램 기준'을 병합해서 인증평가 실시 −4인~6인 패널위원회가 인증심사를 주관하며, 인증평가는 2단계로 실시됨(1단계 평가인 첫 인증을 통과한 교육기관은 2단계 평가 절차로 5년 안에 교육 프로그램 효과 증거에 대한 인증을 받음)
	무( )	
교원평가	유(✓)	• AITSL이 APST에 근거한 호주 교사 수행성과 · 전문성 개발 기제(Australian Teacher Performance and Development Framework)를 교원평가 안내 준거로 제시 −현직 교사의 직무처리 역량과 교원 전문성 수준을 평가하기 위하여 성찰과 교육목표 설정(reflection and goal setting), 전문적 실제와 학습(professional practice and learning), 환류와 검토(feedback and review) 3단계로 구성 −법적 의무사항은 아니며 단위학교 수준에서 최소 연 1회 실시를 권고하고 있으며, 교원평가 공통항목은 학생 성과, 동료교사 평가, 수업참관 형태임 • NSW 주정부는 공립학교 교장 · 경영자 · 교사 수행성과 · 전문성 개발 기제(Performance and Development Framework for Principals, Executives and Teachers in NSW Public Schools)를 운영하고 있음
	무( )	
기타 특징		• 교원양성 · 자격 · 임용 · 연수 · 평가 · 임금체계 등을 포괄하는 국가수준 교사 전문(성) 기준(APST) 적용을 통하여 교육현장 기반의 이론 · 실제 융합형 교사 질 관리 기제가 운영되고 있음 • 현장 수요기반 재정지원 체계(need based funding) 실행으로 중앙정부의 교육정책 영향력이 강화되고 있는 추세임 −그러나 지방자치제 확립으로 인하여 국가적 차원에서는 교원양성기관 질 관리를 위한 교육정책 방향성과 안내 규정만 제공하며, 관련 교육정책 실행과 교육제도 운영은 주정부 책임임

2) 정책적 시사점

교육제도 개선과 교육정책 집행과정은 각 나라의 역사적 상황, 문화적 여건, 정치적 지형, 사회적 쟁점, 인구경제 구조, 사회 각층의 이해관계 등이 첨예하게 맞물려서 종합적으로 이루어지는 경향이 있다. 따라서 특정 국가의 교육개혁 노력이나 교육정책 성과를 해당 국가의 맥락 특수성과 상황 여건에 대한 체계적 이해과정을 생략한 채 한국의 교육 현실에 단순 차용하여 일괄 적용하는 것은 문제가 있을 수 있다. 예컨대, 호주의 초임교사 대상 교육 프로그램 인증제도는 한국의 교원양성기관 평가와 그 역할 및 기능이 매우 유사하다고 볼 수 있다. 그러나 한국과 다르게 입학정원 조정이나 강제적인 법적 제약이 동반되지 않는다는 점에서 극명하게 대비된다.

이러한 차이점은 호주와 한국의 교원양성체제 도입 역사나 운영 상황이 현저하게 상이한 점(우수학생 유입 한계 vs 최우수 학생의 경쟁적 입학, 졸업과 동시에 교직입문 기회 제공 vs 경쟁이 치열한 임용고사 합격 후 교직입문, 자율분권 교육행정 거버넌스 vs 중앙집권 교육행정 거버넌스 등)에 크게 기인한다고 볼 수 있다. 그럼에도 불구하고 "교원양성기관 질 제고"라는 교육 현안에 대한 합리적 대안 탐색과 문제해결책 도출이라는 관점에서 호주의 관련 제도 개혁과 정책집행 사례는 실천적 참조 기제로서 유의미한 정책적 시사점을 제공해 준다고 할 수 있다. 이를 살펴보면 다음과 같다.

첫째, 생애경력 발달단계별 교원 전문성 개발을 위한 국가수준의 교사 전문(성) 기준 제정과 활용이다. 교직경력 발달단계별로 각기 다른 수준의 능력과 소양을 가지고 있는 교원(초임교사, 숙련교사, 고성취 교사, 선도교사 등)에게 동일한 교육 역량과 업무수행능력 기준을 요구하는 것은 교원의 개인 여건과 발달단계 및 단위학교의 교육 현장 상황을 체계적으로 고려하지 못한 매우 협소한 접근으로 규정될 수 있다. 교원의 전문성 발달은 생애경력별로 이루어지기 때문에 국가수준의 전문(성) 기준은 우수교사가 반드시 갖추어야 할 공통적인 핵심역량과 각 발달단계 특성을 반영하는 차별화된 전문능력 기준을 동시적으로 개발하여 운용할 필요성이 있다. 4개 전문성 발달단계별 3개 교수영역(전문적 지식, 전문적 실행, 전문적 참여) 148개 핵심기준을 국가적 수준에서 구안하여 실행하고 있는 호주의 교사 전문 기준은 이를 위한 실천적 연구의 방향성을 제시해 줄 수 있다.

둘째, 교육현장 기반의 이론·실제 융합형 교사 질 관리 기제 운용이다. 우수교사 확보와 교원 전문성 함양을 위한 교육제도 개선과 교원정책 혁신 노력은 교원양성기관 운영 내용 수준의 측면에만 국한되기보다는 양성·자격·연수·임금체계 등을 포괄하는 국가수준의 질 관리체제 확립에 의해서 실행될 필요성이 있다. 호주는 초임교사 전문기준을 교사양성 교육 프로그램 내용 구성과 운영 실행에 반영하게 하고, 이를 교원양성기관 인증평가의 일부 준거로 활용함으로써 교원양성 이론체계와 단위학교 현장의 교사 직무 수행능력 간의 연계적 통합성을 강화하는 정책적 노력을 기울이고 있다. 이는 결국 교육이론과 교육실제의 실천적 융합을 유도하는 개혁시도로 간주될 수 있다.

또한 호주 교사 전문기준은 교원양성기관 졸업자를 임시인증 교사로 규정하고, 전일제 교사의 경우 3년 안에 숙련교사 기준에 부합하는 교수실제 역량을 증명할 때에 한해서 정식교사로서 완전 인증자격을 부여한다. 이 과정에서 단위학교 교장과 감독교사의 동료장학에 근거한 관찰 보고서도 중요한 인증자료로 활용된다. 이는 숙련교사의 전문성 발달이 철저하게 학교 기반의 직무수행과 현장 중심 교직문화 속에서 이루어짐을 예시한다. 숙련교사 인증단계는 한국과 수평적으로 비교해 볼 때 학습지도계획과 수업평가를 주도적으로 수행할 수 있는 전문역량을 갖추었다는 의미에서 1급 정교사 자격증 취득과 매우 유사하다. 1급 정교사 자격은 임용고사 합격자가 통상 3년 이상의 교육경력 취득 이후, 방학 중 3주간의 집중 자격연수과정을 통해서 취득하는 구조로 이루어져 있다.

그런데 1급 정교사 자격 취득이 과연 교직 직무수행 역량 제고에 얼마나 기여하고 있는가에 대한 교육현장의 평가는 그리 높지 못한 상황이다. 20년 후의 교감 승진 심사과정에서 1정 자격연수 성적이 괄목할 만한 영향력을 행사한다는 교육현장의 자조적 평가 이외에 교원 전문성 개발에 기여하는 긍정적 요인을 찾아보기 힘든 실정이다. 따라서 한국적 상황에서 호주 교사 전문(성) 기준 '인증체제'의 현실적 적용과 활용방향에 대한 연구도 필요한 시점이다. 동시에 현행 교원의 호봉체계는 열심히 일하는 사람에 대한 동기부여와 실질적 보상체계가 제공되고 있지 못한 상황이다. 호주의 교사 전문(성) 기준 기반 연봉체계는 이를 극복할 수 있는 실천적 대안으로 간주될 수 있다.

셋째, 교육이해당사자 간의 협력적 거버넌스에 근거한 교원교육 정책의제 설정과 집행과정이다. 국가 교육정책 실행과정에 있어서 호주 중앙정부와 주정부의 긴장관계를 기술하기 위하여 "강압적 연방주의"라는 용어를 호주 학계에서 사용하고 있지만 이는 우리의 중앙집권적 하향식 정책결정과는 의미가 철저하게 다름을 유의할 필요가 있다. 호주 거버넌스 운영체계는 「헌법」에 의하여 철저하게 '자율'과 '분권'에 기반을 둔 지방자치제도가 확립되어 있다. 또한 선거결과에 따라서 연방정부와 주정부의 집권당이 전혀 다를 수도 있다. 최근 들어 "수요기반 재정 지원 체제"로 중앙정부의 정책적 입김이 강화되는 추세이지만, 주정부에서 이를 수용하지 않으면 중앙정부 차원에서는 무력감을 느낄 수밖에 없는 구조이다. 따라서 국가수준의 통일된 교육정책 실행을 위해서는 연방정부와 주정부 간의 긴밀한 협의 과정과 대승적 타협은 필수적으로 요구된다. 한국의 경우 지방교육행정 조직 수준에서 교원 질 제고를 위한 다양한 교육개혁 노력이 진행되고 있는 상황이다. 중앙교육행정조직과 지방교육행정조직 및 기타 유관기관이 공교육을 책임지고 있는 우수 교원양성을 위해서 교사양성교육체제의 혁신적 재구조화를 위한 협력적 담론과 발전적 교류가 그 어느 때보다도 필요한 상황이다. NSW의 전문교수기준안이 상향식 정책집행과정을 통해서 국가수준의 호주 교사 전문(성) 기준으로 발전 전환된 과정은 교육정책 담당자에게 참조할 만한 유의미한 협력적 정책개발과 집행 사례로 간주될 수 있다.

참고문헌

강대구, 박선형(2005). 호주, 뉴질랜드와 미국의 교원자격기준 동향 비교 연구. 비교교육연구, 15(3), 141-175.

박삼철(2008). 교사 전문성 발달 단계를 반영한 호주의 교사자격제도 분석. 비교교육연구, 18(3), 49-71.

박삼철(2013). 호주의 교원교육 연구 동향. 한국교원교육학회 연차학술대회 자료집.

박선형(2012). 호주의 교육제도와 발전과제. 정일환 외 공저, 비교교육학 이론과 실제. 교육과학사.

박선형(2016). 호주의 고등교육개혁과 오세아니아 비교교육학 연구동향 분석. 비교교육연구, 26(1), 61-89.

한국교육개발원(2019). 미래사회 교원양성기관 질 제고를 위한 국제 비교 연구. 한국교육개발원 연구보고.

Australian Bureau of Statistics (2008). *Primary and Secondary Education*. Year Book Australia.

Australian Institute for Teaching and School Leadership(AITSL) (2011a). 국가 수준 교사 전문성 기제. http://www.aitsl.edu.au/ta/go/home/pid/799

Australian Institute for Teaching and School Leadership(AITSL) (2011b). 국가 수준 교사 전문성 기제 관련 질의응답. http://www.aitsl.edu.au/ta/go/home/pid/799.

Australian Institute for Teaching and School Leadership(AITSL) (2018a). Accreditation of initial teacher education programs in Australia: Standards and procedures.

Australian Institute for Teaching and School Leadership(AITSL) (2018b). One teaching profession: Teacher registration in Australia.

Burns, D., & McIntyre, A. (2017). *Empowered educators in Australia: How high performing systems shape teaching quality*. Jossey-Bass.

Darling-Hammond, L. (2017). Teacher education around the world: What can we learn from international practice? *European Journal of Teacher Education, 40*(3), 291-309.

Department of Education (2019). Review of the Australian Qualifications Framework. *Australian Government Department of Education*. https://www.education.gov.au/higher-education-reviews-and-consultations/australian-qualifications-framework-review

Department of Foreign Affairs and Trade (2016). The Australian education system: Foundation level. *Australian Government Department of Foreign Affairs and Trade*. https://www.dfat.gov.au/sites/default/files/australian-education-system-foundation.pdf

Gonski, D. M., Boston, K., Greiner, K., Lawrence, C., Scales, B., Tannock, P. (2012). *Review of funding for schooling*. Australian Government Department of Education.

Harris-Hart, C. (2010). National curriculum and federalism: The Australian experience. *Journal of Educational Administration and History, 42*(3), 295-313.

Hemmon, X. (2017. 5. 31.). Changes to the National Education Act: Simplified objective and a focus on evidence-based results. *School Governance*. http://www.schoolgovernance.net.au/2017/06/01/changes-to-the-national-education-act-simplified-objectives-and-a-focus-on-evidence-based-results/

McGowan, M. (2019. 1. 6.). Labor to introduce minimum Atars for teaching degrees if unis don't lift standards. *The Guardian*. https://www.theguardian.com/australia-news/2019/jan/06/labor-to-introduce-minimum-atars-for-teaching-degrees-if-unisdont-lift-standards

NSW Education Standards Authority (n.d.). https://www.educationstandards.nsw.edu.au/wps/portal/nesa/home

NSW Government Website-Eduation (n.d.). https://www.teach.nsw.edu.au/exploreteaching/salary-of-a-teacher

PARLIAMENT of AUSTRALIA (n.d.). Senators and members. *PARLIAMENT of AUSTRALIA*. https://www.aph.gov.au/senators_and_members

Queensland college of teachers (n.d.). https://www.qct.edu.au/

Robinson, N. (2018. 9. 18.). Students with lowest ATAR scores being offered places in teaching degrees: Secret report. *ABC News*. https://www.abc.net.au/news/2018-09-18/students-lowest-atar-scores-teaching-degree-offers-secret-report/10200666

Teacher quality institute (n.d.). https://www.tqi.act.edu.au/

Teacher registration board of south australia (n.d.). https://www.trb.sa.edu.au/

Teacher registration board of the northern territory (n.d.). https://www.trb.nt.gov.au

Teacher registration board of western australia (n.d.). https://www.trb.wa.gov.au/

Teacher registration board tasmania (n.d.). https://www.trb.tas.gov.au/

Victorian institute of teaching (n.d.). https://www.vit.vic.edu.au/

제**7**장

뉴질랜드의 교육제도와 교육개혁 동향

1. 사회문화적 배경

뉴질랜드는 오세아니아에 위치한 영연방 국가이다. 뉴질랜드의 공식 국가명은 영어로는 New Zealand이고, 원주민인 마오리족(Maori)의 언어로는 '길고 하얀 구름의 땅'이라는 뜻을 가진 Aotearoa(아오테아로아)이다. '아오테아로아'라는 이름은 뉴질랜드를 처음 발견한 서기 950년 폴리네시안 항해가인 쿠페(Kupe)가 당시 부인과 함께 몇 개월 동안의 항해 도중에 멀리 섬 모습을 발견하자 그의 부인이 쿠페에게 "저건 구름이에요. 육지가 아니에요. 희고 긴 구름—아오테아로아"라고 말한 데서 비롯된 것이다. 그리고 New Zealand라는 이름은 1642년 네덜란드의 탐험가 아벌 타스만(Abel Tasman)이 뉴질랜드를 발견하고 그 경치가 너무나도 아름다워서 모국인 네덜란드의 해안지방 제일란트(Zeeland)주의 이름을 따서 '새로운 제일란트'라고 명명한 데서 비롯된 것이다. 오늘날 '뉴질랜드'라는 영어 국명과 '아오테아로아'라는 마오리어 국명은 뉴질랜드 정부기관과 행정부에 의해서 관습적으로 대등한 지위를 갖고 사용되고 있다.

뉴질랜드는 남반구에 위치하고 있으며, 남섬과 북섬을 비롯하여 많은 섬으로 이루어진 나라이다. 가장 큰 남섬과 북섬은 남위 34~47도 사이에 있고, 남섬과 북섬 사이에는 쿡 해협이 있으며 20km 정도 떨어져 있다. '얼음의 섬'이라고 할 수 있는 남섬은 영국 빅토리아 시대 이후 개발이 되지 않은 곳이 많아 그 시절의 모습을 아직도 간직하고 있고, 험준한 습곡 산맥이 많은 지형으로 산의 정상에는 일 년 내내 녹지 않는 빙하가 있으며 웅대한 규모의 피오르드(Fjord)가 모여 있다. 이 빙하가 녹은 물로 만들어진 거대한 호수가 많이 있으며, 그 빛깔이 너무나 신비롭다. 그리고 이 웅대한 규모의 피오르드가 모여 있어서 세계적으로 유명한 관광명소가 많으며 밀포드 사운드(Milford Sound)가 대표적이라 할 수 있다. '불의 섬'이라고 할 수 있는 마름모꼴 형태의 북섬은 상대적으로 대도시들이 많고 현대화가 잘 되어 있는 편에 속하고, 많은 화산 지대로 이루어져 있으며, 섬 중앙에는 넓은 지열 지대가 형성되어 있어 온천과 간헐천이 많으며 로토루아(Rotorua)가 대표적인 온천지역으로 유명하다.

뉴질랜드의 총 국토 면적은 약 26만 8천km²로서 영국보다 조금 더 크고 한반도 넓이의 약 1.3배(대한민국의 약 2.6배)가량이며, 총 인구는 2022년 기준 약 515만 명 정도로 추산되고 있다. 인구분포를 보면 파케하(Pakeha)라 불리는 유럽계 백인이 대다수를 차지하며, 가장 큰 소수 민족은 원주민인 마오리족이며, 이어 아시아인, 태평양 제도인 순이다. 이러한 인구 구성은 비교적 빠른 속도로 변하고 있는 편이며, 한때 감소하여 10% 미만이었던 원주민 마오리족은 국가적 차원에서 보호정책을 펴면서 14% 이상으로 증가하였고, 90%까지 차지하던 유럽계 백인은 아시아계 이민 증가로 상대적으로 낮아져 74%를 차지하고 있다. 남반구에 있기 때문에 한국과는 계절이 정반대로 1월이 가장 덥고 7월이 가장 춥다. 기후는 온화한 해양성 기후로 한서의 차가 적고 비교적 온난하나 일교차가 심하다. 뉴질랜드는 날짜 변경선에 가장 가까이 있고, 한국보다 3시간이 빠르다.

뉴질랜드의 종교는 인구의 약 50% 이상이 기독교이며, 그중에서도 뉴질랜드 성공회가 가장 많은 수를 차지하고(24.3%) 그다음이 장로회(18%), 가톨릭(15%)의 순이다. 그러나 이는 공식 기록일 뿐이고 명목상 신자에 불과해서 이들 중 대다수는 종교 응답만 기독교라고 답할 뿐 실제로 주일예배에 가는 사람은 고작 4%정도밖에 안된다고 한다. 명목상 기독교일 뿐이라 교회는 태어나서 세례 받고 부활절과 크리스마스 그리고 결혼식과 장례식 등으로 가는 곳 정도로 인식되고 있다.

1840년 영국인의 이주민을 돕고 마오리족 추장들로부터 뉴질랜드 주권을 영국 정부에 이양하는 서약을 받아 내도록 파견되었던 윌리엄 홉슨(William Hobson)이 영국 정부를 대표하고 호네 헤키(Hone Heke)가 마오리족을 대표하여 1840년 2월 6일 뉴질랜드의 역사상 가장 중요한 사건인 와이탕이 조약(Threaty of Waitangi)에 서명함으로써 뉴질랜드의 새로운 역사가 시작되었다. 조약이 서명된 2월 6일은 '와이탕이 날(Waitangi Day)'이라는 이름으로 국경일로 지정되어 매년 기념행사가 성대히 치러지고 있다. 와이탕이 조약의 체결로 뉴질랜드는 사실상 영국의 식민지가 되었다. 그 후 토지문제로 원주민과 이주자 사이에 갈등이 심화되어 1860년에 마오리군과 영국군 사이에 마오리 전쟁(1860~1865)이 발발하기도 하였으나, 1880년대 뉴질랜드 정부의 마오리 부흥운동으로 말미암아 마오리인들은 뉴질랜드 국민으로서 당당히 살아가고 있다.

와이탕이 조약이 체결되던 시기까지는 와이탕이에서 지리적으로 가까운 러셀(Russel)이 수도의 기능을 하였으나, 조약이 체결된 후 뉴질랜드는 현대 국가로의 발돋움을 시작하게 되었고, 정식으로 수도가 필요하게 됨에 따라 1840년에 오클랜드(Auckland)가 뉴질랜드 최초의 수도로 공식 지정되었고, 1852년에 「헌법」이 공포되었으며, 1854년에는 첫 의회가 개최되었다. 1860년대에 들어서서 남섬에서는 골드러시를 이루었고 당시 북섬에서는 마오리 전쟁 중이었기 때문에 많은 백인들이 골드러시를 노려서 북섬에서 남섬으로 이주를 하였다. 그때까지 남섬에 비해서 경제력이 압도적으로 우위에 있었던 북섬이 마오리 전쟁으로 인한 황폐와 사회의 어수선함 및 남섬의 급격한 경제부흥 등으로 정치의 중심지로서 존재할 수가 없게 되어 북섬의 정치가들이 당시에 오클랜드에 있던 수도를 남섬에 가까운 웰링턴(Wellington)으로 옮김으로써 남북 양쪽 섬의 균형을 맞추려고 하였다. 이렇게 하여 오클랜드가 수도로 지정된 지 25년 만인 1865년에 수도의 자리를 웰링턴으로 넘겨 주게 되어 수도 웰링턴이 탄생하였고, 그 이후로 웰링턴은 계속하여 오늘에 이르기까지 수도의 역할을 하고 있다. 그렇지만 여전히 뉴질랜드 최대 도시면서 경제 중심지의 역할을 하고 있는 곳은 오클랜드이다.

뉴질랜드의 정치체제는 입헌군주제이며, 영국 여왕이 국가원수이지만 상징적 존재에 불과하고 일찍부터 영국식 의원내각제 민주주의가 발달해 실질적인 정치는 총리가 이끌고 있다. 1890년에 총선거가 실시되었고 압도적인 승리로 자유당 정권이 수립되었다. 자유당 정권은 잇달아 정치개혁을 단행하였는데, 1893년에 세계 최초로 여성에게 선거권을 부여한 것을 비롯하여 토지개혁과 「노령 연금법」의 제정 등이 시행되었다. 영국의 식민지로 출발했던 뉴질랜드는 1910년에 영국의 자치령으로 승격되었으며, 여성에게 선거권이 부여된 지 26년 만인 1919년에는 여성에게 피선거권이 부여되었다. 1931년에는 국민당이, 그리고 1935년에는 노동당이 집권하였는데, 노동당 정권은 1938년에 「사회보장법」을 실시하여 복지국가의 기틀을 다지기도 하였다. 1947년에는 영국으로부터 완전히 독립하였으며, 우리나라와는 1962년에 국교를 수립하였고 1978년에는 무역협정을 체결하였다.

현재 뉴질랜드는 국민당과 노동당의 양당 체제를 이루고 있으며, 1990년 이후 국민당의 짐 볼저(Jim Bolger) 수상이 집권해 오다가 뉴질랜드 사상 최초의 여성 총리인 노동당의 제니 쉬플리(Jenny Shiply) 여사에 이어 헬렌 클라크(Helen Clark) 여사가 집권했으며, 2008년 총선에서 9년 만에 재집권에 성공한 국민당의 존 키(John Key)가 9년간 총리를 맡다가 2017년부터 노동당의 저신다 아던(Jacinda Ardern)이 헬렌 클라크 총리 이후 9년 만의 정권 교체를 이루고 제40대 뉴질랜드 총리를 맡았다. 저신다 아던 총리는 한 나라의 지도자이면서도 재임 중 출산하여 워킹맘이라는 보기 드문 지위를 지닌 인물로, 전례 없는 코로나19 팬데믹, 끔찍한 국내 테러 공격, 화산 폭발 등 굵직한 사건 및 사고 속에서 뉴질랜드를 이끌다가 사임하였다. 저신다 아던의 뒤를 이어 2023년부터 노동당의 크리스 힙킨스(Chris Hipkins)이 뉴질랜드자 제41대 총리로 취임했다. 뉴질랜드 총리는 3년 중임제이며, 3번 중임은 가능하고 최대 임기는 9년이다.

뉴질랜드 경제에서 낙농업과 관광산업이 가장 중요한 부문이며, 환경보존에 각별히 신경을 쓰는 나라이기 때문에 공해를 배출하는 업종은 발붙이기가 어렵다. 수출 총액의 반 이상이 농·축산물이며, 석유와 공업 제품은 대부분 수입에 의존하고 있다. 그리고 뉴질랜드의 학교, 사회 또는 경찰, 세무, 행정 등 다른 어떤 분야에서도 부패 사례는 극히 찾아 보기가 어렵고, 세계에서 청렴도가 매우 높은 공무원으로 정평이 나 있다. 독일 베를린에 본부를 둔 반부패 운동 단체인 국제투명성기구(TI)가 발표한 2022년 투명성 지수의 국제비교에 의하면, 뉴질랜드는 덴마크에 이어 핀란드와 공동 2위를 기록하고 있다.

뉴질랜드는 비교적 원주민인 마오리족과 타협과 공존을 잘 유지한 역사를 가지고 있으며, 19세기 말에서 20세기 초에 걸친 영국의 사회주의 운동으로 말미암아 복지제도를 본토에 적용하기 전에 호주와 뉴질랜드를 대상으로 제도적 실험이 행해져 왔던 이유 등으로 뉴질랜드 국민 사이에는 평등정신이 강하며 사회적·경제적인 상하 계급으로 나누는 데 거부감이 크다. 이런 사회적 토대를 바탕으로 세계 최초로 양로 연금 제도를 실시하고 완전고용과 실업수당제도, 무상의료, 대학까지 무상교육제도 등 사회보장제도를 발전시키고 있다. 그러나 2012년에 뉴질랜드는 복지의존도를 높이는 수동적인 복지제도에서 탈피해 근로 중심의 능동적 복지제도로 전환하였다. 자녀를 둔 편친(solo parents)과 미망인 등 수당 수혜자들의 근로 의무를 강화하고, 장기적으로 수당에 의존할 가능성이 큰 10대 청소년 부모들이 자립할 수 있도록 도움을 제공하는 것을 골자로 하고 있다.

　뉴질랜드 국민들은 휴일과 휴가 및 방학을 최대한 즐기며 산다. 이른바 홀리데이 (holiday)를 최대한 만끽하며 생활하고 있다. 기회만 있으면 여행을 하고 스포츠나 레저를 즐긴다. 럭비가 뉴질랜드의 국기이고, 남녀 공히 단연 세계 최강이며, 국가대표 럭비 팀은 'All Blacks'로 알려졌다. 서핑, 요트 그리고 조정 등도 인기 있는 레저이다. 축구 대표팀은 'All Whites', 농구 대표팀은 'Tall Blacks'로 알려져 있다. 뉴질랜드 사람들이 집안에서 시간을 보내기보다는 야외에서 다양한 스포츠나 레저를 즐기는 까닭은 뉴질랜드 전 국토가 스포츠 필드라고 해도 과언이 아닐 만큼 스포츠 시설이 잘 조성되어 있고, 즐길 수 있는 스포츠 종류가 상상을 초월할 정도로 많으며, 자연이 아름답고 환경오염이 없는 깨끗한 나라이기 때문이다.

　뉴질랜드에서 사용되는 키위(Kiwi)는 뉴질랜드의 국조(國鳥)인 날지 못하는 야행성 새 이름이기도 하고, 과일 이름이기도 하며, 뉴질랜드 현지인을 지칭하는 말이기도 하다. 마오리어는 공식적인 행사에서는 필히 사용되며 정부기관의 부서명에도 반드시 사용되고 있다. 마오리족의 민속무용인 하카(Haka)는 여러 명이 통일된 동작으로 힘차고 리듬감 있게 몸을 율동하면서 박진감 넘치는 우렁찬 목소리로 노래를 부르며 추는 무용인데, 마오리족은 전통적으로 전쟁이나 운동경기를 시작하기 전에 하카를 통해서 힘을 결집시키고 승리를 위한 용맹성을 촉발시키고 있다. 그리고 마오리족의 전통적인 인사법인 홍이(Hongi)는 코와 코를 마주 대고 우정과 반가움 그리고 환영을 표시한다. 코를 마주 대기는 하지만 비비지는 않는다. 홍이 인사법은 나름대로의 깊은 철학이 담겨져 있는데, 인간의 숨(호흡)은 생명의 원천으로 숨이 드나드는 코를 마주 댐으로써 생명을 함께 나눈다는 의미를 갖고 있다.

2. 교육제도 및 교사교육

1) 교육제도 및 학제

뉴질랜드는 1877년 최초로 「교육법(Education Act)」을 제정하여 모든 국민을 대상으로 무상의무교육제도를 도입한 이래, 1964년에 개정된 교육법에 의하여 현재 6세부터 15세까지 의무교육을 실시하고 있으며 19세까지 국민들에게 무상교육을 받을 수 있는 권리를 주고 있다. 학제는 초등학교 6년, 중학교 2년, 고등학교는 5년, 대학은 3~4년이다. 대부분 학교는 국가에서 운영하는 공립이며, 일부 사립학교는 종교단체와도 연계되어 운영된다. 최근에는 공립과 사립 형태의 혼합형태(예: 건물과 토지는 사립기관 소유이며 운영은 국가 재원에 의존)인 통합학교(Integrated School)의 형태로 운영되고 있는 추세이다.

뉴질랜드의 교육제도는 〈표 7-1〉에서 보는 바와 같이 일반적으로 유아교육, 초등학교 교육, 중학교 교육, 고등학교 교육, 대학 교육으로 되어 있어서 우리나라와 비슷하지만, 그 명칭이나 학령 면에서 우리나라와 다른 체제를 사용하고 있다. 중학교(Intermediate School이라 불림)는 전통적으로 초등교육에 속하며, 따라서 초등교육의 연한은 8년이다. 그렇지만 초등학교, 중학교, 고등학교라는 학교 급별이 명쾌하게 구분되기 어렵고, 1학년부터 13학년까지가 일직선으로 연계되어 있다. 초등학교 과정만 있는 학교(Contributing School), 중학교 과정만 있는 학교(Intermediate School), 고등학교 과정만 있는 학교(Form 3~7 School)가 있는가 하면, 중학교 과정까지를 포함하고 있는 초등학교(Full Primary School), 중학교 과정을 포함하고 있는 고등학교(Form 3~7 School with Attached Intermediate 혹은 Form 1~7 School), 초·중·고 모두를 포함하고 있는 종합학교(Composite School)와 지역학교(Area School)도 있다. 또한 3~4세 유아를 대상으로 한 유치원 교육에서부터 고등학교 교육에 이르기까지 모든 과정이 포함되어 있는 통신학교(Correspondence School)도 있다.

표 7-1 뉴질랜드의 교육제도

교육구분	연령	학년	학년명칭	비고
대학 교육 (Tertiary)	18세 이상			University, Polytechnic, 그밖에 학위 및 비학위과정의 다양한 사설 고등교육기관이 있으며, 연령 및 수학 기간 역시 다양함
고등학교 교육 (Secondary)	17세	13학년	Form 7	NCEA Level 3 시험 실시
	16세	12학년	Form 6	NCEA Level 2 시험 실시
	15세	11학년	Form 5	NCEA Level 1 시험 실시
	14세	10학년	Form 4	
	13세	9학년	Form 3	
중학교 교육 (Intermediate)	12세	8학년	Form 2	대개 초등학교 교육에 포함되어 있으나 별도 학교로 설치되기도 함
	11세	7학년	Form 1	
초등학교 교육 (Primary)	10세	6학년	Standard 4	초등학교 과정만 있는 Contributing School, 중학교 과정을 포함하고 있는 Full Primary School이 있음
	9세	5학년	Standard 3	
	8세	4학년	Standard 2	
	7세	3학년	Standard 1	
	6세	2학년	Junior 2	
	5세	1학년	Junior 1	
유아교육 (Early Childhood)	4세 이하			

(1) 유아교육

뉴질랜드의 많은 유아교육기관들은 아동과 부모 및 사회의 특별한 요구를 충족시키기 위해서 개인과 사회단체가 솔선하여 출생에서 만 5세의 취학연령 사이의 아동들을 위한 취학 전 프로그램을 제공한 데서 발전되었으며, 이는 상당한 자율성을 지닌 다양한 유아교육제도로 이끌었다. 주요 유아교육기관으로는 유치원(Kindergarten), 놀이센터(Playcentre), 코항아 레오(Kohanga Reo), 보육센터(Childcare) 등이 있다. 유치원은 오전수업 혹은 오후수업으로 운영되고 있는데, 일반적으로 3~3.5세 아동들은 일주일에 3회씩 오후에 수업을 받고, 3.5~5세 아동들은 일주일에 5회씩 오전에 수업을 받는다. 유치원은 공립과 사립이 있는데, 대부분은 공립이고 공립의 경우 하루에 1~2불 정도의 기부금을 낸다. 사립시설은 이보다 비용이 훨씬 비싸서 경제적으로 여유 있는 가정에서 이용한다. 놀이센터는 학부모들이 공동으로 관리 및 장학 책임을 맡으면서 출생에서 취학 연령 사이의 아동들을 위한 취학 전 프로그램을 반나절 과정으로 운영하고 있다. 코항아 레오는 수업시간제(오전시간과 오후시간) 혹은 종일제로 운영되는 마오리 언어 집중훈련 유아교육센터로 뉴질랜드의 원주민인 마오리의 언어를 유지시키는 데에 목표를 두고 있다. 그리고 보육센터는 우리나라의 놀이방 정도에 해당하는 탁아시설로 주로 종일 맞벌이를 하는 집의 아동들이 맡겨지게 되며, 수업시간제나 종일제 혹은 융통성 있는 시간으로 운영되고 있다.

(2) 초 · 중학교 교육

뉴질랜드에서는 아이가 만 5세가 되면 초등학교에 입학한다. 각자 만 5세가 되는 때에 입학하기 때문에 아이들의 생년월일에 따라서 입학시기가 각자 다르다. 초등학교 교육은 6년제이며, 1학년부터 6학년에 해당된다. 과거엔 처음 2년은 Junior 1, 2로 불렸고, 그다음 4년은 Standard 1, 2, 3, 4로 불렸다. 중학교 과정은 2년제이며, 1학년은 Form 1 그리고 2학년은 Form 2로 불렸다. 전통적으로 뉴질랜드의 초등학교 과정은 Infant Department 2년, Standards 1~4의 4년, Form 1, 2에 해당되는 Senior/Intermediate 2년의 8학년제였다. Infant Department와 Standards 1, 2는 모두 Junior Division이라 불렸다. 최근 Form 1, 2 학생들의 과반수 이상이 별도로 분리된 Intermediate School에 다니고 있는데, 이처럼 초등학교에서 오늘날의 중학교에 해당되는 Intermediate School이 독립하여 존재하게 된 까닭은 11~13세 연령의 학생들은 발달단계로 보아 넓은 범위에 걸쳐 새로운 관심을 나타내는 시기이므로 다양한 시설(워크숍, 도서관, 실험실, 스튜디어실 등)과 다양한 교육과정을 다룰 수 있는 전문자격을 가진 교사 팀을 제공함으로써 학생들의 필요와 요구를 만족시키기 위해서이다(Dakin, 1973).

(3) 고등학교 교육

고등학교(Secondary School, High School, Grammer School, College 등 여러 가지 이름으로 불림)는 5년제이며, 9학년부터 13학년에 해당된다. 과거에 각 학년은 Form 3, 4,

5, 6, 7로 불렸다. 고등학교 과정에서는 대학에 진학할 것인지 아니면 바로 사회에 진출할 것인지에 따라 진로를 결정하게 되는데, 바로 사회로 진출하고 싶을 경우에는 11학년까지 고등학교 3년 과정만 마치고 사회로 진출하게 되며, 대학에 진학할 학생은 12, 13학년에서 계속 공부를 하면서 매년 11월에 대학 입학을 위한 시험을 치른다.

고등학교 교육을 받는 뉴질랜드 학생들은 11학년부터 13학년까지 뉴질랜드자격청 (New Zealand Qualifications Authority: NZQA)에서 주관하는 국가 관리의 시험을 치러야 한다. 2001년 말까지는 의무교육을 마치게 되는 11학년(Form 5)에서 졸업자격 시험의 성격을 띤 학교 수료증(School Certificate) 시험을, 합격하면 12학년으로 진학이 가능하며 12학년에 Form 6 수료증(Six Form Certificate) 시험을, 합격하면 13학년으로 진학이 가능하며 대학에 진학하기 위해 13학년(Form 7)에서 다시 대학 입학 및 장학금(University Entrance, Bursary and Scholarship) 시험을 치러야 했다.

그러나 2002년부터는 국가학력인증(National Certificate of Education Achievement: NCEA, 우리나라 학력평가나 수능에 해당됨) 제도가 도입되어 2004년에 기존의 제도를 완전히 대체하게 되었다. NCEA가 기존의 평가제도와 달라진 점은 한 과목 내에서도 여러 평가항목을 세분화하여 이에 따른 학점을 부여함으로써 학생들의 지식과 능력을 정확히 반영하고자 한 점이다. 기존의 상대평가를 위한 등급이 사라지고 세부 평가항목별로 NA(Not Achieved, 불합격), A(Achieved, 합격), M(Merit, 우수합격), E(excellence, 최우수합격)의 4등급으로 구분되는 절대평가로 이루어진 것이 가장 큰 변화이다. 뿐만 아니라 최종 시험인 NCEA Level 3은 기존의 장학금 시험과 마찬가지로 중요하며, 내신평가는 필기시험으로는 평가가 불가능한 연설, 연구 프로젝트, 실기와 같은 항목에 적용되어 그 비중이 확대되었다(한국교육과정평가원, 2009). 11학년이 끝날 무렵 학생들은 NCEA Level 1을 획득하는 시험을 거친다. 이후 대학교 진학반인 12학년으로 진학을 하게 되거나 취업을 목표로 단과기술대학이나 폴리텍(종합기술대학)으로 진학하기 위하여 고등학교를 떠나기도 한다. 대학교 진학을 희망하는 학생들은 12학년에 올라가 자기 전공분야별로 과목을 선택하여 NCEA Level 2를 준비하고 자격을 획득할 경우 다음 학년에 진학하게 된다. 12학년을 마치고 13학년에서 NCEA Level 3을 획득할 경우 자신이 선택한 전공을 따라 진학하게 된다. 고등학생들이 뉴질랜드 대학교에 입학하기 위해서는 NCEA level 3를 통과하여야 한다. 각 단계마다 80점 이상을 받아야 국가학력인증을 받을 수 있고 다음 학년으로 올라갈 수 있다.

NCEA 각 수준은 대체로 각 학년 수준과 대응되며, 35개 과목에 대한 시험이 있다. 즉, 영어, 제2외국어, 수학, 통계, 물리, 화학, 생물, 역사, 지리, 사회, 회계, 농업, 화학, 컴퓨터, 체육 등이다. 내부 시험(학교에서 시행하는 시험, 내신 점수)과 외부 시험(NZQA가 시행하는 시험) 결과의 합으로 성취기준 충족 여부를 판단한다. 각각의 성취기준에는 일정한 학점 수가 사전에 부여되어 있다. 대개 어느 특정 과목을 1년간 공부하면 20~24학점 정도가 된다. 한 과목은 여러 개의 기준들로 구성되어 있다. 시험은 성취기준(achievement standards) 중심으로 출제된다. 학생의 성취가 각각의 성취기준을 충족시키면 각각의 기준에 대하여 credits(학점 혹은 점수)가 부여된다. 2004년도부터 입학 자격은 공인된 과목들에서 수준 3에 해당되는 성취기준을 만족시킨 학점 수를 기준으로 획득된다. 예컨대, 국가자격시험 내용 중 3수준에 해당되는 시험에서 최소 42학점(이 중 최소 14학점은 인정된 교과목 중 3수준에 해당되는 2과목에서 얻을 것), 수준 1의 '수리' 학점에서 최소 14학점, 수준 2의 읽기에서 4학점 그리고 쓰기에서 4학점을 획득해야 대입 자격이 주어진다(한국교육과정평가원, 2006).

고등학생들은 전문분야의 국가자격증(National Certificate: NC)을 취득하기 위한 공부를 할 수도 있다. 학생들은 기업경영, 원예, 관광, 보트건조, 정보기술, 아동보육 등 다양한 분야에 걸쳐 NC를 취득할 수 있다. 특히, 고등학교 졸업 후에 택할 진로를 이미 정한 학생들의 경우 이러한 NC를 따기 위한 공부는 사회 진출을 위한 좋은 출발점이 된다. NCEA를 비롯한 모든 NC는 국가자격인증체제(National Qualifications Framework: NQF)의 한 구성 부분이다. NQF에 등록된 자격증의 수는 1,000여 가지이다. 현재 대다수의 고등학교에서는 NCEA뿐만 아니라 전문분야의 NC 과목도 다양하게 가르치고 있다. 따라서 학생들은 NCEA와 병행하여 하나 이상의 NC를 취득하기 위한 공부도 함께 할 수 있다. 어떤 업체에서 일을 한 경험도 이수학점으로 인정되어 하나 이상의 자격증을 얻는 데 이용될 수 있다.

(4) 대학 교육

대학은 일반 학술을 연구하는 8개의 종합대학교(University), 기술과 직업교육을 전문으로 하는 25개의 전문대학(Institute of Technology, Polytechnic), 그리고 다양한 고등교육과 훈련을 제공하는 800여 개의 사설고등교육기관(Private Tertiary Institute) 등이 있다.

뉴질랜드의 오클랜드대학교, 오클랜드공과대학교, 와이카토대학교, 웰링턴빅토리아대학교, 매시대학교, 오타고대학교, 캔터베리대학교, 링컨대학교 등 8개의 종합대학교들은 정부지원으로 운영되는 국립대학교로서 학사학위, 석사와 박사학위, 연구과정 수료증 등을 제공하고 있으며 대학교 간의 차이는 심하지 않다. 각 대학교는 특징적이고 전문분야에 대해서 자체의 개성과 특징을 가지고 있다. 각 대학교마다 커리큘럼이나 강의방식에 차이가 있는데 이공계열 및 의예과 등은 인문사회계열보다 더 많은 강의와 실습시간을 배정하고 있는 데에 반하여, 인문사회계열 학과에서는 보다 많은 문헌 탐구와 연구에 시간을 더 많이 할애하게 하는 등 실질적이고 효율적인 방식을 택하고 있다.

뉴질랜드에는 약 25개의 국립전문대학인 기술종합대학(Institute of Technology)과 전문대학(Polytechnic)이 있다. 정부 기금으로 조성되어 있는 이들 교육기관에서는 기술 분야에 기반을 둔 폭 넓은 산업과 근로현장 속에서 교육과 훈련을 병행시키고 있으며, 6개월 코스부터 2~3년 코스에 이르기까지 그리고 대학의 입문과정에서부터 학위과정에 이르기까지 다양한 단계의 교육과 직업훈련을 제공하고 있다. 전문대학은 고등학교에서 의무교육을 마치고 바로 직업전선에 뛰어드는 사람들을 위해 보다 전문적이고 실질적인 기술교육을 제공하고 있다. 전문대학은 단지 향후 취업을 위한 기술교육뿐만 아니라 종합대학교 못지않은 아카데믹한 프로그램을 동시에 제공하기 위해 노력하고 있다. 대표적인 예가 오클랜드에 위치한 UNITEC로 University와 Polytechnic을 합성한 대학 명칭에서 보이듯 폴리텍 고유의 기능인 취업 위주의 실기교육과 대학교에서 주력하는 이론교육을 동시에 가르치는 데에 주력하고 있다.

2) 교사교육

(1) 교사교육기관

뉴질랜드에서 공식적인 교사양성은 오타고대학교가 부설학교를 통해서 도제(徒弟)에 의한 견습교사제도를 마련했던 1876년에 시작되었다. 이 모델은 곧바로 다른 주요 교사양성센터에서도 도입 적용되었다. 1903년 교사선발위원회에서는 지역교육청이 관리하고 교육부가 정책의 책임을 가지면서 오클랜드, 웰링턴, 크라이스트처치, 더니든에 교사양성대학을 설립할 것을 제안하여 오클랜드교육대학(1881년 설립), 웰링턴교육대학(1880년 설립), 크라이스트처치교육대학(1887년 설립), 더니든교육대학(1886년 설립)과 그 이후에 설립된 해밀턴교육대학(1960년 설립), 팔머스톤노스교육대학(1956년 설립) 등 6개 교육대학이 1980년대와 1990년대의 교육개혁이 단행될 때까지 뉴질랜드에서 자격을 갖춘 유아·초등·중등교사를 양성하는 교사교육기관이었다. 1990년대에 '새로운 권리'의 부상과 이와 관련된 시장정책의 자유개방으로 말미암아 일부 사립기관을 포함하여 교사교육기관의 수와 형태가 증가하였다(Brooker, 2003).

현재 뉴질랜드에서의 교사교육은 종합대학교의 사범대학을 비롯하여 마오리족의 교수와 학습을 위한 고등교육기관인 와낭아(Wananga), 일부 기술단과대학 및 사설 교육기관에서 제공되고 있지만 대부분 종합대학교 사범대학에서 이루어지고 있다. 2007년 전까지만 유아·초등·중등교사를 모두 6개의 교육대학에서 주로 양성하였지만, 이들 교육대학은 지금은 모두가 사회적·정치적·경제적 이유로 인근 종합대학교의 사범대학과 통합되었다. 해밀턴교육대학은 1991년 와이카토대학교와, 팔머스톤노스교육대학은 1996년 메시대학교와, 오클랜드교육대학은 2004년 오클랜드대학교와, 웰링턴교육대학은 2005년 웰링턴빅토리아대학교와, 크라이스트처치교육대학은 2007년 켄터베리대학교와, 그리고 더니든교육대학은 2007년 오타고대학교와 합병하여 그 대학교의 사범대학이 되었다.

각 사범대학에서는 다양한 풀타임 혹은 파트타임의 교사양성과정을 갖고 있다. 유아교사와 초등학교 및 중학교 교사의 양성은 고등학교 졸업자 대상의 3년 과정(Bachelor of Teaching)과 대학 졸업자 대상의 1년 과정(Graduate Diploma in Teaching)이, 그리고 고등학교 교사의 양성은 해당 과목 대학 졸업자 대상의 1년 과정(Graduate Diploma in Teaching, Secondary)이 전형적인 것이라 할 수 있다.

(2) 신입생 선발과정

교사교육기관에 따라 선발과정이 다르긴 하지만, 공통적으로 사용되는 몇 가지 방법이 있다. 첫째로, 지원자가 작성한 자료(지원서)에 기초하여 평가가 이루어진다는 점이다. 지원서에서는 종종 개인적 특성에 관한 진술과 과거의 취업상황에 관한 정보, 아동 혹은 청소년들과의 관계 경험, 보다 넓은 지역사회에 기여한 점 등을 작성토록 요구하고 있다. 학교를 떠난 지 오래된 지원자들의 경우에는 학교로부터의 진술 내용이 중요하다. 대부분의 교사교육기관들은 또한 지원자에 대한 추천인물 혹은 친전(親展)에 의한 추천인의 추천서를 요구하기도 한다. 많은 교사교육기관에서 선발장치로서 개인적인 면접을 실시한다. 면접은 패널 형식으로 진행되는데, 대체로 사범대학 교수 외에 일선 학교 교사와 교장 및 지역의 교육인사가 포함된다(Brooker, 2003).

일반적인 선발기준은 일련의 고등교육과 전문교육의 과정을 성공적으로 마칠 수 있는 잠재능력이 있는가, 적절한 의사소통 기능을 갖고 있는가, 적합한 인성적 특성을 갖고 있는가, 교사로서의 적절한 관심과 참여활동 및 경험적인 배경을 갖고 있는가 등이다. 지원자는 지원서에 기초한 서류심사와 추천인의 추천서 내용과 면접과정을 통해서 교사로서의 개인적·직업적 자질을 증명해 보여야 한다. 지원자들의 학업적 적합성은 NCEA Level, 1, 2, 3의 시험 성적을 토대로 결정한다. 면접에서 평가하는 항목은 개인적 자질(외현적 행동특성: 자신감, 관계하는 능력, 유머감, 생동감, 성숙, 일반적 태도 등), 참여와 경험(현재 참여하고 있는 활동, 경험의 범위, 경험의 깊이, 아동 혹은 청소년들과의 경험 등), 의사소통 기능(말의 유창성과 명료성, 아이디어의 범위, 외국어 수준 등) 등이다.

(3) 교육과정

교사교육기관마다 교사를 양성하기 위해 마련된 교육과정의 영역은 조금씩 다르긴 하지만, 대체로 다음과 같은 영역으로 구분되어 있다(정종진, 1998; Brooker, 2003).

① 교직 전문성 교육(Professional Studies)

예비 교사들에게 뉴질랜드 학교 교사로서의 직무수행에 필요한 지식과 기술을 갖추도록 하기 위한 것으로 학생 및 수업 관찰, 학생과의 상호작용, 학급경영과 교실환경의 조성, 수업계획, 진단적이고 실제적인 수업기술, 정부와 지역사회의 교사에 대한 기대 등을 다룬다. 이 코스는 다양한 교수와 학습의 방법을 적용하는 데에 필요한 지식과 기술을 포함하며, 또한 학생 개개인의 직업적 필요를 충족시켜 주는 개별화된 요소를 포함하는 경우가 많다.

② 교육학(Education)

교육의 목적과 목표, 인간발달, 교수와 학습의 원리, 평가의 원리와 실제, 뉴질랜드 교육제도, 연구방법론, 교육의 현행 쟁점 등과 같은 영역을 다룬다.

③ 교과교육과정(Curriculum Studies 혹은 Teaching Studies)

교육과정과 통합교육과정에 대한 개념적 지식을 비롯하여 뉴질랜드 교육과정에 명시되어 있는 학습영역(교과)에 대한 내용과 학습계열, 그리고 지도방법과 평가에 대해 다룬다. 이 코스는 학생들에게 각 교과를 효과적으로 가르치기 위해 요구되는 지식과 기능 및 성향을 제공하기 위한 것이다. 구체적으로는 각 교과와 관련하여 아동의 개념과 사고, 교수전략, 교수학습의 연구동향과 시사점, 각 교과를 운영하는 데에 필요한 자원 등에 대한 지식과 이해를 도모하는 데에 있다.

④ 교육실습(Teaching Practice 혹은 Practicum)

교실에서 경험 있는 교사와 함께 하는 교사양성교육의 연장이다. 이 코스는 예비 교사들이 학생의 발달과 학습에 대한 관찰과 토의, 수업기법의 실행과 연습, 수업계획, 학습지도의 경험, 학급경영과 평가기술을 실천해 볼 수 있는 상황과 지원적인 환경을 제공한다. 또한 교육실습은 예비 교사들에게 교실, 학교, 지역사회 내에서의 다양하고 복잡한 교사의 역할을 탐색하고 시연해 볼 수 있는 기회를 제공한다. 교육실습시간은 교사교육기관에 따라 다소 다르지만, 3년제 초·중학교 교사양성과정(Bachelor of Teaching)의 경우 25~45주(총 이수과정의 약 20%), 1년제 고등학교 교사양성과정(Graduate Diploma in Teaching)의 경우 15~16주(총 이수과정의 약 25%)이다. 이것은 뉴질랜드 교사양성과정에서 교육실습이 한국보다 상당히 큰 비중을 차지하고 있음을 보여 준다.

(4) 교사임용과정

뉴질랜드에서는 한국처럼 해당 교육청이 신규교사를 선발하여 일정 학교에 임용하는 것이 아니라 각 일선 학교의 이사회가 선발과 임용에 대한 모든 권한을 가진다. 학교이사회에서는 결원이 있을 때에 필요한 교사를 교육관보(Education Gazete)나 각종 신문(예컨대, New Zealand Education Review나 The Education Weekly와 같은 교육신문이나 전국적인 일간지)에 광고를 내어 지원자들의 서류를 접수하게 된다. 지원자들은 지원서와 2명에 의한 추천서를 제출해야 하며, 이사회에서는 지원서와 추천서의 내용을 면밀히 검토하고 면접을 시행한 뒤에 학교에서 필요로 하는 적격의 인물을 사전에 정해진 기준에 의거하여 선발 임용하게 된다.

학교에서의 교사생활을 처음으로 시작하는 신규교사들은 2년간의 수습교사의 생활을 한 뒤에 정식으로 교육부 산하기관인 뉴질랜드교사협회에 등록하게 된다. 만일 졸업 후 5년 이내에 교사로서 임용되지 않을 경우 교사자격증이 박탈되며, 따라서 교사자격증을 취득하기 위해 또다시 교사교육기관에 다녀야만 한다. 신규교사가 아니라 하더라도 한국처럼 일정 학교에서의 근무 연한이 되면 교육청의 발령에 따라 다른 학교로 옮겨가는 것이 아니라 일정 학교에서 근무하는 교사가 어떤 이유로 학교를 옮겨야 되겠다고 결심하면 신문 광고를 보고 가고 싶어 하는 학교에 지원하여 선발이 되면 옮겨가면 그뿐이다. 다시 말해서, 뉴질랜드의 교사들은 타의에 의해서 본인이 원하든 원하지 않든 간에 교육청의 발령에 따라 근무지를 옮기는 것이 아니라 본인의 자유의사에 의해서 학교를 선택하여 지원하면 되고, 선발이 되었을 경우 그 학교에 부임하게 되는 것이다.

임용과정을 보면 위에서 언급한 것처럼 각 학교이사회(Board of Trustees, 우리나라의 학교운영위원회에 해당됨)에서는 먼저 교사 결원이 있거나 보충이 필요한가를 확인하게 된다. 이 과정에서 어떤 직책의 교사가 필요하며(position), 그 직책 수행에 요구되는 직무 과제와 의무 그리고 책임은 무엇이며(job description), 어느 정도의 교육수준과 자격 및 경험과 특성을 가진 사람이어야 하는지를(person specification) 분명히 정한다. 그런 다음 그 자리에 적합한 인물을 찾고 많은 해당 지원자들이 응모할 수 있도록 전국적인 차원에서 교사 초빙 광고를 하게 되는데, 모든 일선 학교에 배포되는 교육관보에 광고를 내는 것이 일반적이다.

지원자들은 마감날짜에 맞추어 지원서와 추천인의 추천서를 받아 학교에 제출하게 된다. 지원서의 내용은 학교에 따라 다르지만 일반적으로 응모하는 직책명, 지원자의 인적사항(이름, 주소, 연락처 전화번호, 성별, 인종 등), 교사등록 여부, 임금 · 무임금의 고용경험, 현 근무지와 직책, 교육 및 관련 자격증, 그 직책에 적합한 이유 혹은 개인적 자질(응모 직책에 대한 경험, 개인적 장점, 학급 · 학교경영기술, 학생 · 교직원 · 지역사화와의 관계 등), 위법행위, 추천인의 인적사항(이름, 주소, 연락처 전화번호, 직업, 지원자와의 관계) 등을 다루고 있다. 추천서는 2명으로부터 받아 제출해야 되는데, 고용 경험이 있는 사람은 과거 혹은 현재 고용주로부터 추천을 받아야 하고, 사범대학을 졸업한 신규교사들의 경우엔 아무나 상관이 없으나 가급적이면 교육 관련 인물이 좋다. 추천서의 내용을 보면 일반적으로 지원자를 알게 된 기간, 지원자를 알게 된 배경, 지원자의 자질, 지원자의 학생들과의 관계, 지원자의 개인적 욕구를 충족시키는 능력, 지원자의 동료와의 관계, 지원자의 교직전문적 능력(수업기술, 행정적 기술), 지원자의 지역사회의 요구에 대한 반응과 처리 상황, 지원자의 책임감, 지원자의 장점, 지원자에 관한 일반적 논평 등을 다루고 있다. 추천인들은 무조건 지원자를 추켜세우는 것이 아니라 배심원의 자세로 중립된 입장에서 지원자에 대하여 객관적이고 사실 그대로 공정하고 엄격하게 추천서를 작성한다. 학교이사회의 교원임용위원회에서는 지원서와 추천서를 토대로 평가한 뒤에 2~3명의 예비후보자를 선정하여 면접을 실시한다.

면접은 보통 학교이사회가 승인한 면접위원들과 자원자가 함께 자리를 같이 하여 공개좌담회(패널토의) 형식으로 진행된다. 면접이 끝나자마자 면접위원들은 지원자에 대한 자신의 인상과 생각을 기술한 뒤 면접위원들 간에 그 자료를 갖고 함께 토론하여 가장 적합한 임용후보자를 선발하게 된다. 이 과정에서 지원자에 대한 편견을 없애고 올바른 판단을 하기 위해 각종 자료와 정보를 재검토하고, 추천인에게 전화를 걸어 물어보거나 확인하기도 한다. 선발된 자와 탈락된 자에게 그 결과를 통보하게 되며, 적격의 인물로 최종 선발된 임용후보자는 학교이사회의 승인을 얻어 발령을 받게 된다. 탈락된 자는 부당하다고 여겨질 경우 탈락 이유 혹은 재심을 요구할 수도 있다.

이처럼 뉴질랜드에서의 교사임용과정은 결원 및 보충 확인과 준비, 교사 초빙 광고, 지원 서류 접수 및 처리(1차 선발), 면접 실시, 면접 후의 평가, 의사결정의 과정(최종 선발), 지원자들에게 결과 통지, 선발된 교사의 임용 순으로 이루어지고 있다.

3. 교육행정제도

뉴질랜드는 1989년 교육개혁 전까지는 교육국(Department of Education)이 명실상부한 최고 교육행정기관으로 전국의 지역교육청을 통하여 중앙집권적으로 교육기관을 운영해 왔다. 1989년 '미래의 학교: 뉴질랜드의 교육행정 개혁(Tomorrow's Schools: The Reform Education Administration in New Zealand)'에 의하여 종전의 교육국에서 교육부(Ministry of Education)로 개편됨으로써 새로운 교육부는 국가교육과정의 기본지침을 설정하고 재정을 지원하는 최소한의 업무와 별도의 감사기구를 통한 감사업무만을 담당하고 실질적인 교육행정은 각 학교 단위로 구성된 학교이사회로 이관하였다. 즉, 뉴질랜드 교육행정은 중등 이후 교육기관에 자율권을 부여했으며, 중앙집권적인 체제(centralized system)에서 분권적인 체제(devolved system)로 전환했다(한국교육과정평가원, 2006). 여기서는 뉴질랜드 교육행정의 중심 역할을 하고 있는 교육부와 일부 교육행정 관련 기관들의 역할을 간단히 살펴보기로 한다.

1) 교육기관

뉴질랜드 국가는 학교교육의 전달체제에 있어서 각급 학교에 지원을 제공하고, 학교 부지와 건물에 대한 소유권을 가지며, 법령을 제정하고 법령과 지침을 전달하고 법령과 지침이 준수되고 있는가를 점검하며 교육전달체제의 효과성과 효율성을 점검함으로써 조정자로서의 일을 하는 등 세 가지의 구별되면서도 상호 관련된 역할을 갖고 있다. 이러한 역할들은 [그림 7-1]과 같은 여러 정부 부처와 기관을 통해서 수행

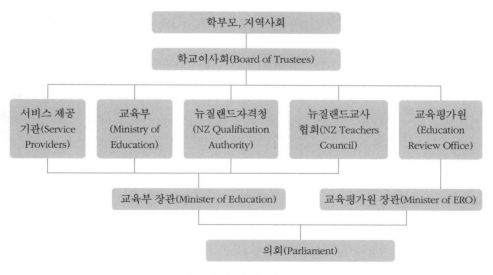

[그림 7-1] 뉴질랜드의 교육기관

되는데(한국교육과정평가원, 2006), 그중 대표적인 교육기관에 대해서 살펴보면 다음과 같다.

(1) 교육부

교육부(Ministry of Education: MoE)는 1989년에 설립되었으며, '평생학습에서 세계 일류의 교육제도를 구축한다'는 비전을 갖고 있다. 교육부는 유아교육에서부터 초·중등의 의무교육, 그리고 고용 관련 교육과 훈련을 포함한 모든 측면의 교육에 대해 교육부 장관에게 정책적 조언을 하고, 승인된 정책들이 잘 이행되고 있는지를 감독하며, 교육에 투자된 자원들이 적정하게 사용되도록 조언을 해 주는 책임을 갖고 있다.

교육부는 유아교육기관, 초·중등학교, 대학교, 전문대학, 교사교육기관, 마오리 고등교육기관에 대한 자금을 지원해 주며, 이러한 자금을 정부 정책에 따라서 분배한다. 교육부는 이들 모든 기관의 설립을 승인하며, 또한 고등학교 이후의 교육기관들을 위한 재정지원금에 대해 교섭하기도 한다.

교육부는 법령을 집행하고, 정부 소유의 모든 교육자산을 관리한다. 교육부는 국가교육과정 목표를 포함한 모든 측면의 교육에 대한 국가적 지침을 개발할 책임을 갖고 있다. 또한 교육부는 연구를 수행하고, 교육통계자료를 수집·분석·배포한다. 그리고 교육부는 교육자문과 특수교육에 대한 서비스를 제공하고, 다른 교육기관들과의 계약을 통해 교육과정과 유아교육을 개발하는 책임도 갖고 있다.

(2) 뉴질랜드자격청

뉴질랜드자격청(New Zealand Qualifications Authority: NZQA)은 뉴질랜드의 모든 교육·훈련기관에서 이루어지는 교육과 훈련 및 직무와 관련된 자격과 질을 국가 차원에서 관리하기 위하여 「교육법」 제248조에 의하여 1990년에 설립된 정부 산하 교육기관으로, 국가시험의 자격증 관리와 그 질을 유지하도록 하는 데에 일차적 목적을 두고 있다. 뉴질랜드자격청은 국가자격증을 위한 포괄적이고 융통적이며 접근하기 쉬운 틀(방법)을 개발·유지하고, 자격 기준을 설정하고 정규적으로 점검하고, 뉴질랜드에서 취득한 자격이 해외에서 인정받고 또한 해외에서 취득한 자격이 뉴질랜드에서 인정되도록 도와주고, 해외 유학생들에게 국립 및 사립 교육기관에 의해 제공되는 교육프로그램의 질이 보장되도록 책임을 지고 일하며, 고등학교와 일부 고등교육기관에서의 국가적인 시험을 실시하는 기능을 수행하고 있다. 또한 뉴질랜드자격청은 교사와 학교 간에 발생하는 조정 과정의 책임을 맡고 있다. 각 학교는 블로그, 문서, 비디오 또는 전체 웹 사이트를 가리키는 학생 URL 세트를 통해 무작위로 선택한 증거 샘플을 뉴질랜드자격청에 제출해야 한다. 이러한 것들은 학생들이 평가항목을 충족시키기 위해 시도해 온 결과물이다. NZQA는 교사들이 국가적인 조정자의 역할을 하도록 자금을 지원하며 평가에 대한 이해와 기대를 일치시키기 위해 학교가 검토해야 할 평가 이슈를 조명하기 위한 연차 보고서를 발행한다.

(3) 교육평가원

교육평가원(Education Review Office: ERO)은 독립된 정부 부처로서, 그 주된 역할은 등록된 모든 초·중등학교와 인가된 유아교육기관들이 법령, 설립목적, 협약 및 기타 정책 명령에서 강조하고 있는 요구들을 잘 수행하고 있는지를 정규적으로 평가하는 일이다. 구체적으로는 각 초·중등학교와 유아교육기관에 대한 회계감사, 각 초·중등학교에 대한 효과성 검열, 국가적 차원에서의 교육평가에 대한 보고를 한다.

회계감사는 교육기관들의 관리와 서비스의 질에 초점을 두며, 그 결과에 대한 보고는 설립목적과 법령 및 정책에 구체화되어 있는 그들의 계약 약속에 따라 잘 수행하고 있는가에 대해서 정부와 관계 당국에 정보를 제공하고 도움을 준다. 일반적으로 각 초·중등학교 혹은 유아교육기관은 3년 내지 4년마다 교육평가원으로부터 회계감사를 받는다.

학교 효과성 검열은 학생들의 성취도와 학교 자체가 규정한 학교의 교육적 관심사에 초점을 둔다. 특히 학교 효과성 검열에 대한 보고는 학생의 성취도에 영향을 미치는 요인들에 대한 질 높은 정보와 신뢰할 수 있는 분석을 제공한다. 학교 효과성 검열의 목적은 학교이사회에 그들의 학교 수행과 관리 및 수업 실제에 관한 의사결정에 필요한 정보를 제공하고, 또한 정부 당국에 각 학교에 대한 평가결과를 제공하는 데 있다.

교육평가에 대한 연구보고는 국가적인 차원에서 교육제도의 측면에 대해서 이루어지는데 관리체제와 구조, 정책, 교육과정 내용과 광범위한 교육 프로그램 등을 포함한다. 국가적인 교육평가를 함에 있어 수행된 회계감사에 대한 보고와 학교 효과성 검열에 대한 보고에서 추출된 정보를 활용한다. 교육평가 보고는 대체로 초·중등학교와 유아교육기관의 수행에 관한 정보를 제공한다.

(4) 뉴질랜드교사협회

뉴질랜드교사협회(New Zealand Teachers Council: NZTC)는 자격을 가진 교사들의 등록, 갱신 및 교사 등록에 필요한 교육과정의 승인을 관장한다. 모든 공립 및 사립학교와 유치원에서는 유효한 정규교사 자격증이 있거나 준교사 자격증이 있는 사람만 채용할 수 있다. 그러나 유아교육기관이나 대학교육기관의 교사와 강사들의 등록은 임의사항이다. 뉴질랜드교사협회는 교사 등록부를 간수하는 책임을 갖고 있는데, 그 등록부에는 교사로서 적합한 자격을 갖춘 '등록된 교사'들의 명부가 작성되어 있다. 뉴질랜드교사협회에서는 교사 등록에 관한 정책 결정, 등록 인정 및 교사자격증 발급, 교사등록부 간수 및 학교이사회에 교사 등록에 관한 정보 제공, 어떤 교사의 명단을 등록부에서 제외시킬 것인지의 여부를 결정하고 그런 상황에 대한 정책 수행, 등록부에서 삭제된 교사들의 명단을 해당 학교이사회에 제공하는 역할을 수행한다.

(5) 대학교육위원회

대부분의 교육 서비스에 대한 행정 권한은 중앙정부로부터 교육기관으로 위임되어 있고, 교육기관들은 개별 이사회나 위원회에 의해 관리 · 운영되며, 그 위원들은 임명되거나 선거에 의해 선출된다. 고등교육에 대해서는 2003년부터 새로운 기구인 대학교육위원회(Tertiary Education Commission)가 발족되어 대학교육기관들 간의 상호 협조와 공동 노력을 더욱 추진하고, 대학교육이 국가경제와 사회에 미치는 기여도를 높이도록 하는 임무를 수행하고 있다. 대학교육위원회는 정부에서 2002년에 시작한 새로운 대학 교육 전략을 실시하는 데 있어서도 중추적인 역할을 담당하고 있다(김병주, 2003).

2) 학교관리체제

(1) 학교조직의 구조

뉴질랜드에서는 학교를 하나의 기관으로 그리고 뉴질랜드 사회의 한 부분으로 강하게 인식하고 있다. 학교는 매우 명확한 목적과 그 목적 수행의 방식과 절차를 가진 하나의 기관이며, 따라서 학교를 효과적으로 운영하기 위해서 철저하게 조직적이고

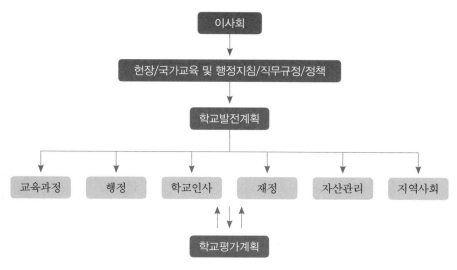

[그림 7-2] 학교조직의 구조

구조화되어야 한다는 것이다. 또한 하나의 사회는 그 사회에 참여하는 사람들의 모든 신념과 경험의 집합체로서, 그 사회 내에 있는 학교는 그 사회의 신념과 지침을 반영해야 한다는 것이다.

지금까지 뉴질랜드 대부분의 학교들은 국가교육 및 행정지침에서 요구하는 사항들을 전달받아 관철하기 위한 확고한 조직절차 및 구조를 갖고 있다. [그림 7-2]는 이같은 면을 엿볼 수 있는 하나의 예라 할 수 있다.

(2) 학교이사회

1980년부터 모든 공립 및 통합 초등학교, 중등학교, 종합학교의 운영은 학교이사회(Board of Trustees)에서 담당하도록 되어 있다. 학교이사회는 전반에 걸친 학교의 수행에 대해 법적 책임을 갖고 있는데, 관리자인 교장의 역할을 존중하면서 학교가 효과적이고 효율적으로 운영되도록 해야만 한다.

학교이사회의 위원들은 학교에 등록된 학생들의 학부모들에 의해 선출된다. 일반적으로 학교이사회는 선출된 3~7명의 학부모 대표 및 지역사회 인사, 학교 교장, 그리고 1명의 교직원 대표로 구성된다. 고등학교와 종합학교에서는 이 외에도 선출된 1명의 학생대표가 참여할 수 있다. 또한 학교이사회는 위원들의 성별 비율을 고려하고, 학교 학생들이 인종적·사회경제적 다양성을 반영하기 위해 선출된 학부모 대표

수를 초과하지 않는 범위 내에서 호선된 위원들을 포함시킬 수도 있다. 그리고 통합학교의 경우 선출된 학부모 대표 수를 초과하지 않는 범위 내에서 최대 4명까지 학교 소유자(경영자)가 선정한 대표를 가질 수 있다.

학교이사회는 학교의 관리를 통제함에 있어 상당한 자율성을 가지면서 보조 교사들과 학교의 관리직에 종사하는 사람들의 임금을 지불하고 학교의 운영활동을 위한 자금을 배당하는 책임을 갖고 있다. 또한 학교이사회는 학교의 목적과 목표가 명시되어 있는 헌장을 제정한다. 모든 학교의 헌장들은 교육과정과 행정적 요구는 물론 뉴질랜드 교육의 목적을 담고 있는 국가교육지침을 포함하고 있다. 학교이사회가 학교헌장을 개발할 때 반드시 지역사회의 자문을 구하며, 학교와 지역사회가 특별히 열망하는 바가 반영되어 있는 지역의 목적과 목표를 포함시킨다.

학교이사회는 학교 헌장에 명시되어 있는 목표들을 충족시키고, 학교를 운영하기 위해 정부로부터 받은 자금을 관리할 책무를 가지며, 지역사회와 교육부에 활동수행에 대한 연보를 제출해야만 한다.

(3) 교장

교장은 학교 자체의 임무와 추구하는 바를 성취하기 위해 학교이사회와 함께 일하고 있는 행정적 책임자이다. 학교 교장의 주된 역할은 학교이사회가 제정한 정책의 범위 내에서 학교의 일상적인 활동들을 관리하는 것이며, 또한 대부분의 경우에 교직원의 직무수행을 평가하는 책임을 갖고 있다.

구체적으로 교장은 교육과정 전달과 학생들의 학습 프로그램, 제반 점검과 평가, 학교의 기풍과 분위기, 학교 직원, 교직원 훈련 및 전문성 개발, 학교 자산, 제정, 행정적 정책, 지역사회와의 섭외활동 등과 같은 사항들에 대한 관리자이다.

교장은 적어도 1년에 한 번은 학교이사회로부터 전문적인 지도성과 뚜렷한 방향 설정(예: 학교목적과 목표, 수업전략, 교육과정 전달, 학급경영, 학생들의 동기유발, 교직원과 부모와의 관계, 교직원들 간의 관계 등에 있어서), 교직원들의 동기유발(예: 정규적인 피드백과 격려 제공, 원조 요청에 대한 적극적인 반응과 지원, 학급수행의 점검), 부모와 지역사회와의 관계 관리, 행정적 기능(예: 예산, 자원관리), 학교이사회에 대한 기여와 지원 등에 걸쳐 평가를 받게 된다.

(4) 학교 원조와 자산 관리

학교의 헌장에 명시되어 있는 목표들이 충족되고 있는지를 확인해야 하는 것은 학교이사회의 책임이다. 경우에 따라 학교이사회는 학교의 관리 혹은 조직에 관련된 문제들을 해결하기 위해 원조를 받을 필요가 있다. 만일 이러한 문제들이 해결되지 않는다면, 학교에 다니는 학생들에 대한 교육이 위험에 처할 수도 있다.

그리하여 교육부는 학교의 헌장을 실행하는 데에 문제가 발생했을 때 '안전망(safety net)'을 제공하기 위해서 학교지원계획(Schools Support Project)을 입안하였다. 학교이사회가 이용할 수 있는 절차들이 교육부, 교육평가원 및 모든 중요한 교육기관들에 의해서 승인되었다. 학교의 이사회나 단체, 교육평가원, 교육부 및 지방 연락망은 일어날 가능성이 있는 문제들을 신호할 수 있다.

지방 연락망은 교육부와 그리고 뉴질랜드 학교이사연합회, 학교장연합회, 부모-교사연합회(사친회)와 같은 모든 중요한 교육단체들의 대표로 구성되어 있다. 뉴질랜드 전역에 걸쳐 지방 연락망이 설립되어 있다. 지방 연락망의 구성원들은 그들 지역에서의 위험한 상황을 확인하고 자문하며, 그러한 위험한 상황을 다루기 위한 전략들을 개발하기 위해서 학교이사회와 협력하여 공동으로 일한다.

만일 문제가 심각하고, 교육부 및 교육평가원이 교육부 장관이나 교육부 차관에게 법적 행위(예컨대, 재정 관리자 혹은 감독관 임명)를 취하도록 해야겠다고 판단될 경우엔, 사전 동의된 조처가 뒤따르게 될 것이다. 그 조처엔 적절한 연락망 대표자를 파견하거나 문제를 분명하게 하고 해결하기 위해서 학교와 같이 일할 자문가나 분석가를 추천하는 것을 포함할 수도 있다. 만일 해결이 가능하지 않다면 이사회로부터 학교의 권리를 인계받도록 감독관이 임명될 수도 있다.

교육부는 전국의 공립학교와 그 토지를 유지하고 개발할 책임이 있는 자산 관리국을 갖고 있으며, 이러한 자산 관리국에 의해서 학교 자산이 관리되고 있다. 자산 관리국에서는 학교 건물 계획 및 교사와 관리인의 주택에 대한 관리와 흑자 자산의 판매도 하고 있다. 현존하고 있는 학교들에 대한 발전계획의 중요한 초점은 학생들의 건강과 안전을 위협할 수 있는 요소를 제거하는 데에 두고 있다. 또한 학교 건물에 대한 보험 관리, 새 학교 건물에 들어갈 가구와 장비를 위한 자금 제공, 통합학교와 사립학교의 운영 자본에 대한 차용 관리, 그리고 학교들로 하여금 건물과 건강 및 안전에 대한 법규를 준수하도록 하는 일 등의 업무를 맡고 있다.

4. 교육개혁 동향

1988년 Picot 보고서에 기초한 '미래의 학교' 개혁안이 발표되었고, 이를 토대로 1989년 새로운 교육법이 발효되어 법적 토대가 마련됨으로써 역사적인 뉴질랜드 교육개혁의 막이 올랐다. 그 이후 뉴질랜드의 교육개혁은 하위부서와 단위학교의 자율성을 최대한 존중하는 한편, 평가와 성과관리 등을 통한 책무성을 강화해 왔다. 교육개혁의 추진과정과 특징, 그리고 시사점을 살펴보면 다음과 같다.

1) 교육개혁의 추진과정

뉴질랜드 교육개혁의 구체적인 추진과정은 1987년 7월 21일 효율적인 교육행정을 위한 특별위원회(Taskforce)의 구성으로부터 시작되었다. 사업가인 Picot이 위원장을 맡은 특별위원회는 초 · 중등교육의 효율성을 관리하되 교육과정은 살펴보지 말 것을 요청받았다. 그 위원회의 지침이 되는 원리는 다음과 같았다(French, 2000).

ⓐ 모든 학생이 수월성과 성취수준, 성과를 증진시킬 수 있는 구조가 개발되어야 한다.
ⓑ 교육체제는 수용자의 요구에 반응적이고 융통성이 있어야 한다. 즉, 수요자에게 우호적이어야 한다.
ⓒ 재원 배분에 대한 결정은 학교에 직접적으로 놓아져야 한다. 학교와 다소 동떨어진 곳에의 재원 배분은 매우 타당한 이유가 있을 때에만 가능하다.
ⓓ 학교관리기구와 교육청은 자신의 기능을 수행하기 위해 최대한의 권한을 가져야만 한다. 이들에게는 현금 교부금이 배분되어야 하며 직원, 숙소, 봉급, 수용시설, 설비 등 최소한의 수준이 제공되어야 한다.

이러한 지침에 따라 특별위원회는 약 8개월의 조사연구를 통해 1988년 4월에 '수월성을 위한 효율적인 교육행정(Administering for Excellence: Effective Administration in Education)'이란 제목의 보고서(Picot Report)를 제출했다. 1988년 5월 10일 발표된

이 보고서의 핵심 내용은 학교가 정부와 헌장(charter)을 맺은 상태에서 학교이사회에 의해 운영되는 자율관리(self-governing) 조직이 되어야 하고, 교육부 조직이 정책적인 조언만을 담당하도록 매우 작고 단순한 중앙정부 구조를 가져야 하고, 교육 표준과 성과를 감시할 수 있는 평가기구의 설립이 필요하며, 모든 어린이가 최근 거리 학교에 입학할 권리를 보장하되 수용 가능한 범위 내에서 학생의 입학을 허용함으로써 학교 선택의 폭을 넓혀야 한다는 것이었다.

이 보고서의 주요 내용이 교육체제 운영 책임의 핵심 부분을 중앙정부로부터 지역사회로 이관하는 것이므로 지역사회의 반응을 청취할 필요가 있다고 보고, 1988년 5월에서 7월까지 광범위하게 의견을 청취했다. 그 결과 개혁의 필요성에는 대체로 공감을 했지만, '학교이사회'와 '전문가의 상담 서비스의 추이'와 같은 몇 가지 동일한 쟁점에 대한 우려가 집중되었다. 학교이사회에 의해 관리되는 학교 개념이 일반적으로 용인될 수는 있겠지만 학교이사회에 참여하는 학부모의 전문적 능력, 학교이사회의 구성문제, 학교이사회의 책임과 권한 및 교사와 교장의 임용에 따르는 불공정에 대한 우려, 중앙정부가 실시하던 특수교육 상담 및 일반 상담이 새로운 체제하에서도 계속될 수 있을 것인가에 대한 우려가 지배적이었다(Department of Education, 1988). 특히 교원노조는 교사의 봉급을 학교에 직접 지원하자는 보고서의 제안에 대해 학교이사회가 경험이 부족하고 값싼 교사를 고용하여 돈을 절약하려 할 수도 있고 교사의 봉급이 예산 삭감에 의해 희생될 수도 있다는 두려움 때문에 격렬하게 반대했다.

Picot 보고서에 대한 여론 수렴을 거쳐 최종 개혁안이 확정되어 1988년 8월 7일 '미래의 학교'라는 이름으로 발표되었다. 정책 자료로서의 '미래의 학교' 개혁안은 Picot 보고서의 제안들을 거의 대부분 수정 없이 채택하였다. 제1기 학교이사회의 선거가 1989년 4월 18일에 실시되었고, 신임 이사들은 새 법률이 발효될 때를 맞추어 1989년 10월 1일에 학교 헌장을 작성하였다(French, 2000). '미래의 학교' 개혁안을 토대로 법안을 만들어 의회를 통과함으로써 1989년 10월 1일 새로운 「교육법(Education Act 1989)」이 발효되어 교육개혁의 법적 토대가 마련됨으로써 뉴질랜드 교육개혁의 막이 올랐다. 그리하여 뉴질랜드의 교육개혁은 모든 중앙 및 지방교육기구들을 해체시키는 데서 시작하였다. 기존의 교육국(Department of Educaion)과 지역교육청, 그리고 중등학교관리위원회가 폐지되고 새로운 교육부(Ministry of Education)와 교육평가원(ERO)을 비롯한 새로운 다른 교육기관들이 발족되었다. 모든 학교는 새로이 학부모와 지역사회 인사가 참여하는 학교이사회를 구성하였고, 그 학교이사회는 새로운 학교 헌장을 작성하여 교육부와 함께 사인하였다. 학교이사회는 국가교육과정 범위 내에서 국가의 목표와 행정적 지침에 따라 학교를 운영하고, 학교예산의 편성과 지출은 물론 교장과 교사를 고용할 권한도 가지게 되었다.

실제로 개혁을 추진하는 과정에서 적지 않은 논란과 문제들이 발생하였다. 제기된 문제들은 법적 · 제도적 미비 사항과 수정 보완, 행정조직상의 위계 혹은 상이한 이해 집단 간의 갈등, 운영 주체들의 업무능력 및 이해 부족, 수요자의 욕구에 대한 발전적인 수용에 관한 것이었다. 이러한 제기된 문제들은 입법이나 제도적 보완을 통하여, 정부의 적극적인 홍보와 교육을 통하여, 그리고 담당 부서의 창조적 노력에 의하여 대응하고 극복해 나갔다.

2) 교육개혁의 특징

뉴질랜드 교육개혁의 가장 큰 특징은 '자율성 확대'와 '책무성 강화'라는 말로 요약될 수 있다. 학교 자율성의 확대는 지역교육청의 폐지와 학교이사회의 설치를 통한 학교 자치를 확보하였으며, 책무성의 강화는 성과관리와 단위학교에 대한 교육평가원의 평가를 통하여 확보하고 있다(김병주, 2003). Picot 보고서에 기초한 '미래의 학교' 개혁안에 따라 추진되어 온 뉴질랜드 교육개혁은 교육행정 거버넌스의 혁신을 통한 단위학교의 자율성을 확대하고, 성과주의 교육예산제도를 통한 재정 운영의 효율성을 확보하고, 계약과 성과관리를 통한 업무 혁신을 도모하며, 교육평가원의 학교평가를 통한 학교의 책무성을 강화하였다.

앞서 언급한 바와 같이 Picot 보고서는 당시의 교육행정 체제가 과도하게 중앙집권화되어 있고 복잡하다고 지적하였고, 이에 따라 교육행정 전달체제를 단순화하고 이를 통해 교육의 효율성을 제고하려고 하는 것이 교육개혁의 기조였다. 효율화라는 개념을 단순한 감축보다는 기능의 재분배에서 찾고자 하였지만 교육부 조직은 큰 폭으로 축소되었다. 1989년까지 뉴질랜드의 교육행정은 국가를 정점으로 하는 전통적 위계구조였다. 즉, 1989년 이전의 교육행정은 교육자원의 수직적 배분과 이에 대한 사후 통제가 주된 이념이었다. 뉴질랜드 교육개혁은 이러한 중앙 및 지방교육기구를 통한 수직적인 교육전달 체제를 과감히 개혁하고, 교육에 대한 학부모와 지역사회의 참여를 높이는 데서 시작하였다.

중간 행정기구로서의 지역교육청이 폐지됨에 따라 교육부의 역할과 기능의 변화 및 학교이사회를 통한 학교의 자치가 수반되었다. 국가는 각 단위학교를 교육행정의 대상으로 인정하고 있다. 지역교육청이 없는 대신에 교육부는 몇 개의 지역으로 나누어 각 지역사무소를 설치하여 약 2,700여 개의 학교를 관리함으로써 중앙정부로서의 교육부가 각 단위학교를 큰 무리 없이 직접 관리하고 있다. 단위학교는 의사결정의 대표기구로서 학교이사회를 두고 명실상부한 자치기구로 인정받고 있다.

이러한 국가와 단위학교의 관계는 일종의 협약 관계로 설명된다. 즉, 국가를 대표하는 교육부와 학부모와 지역사회를 대표하는 학교이사회는 학교경영에 대하여 상호협약, 즉 학교헌장을 체결하게 된다. 이 협약을 통하여 학교는 교육과정과 행정에 대한 국가의 기본지침에 따라 교육을 실시하고, 국가는 교육자원을 학교에 지원하게 된다. 국가는 학교가 지켜야 할 교육과정 등에 대한 가이드라인을 설정하고, 그 범위 내에서 학교이사회는 당해 학교의 교육활동을 포함한 학교경영 전반을 규율하는 학교헌장을 제정 운영하는 것이다. 이 학교 헌장에 따라 학교가 경영되고 필요한 인적 및 물적 자원이 국가로부터 지원된다. 국가는 학교교육에 필요한 인적 및 물적 자원의 제공, 학교용지와 건물 및 재산의 유지와 관리, 필요한 법령과 지침의 제정 및 학교의 준수 실태에 대한 점검, 교육활동의 효율성과 효과성에 대한 점검과 평가를 실시하게 된다.

학교이사회는 교원의 인사, 학교예산, 재산관리 및 교육과정의 운영 등 학교경영 전반에 관하여 의사결정 권한을 가진다. 특히 학교경영에 있어 자율성이 주어지는 만큼 그에 대한 책임이 뒤따른다. 그들이 선택한 교육과정과 교사들로부터 얻어지는 교육의 질과 학업성취도, 학교예산의 집행에 이르기까지 학교경영의 전반에 대하여 교육평가원이라는 평가전문기관을 통하여 객관적인 평가를 받는 것이다. 이 평가결과는 곧 공개됨으로써 사회에 대한 책임을 지고, 만약 결과가 좋지 않을 경우에는 교육부와 전문기관에 의한 조언과 지도를 받아야 하며, 때로는 학교이사회가 해체되기도 하고 극단적인 경우 학교 폐쇄가 권고되기도 한다(김병주, 2003).

3) 최근 뉴질랜드 교육의 중점 과제

뉴질랜드에서는 최근 몇 년 동안 급속한 기술의 변화와 폭발적인 커뮤니케이션의 성장이 이루어졌다. 따라서 뉴질랜드 정부는 전 세계적인 시장을 확보하고 이 같은 급속한 변화에 대해 능동적이고 장기적으로 대처하기 위해서 교육과 연수에 상당한 투자를 하고 있다. 뉴질랜드에서 가장 큰 자원은 사람인데, 사람에 대한 가장 큰 투자는 바로 교육이라는 것이다. 최근 뉴질랜드 교육에서 중점을 두고 있는 사항을 정리해 보면 다음과 같다(정종진, 1999; Education in New Zealand, n.d.).

첫째, '이음매 있는 교육제도'에서 '이음매 없는 교육제도(the seamless education system)'를 구축하기 위한 노력을 꾸준히 진행하고 있다는 점이다. 이음매 없는 교육제도란 국가공인의 학력인증제와 새로운 학교교육과정의 개발과 더불어 뉴질랜드는 학생들이 공부하는 교육 프로그램이 어떠한 것이든 혹은 그 공급자가 누구이든 간에 더 이상 문제가 되지 않는 하나의 체제를 가지는 것을 의미한다. 즉, 모든 학습이 동일한 체제 내에서의 학력인증으로 이끄는 교육체제를 말한다. 이러한 교육체제는 학생들과 교육공급자들에게 새로운 기회를 제공하게 되고, 학력인증서를 획득하고자 하는 개인들은 그들의 요구를 충족시키기 위한 보다 많은 기회를 갖게 된다. 이처럼 뉴질랜드 교육은 모든 뉴질랜드인들의 다양한 요구를 충족시키기 위해서 언제 어디서나 다양한 교육과 훈련의 기회를 제공하면서 참여에 있어서 장벽이 없고, 평생학습을 보장하는 교육제도를 갖추기 위한 노력과 개혁을 계속 진행하고 있다.

둘째, 뉴질랜드 정부는 가치를 공유하는 사회, 미래의 학습과 발달을 위한 유아기의 건전한 기초형성, 의무 학교교육 기간을 통한 기본적인 학습영역과 기술의 높은 성취, 고등교육 · 대학원 공부 · 연구의 수월성, 변화하는 기술적 · 경제적 환경에 성공적으로 참여할 수 있는 학력인증의 획득, 뉴질랜드의 국제적 경쟁력을 고양하기 위한 산업체에서의 숙련된 노동력, 잠재력 실현 및 사회참여를 위한 모든 사람들의 교육적 기회의 균등성, 특수아들의 성공적인 학습, 모든 교육영역에 걸친 원주민인 마오리의 완전한 참여와 성취, 교육에 있어서 자원 활용의 효과성과 효율성 증대라고 하는 일련의 국가교육목적을 설정하고 이를 달성하기 위해서 노력하고 있다. 이는 뉴질랜드 교육부가 유아교육에 대한 접근 증가, 학교 체제 수행의 강화, 질 높은 마오리 언어교육의 강화, 고등교육의 양(참여 증가)과 질의 균형, 특수아들의 학습 참여와 중재 교육 제공, 교육자원(ICT, 디지털)의 활용에 중점을 두고 정책 방향을 추진하고 있는 것에서도 엿볼 수 있다.

셋째, 뉴질랜드 정부는 3년 단위로 국가의 교육 비전을 어떻게 실현할 것인지 그 방법을 제시하는 교육정책 수립 계획(education work programme: EWP)을 발표하고 추진하고 있다는 점이다. 가장 최근인 2021년 3월에 발표된 모든 어린이와 학습자에게 우수하고 공정한 결과를 제공할 수 있는 교육제도를 개발하기 위한 3개년 교육정책 수립 계획은 정부가 2018년에 설정한 다음과 같은 다섯 가지 교육목표를 기반으로 한다.

ⓐ 학습자 중심: 학생을 교육제도의 중심에 두는 개별화된 교육, 강력한 기본교육 및 평생학습, 다양성에 대한 인지, 사회 · 문화적으로 배려하는 학습 환경을 추구한다.

ⓑ 장벽 없는 교육 참여: 모든 단계에서 교육 참여를 가로막는 장벽을 제거한다. 특히 모든 뉴질랜드인을 위한 무상 공교육 실시로 재정적 장벽을 제거한다. 이는 2018년 1월 1일부터 무상 고등교육 도입을 통해 시작되었다. 장벽 없는 교육 참여는 단지 장벽만을 제거하는 것이 아니라 모든 학생들에게 자신이 속한 사회 · 경제적 배경에 관계없이 동일한 성공 기회를 제공하도록 적극적인 노력을 한다는 것을 의미한다.

ⓒ 교수의 질 제고: 교육제도 전반에 걸쳐 교사 전문성을 존중하고 지원하는 것의 중요성을 알고 우수한 교수방법을 선도한다.

ⓓ 양질의 공교육: 모든 학생들을 위한 우리의 세계적 공공 교육제도에 투자하고 지원한다.

ⓔ 21세기의 학습 : 오늘날의 뉴질랜드인이 살고 있는 생활, 그들이 활용하게 될 기술 및 생활의 모든 면에서 성공할 수 있는 기회를 제공하는 모든 능력을 키워 주는데 적합한 학습에 중점을 둔다. 우리는 또한 현재 학교에서 가르치고 있지 않지만 가르쳐야 할 실용적인 생활능력에 대해 재검토해 볼 필요가 있다.

EWP 2021은 구현 및 전달에 중점을 두고 있으며, 수학 및 과학 성취수준 저하, 출석률 저하 및 감소, 학교 내의 괴롭힘과 같은 교육 시스템 내의 문제를 해결하는 데 중점을 두고 있으며, 주요 우선순위 요소는 다음과 같다.

ⓐ 학습자 중심: 마오리와 태평양 섬 출신을 위한 교육 실행, 학생들을 위한 성 중립적인 화장실 제공, 모든 학생들이 배우고 발전할 수 있도록 안전하고 수용적인 학교 환경의 장려, 학생 출석 및 참여 개선

ⓑ 장애물 없는 접근: 교육적 성공을 가로막는 장애물 제거(건강한 학교 급식, 학교 및 조기 학습 서비스에 대한 형평성 구현, 학교의 디지털 격차 해소, 학습 지원)

ⓒ 양질의 교육 및 리더십: 내일의 학교 시스템 개혁, 새로운 교육 서비스 기관(국가교육과정센터), 회복 치료 사용 지원을 포함하여 불만 제기 및 해결을 위한 독립적인 메커니즘, 학교 리더십에 대한 보다 가시적인 지원 시스템, 학교 거버넌스 강화, 마오리 중등교육 경로 강화, 학교 등록 계획의 공정성 보장, 국가교육과정 개정, 2022년부터 뉴질랜드의 모든 학교에서 뉴질랜드의 역사를 가르치도록 보장, 국가학력인증(NCEA) 변경 프로그램 구현, 문해력 전략 및 수학(수리력 포함) 전략 개발, 초기 교사교육 개선을 위한 변화를 포함하여 유능하고, 지원되고, 가치 있고, 연결되어 있는 강력하고 문화적으로 유능한 교육 인력을 유치하고 개발하기 위한 지속적인 노력

ⓓ 학습과 일의 미래: 직업 교육개혁, 국제교육 전략 및 국제교육 회복 계획, 청소년 전환 시스템 강화, 학교에서 진로상담 현대화, 학위를 포함한 고등교육 자금 지원 시스템을 검토하여 광범위한 학문 분야에 걸쳐 업무 통합 학습에 더 중점을 둠, 학교 창의성 프로그램 확대

ⓔ 세계적 수준의 통합 공교육: 학교 자산에 대한 전략적 투자 프로그램, 성과 중심의 자금 검토

넷째, 이음매 없는 교육제도와 국가교육목적을 달성하기 위해 예산을 증액하여 투자하고 있는 추세에 있으며, 특히 출생 후 3세까지의 자녀를 둔 부모들에 대한 지원과 자문, 학생들의 컴퓨터와 다른 정보기술에 대한 충분한 접근 기회의 제공, 고등학생들의 외국어 학습을 위한 기회, 마오리어 학습의 기회, 대학 교육과 훈련에 대한 참여의 증대와 같은 교육 사업에 많은 재정 투자를 하고 있다.

4) 한국 교육개혁에 주는 시사점

뉴질랜드의 교육개혁의 추진과정과 특징이 우리나라 교육개혁에 시사하는 바가 적지 않다. 그 몇 가지 시사점을 제시해 보면 다음과 같다(김병주, 2003; 박의수, 2006 참조).

첫째, 교육개혁은 그 입안단계에서부터 충분한 검토와 다양한 계층으로부터 의견 수렴을 거쳐야 한다는 점이다. 여론 수렴의 결과는 예상되는 문제들을 미리 예견하고 정책을 보완하거나 혹은 시행 과정에서 유의해야 할 점이 무엇인가를 제시해 주고, 무엇보다 국민의 의견을 충분히 수렴함으로써 정책 변화에 대한 저항을 완화시키고 정책에 대한 홍보 효과를 가져와 유효하게 작용할 수 있다. 이런 점에서 뉴질랜드의 교육개혁안이 기본적인 정책 방향과 노선이 흔들리지 않고 정착될 때까지 일관성 있게 유지될 수 있었을 것이다.

둘째, 교육정책은 입안단계에서의 신중함 못지않게 추진과정에서 제기되는 문제를 어떻게 대처하고 해결해 가야 하는가가 중요하다는 점이다. 교육정책은 비록 작은 부분이라도 그것이 자리를 잡으려면 최소한 10년 이상이 소요된다고 볼 때 제기되는 문제점과 반대 여론에 어떻게 대처해 가느냐가 중요하다. 뉴질랜드의 경우 다양하게 열린 채널을 통하여 의견을 수렴하고 문제를 적극적으로 도와주는 방식으로 접근했다. 이를테면 자치역량 부족이나 훈련 부족에서 비롯된 문제, 특정 지역 간 혹은 지역 내의 갈등에 대해 도와줌으로써 개혁안 전체를 부정하거나 수정하는 혼란을 야기하지 않았다는 점이다. 한국의 새로운 교육개혁안들이 부분적 혹은 지역적인 문제를 전체로 확대하여 해결하려는 경향이 많았고, 그 결과 전체적인 틀을 수정하게 됨으로써 최초의 개혁 의도와 목표가 실종되어 표류하는 경향이 많았다.

셋째, 중앙행정조직으로서의 교육부 조직에 대한 대대적인 개편에서부터 교육개혁을 시도했다는 점이다. 불필요한 행정관리체계를 없애고 행정의 효율화를 기하기 위하여 당초에 3,000여 명이었던 교육부의 인력을 500여 명 수준으로 감축하고, 지역교육청의 폐지와 단위학교의 개혁을 추진하였다. 중앙부처가 먼저 솔선수범하여 뼈를 깎는 구조조정을 실시하고 난 후 강도 높게 추진된 단위학교의 개편과 개혁은 성공할 수밖에 없었을 것이다. 교육부의 조직과 권한을 그대로 두고 단위학교에 권한을 이양한다는 것은 연목구어에 불과할 것이다.

넷째, 불필요한 행정관리체제를 없애고 행정의 효율화를 기하기 위하여 중간관리 조직으로서의 지역교육청을 과감하게 폐지했다는 점이다. 한편으로 보면, 개혁의 초기에 지역교육청을 없애고 2,700여 개나 되는 학교를 교육부가 직접 관리하는 데 따른 부담감도 적지 않았을 것이다. 그러나 이는 단위학교의 이사회를 통한 자율적 운영에 무게를 둠으로써 가능하였다. 교육부는 단위학교에 최대한의 자율성을 부여한 대신 책무성만 챙기면 되었던 것이다. 이는 현재 교육부에서 시도교육청 및 시군구 교육청이라는 3중의 관리층을 두고 있는 한국 교육행정체제에 적지 않은 시사점을 준다.

다섯째, 학교이사회가 온전하게 기능을 할 수 있도록 전권을 위임했다는 점이다. 당시 지역 학교 주민들의 자율 능력을 본다면 전혀 한국보다 나을 것이 없었을 것이다. 전문가가 아닌 집단인 이사회에게 전권을 이양함으로 인한 부작용은 결코 적지 않았을 것이다. 그러나 믿음을 가지고 교육과 훈련을 통하여 서서히 자율 능력을 키워간 결과, 합법적 운영능력이 초기에 12%에서 5, 6년 만에 90%까지 향상되었다는 것은 눈여겨 볼 필요가 있다.

여섯째, 단위학교에 최대한의 자율성을 주는 대신, 그에 따른 책무성을 확보하기 위해 단위학교를 정기적으로 평가하는 독립기구인 교육평가원을 설치했다는 점이다. 교육평가원은 평가에만 전념하는 전임평가원을 두고 단위학교들을 매 3년 주기로 평가함으로써 학교의 책무성을 점검하고 있다. 한국교육개발원에 의한 평가를 통하여 외부전문가들로 구성된 임시 평가단에 의해 전 학교의 5% 평가라는 목표조차 달성하기 힘든 한국 상황에 시사하는 바가 크다.

일곱째, 모든 어린이와 학습자에게 우수하고 공정한 결과를 제공할 수 있는 교육을 제공한다는 국가의 교육 비전을 실현하기 위한 구체적인 방법을 제시하는 교육정책수립 계획을 발표하고 추진한다는 점이다. 이러한 정책 실현을 통해 모든 개인이 자신의 잠재력을 최대한 발휘할 수 있는 개별화된 학습 경험, 높은 신뢰 수준, 교육제도에 포함된 전문직 종사자들이 자신의 전문성을 개발할 수 있는 지속적인 기회 제공, 교육제도와 시민들이 참여하는 다른 사회 서비스망 사이의 연결 강화라고 하는 교육적 환경을 조성하고자 애쓰고 있는 점은 높이 평가할만 하다.

그 외에도 교육개혁을 위한 곳곳에 교육 불평등의 해소에 대한 배려가 깔려 있고, 교육부 안팎의 거의 모든 업무에 대하여 철저하게 성과에 입각한 관리를 하고 있다는 점을 눈여겨 볼 필요가 있다.

참고문헌

강대구, 박선형(2005). 호주, 뉴질랜드와 미국의 교원자격기준 동향 비교 연구. 비교교육연구, 15(3), 141-175.

김병주(2003). 뉴질랜드의 교육개혁. 비교교육연구, 13(2), 79-107.

대한민국 외교부(n.d.). https://www.mofa.go.kr/www/index.do

박의수(2006). 뉴질랜드 교육개혁의 추진과정과 한국 교육개혁에 주는 시사점. 교육문제연구, 25, 75-99.

정종진(1998). 뉴질랜드의 교육. 교육과학사.

정종진(1999). 뉴질랜드 교육제도의 현황과 개혁동향. 초등교육연구논총(대구교육대학교), 14, 161-180.

한겨레모바일(2023). 2023년 1월 31일자.

한국교육과정평가원(2006). 뉴질랜드의 교육과정과 교육평가. 한국교육과정평가원 연구보고, RRC 2006-15.

한국교육과정평가원(2009). 2009 교육과정·교육평가 국제 동향 연구: 뉴질랜드·호주. 한국교육과정평가원 연구보고, RRO 2009-9-2.

Brooker, B. (2003). Teacher Education in New Zealand. 대구교육대학교 초등교육연구원. 각국 초등교사 양성교육의 동행과 제 문제 (pp. 25-50). 2003 DNUE I International Conference.

CEIC (n.d.). http://www.ceicdata.com

Dakin, J. C. (1973). *Education in New Zealand*. Leonard Fullerton.

Department of Education (1988). *Twenty thousand: A summary of response to the report of the taskforce to review education administration*. Department of Education.

Department of Employment and Workplace Relations (n.d.). http://www.dewr.gov.au

Education in New Zealand (n.d.). http://www.education.govt.nz

Education New Zealand (n.d.). http://www.newzealandeducated.com

Education New Zealand Trust (2010). *Study in New Zealand*. Education New Zealand Trust and APN Educational Media NZ Ltd.

Fiske, E., & Ladd, H. (2002). *When schools complete: A cautionary tale*. Brookings Institution Press.

French, A. (2000). *The heart of the matter: How the Education Review Office evaluates pre-tertiary education*. Victoria University of Wellington.

Statistics New Zealand (n.d.). http://stats.govt.nz

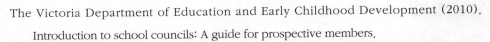

The Victoria Department of Education and Early Childhood Development (2010). Introduction to school councils: A guide for prospective members.

Wells, R. (2016). *A learner's paradise: How New Zealand is reimagining education.* EdTechTeam Press.

찾아보기

인명

내용

저자 소개

정일환(Chung, Il Hwan)

미국 Pennsylvania State University 대학원(철학박사)

전 한국비교교육학회 회장, 한국교육학회 회장, 대통령실 교육비서관

현 대구가톨릭대학교 사범대학 교육학과 명예교수

권동택(Kwon, Dong Taek)

한국교원대학교 대학원(철학박사)

전 한국비교교육학회 회장, 한국교원대학교 입학학생처장

현 한국교원대학교 초등교육과 교수

주동범(Ju, Dong-Beom)

미국 Pennsylvania State University 대학원(철학박사)

전 한국해양대학교 교수

현 한국비교교육학회 회장, 국립부경대학교 미래융합대학 평생교육 · 상담학전공 교수

윤종혁(Yoon, Jong Hyeok)

고려대학교 대학원(교육학박사)

전 한국교육개발원 부원장, 한국교육학회 부회장, 한국통일교육학회 회장, 안암교육학회 회장

현 숙명여자대학교 글로벌거버넌스연구소 연구교수, 대통령 소속 경제사회노동위원회 교원근
　　무시간면제심의위원회 위원장, 대통령자문 민주평화통일자문회의 위원

곽재성(Kwak, Jae Sung)

영국 University of Liverpool(국제정치학박사)

전 미주개발은행(IDB) 심사역, 유엔중남미경제위원회 컨설턴트, 한국라틴아메리카학회 회장

현 경희대학교 국제대학원 교수, 아셈듀오 장학재단 이사장, 한국국제개발협력학회 부회장

구자억(Gu, Ja Oek)

중국 베이징사범대학(교육학박사)

전 한국교육개발원 선임연구위원, 극동대학교 혁신부총장

현 서경대학교 혁신부총장, 국제융합대학원 원장, 한중교육교류협회 회장

김라나(Kim, Ra Na)
연세대학교 대학원(교육학박사 수료)
전 청심국제중고등학교 교사
현 Canada, Toronto District School Board 재직

김병찬(Kim, Byeong Chan)
서울대학교 대학원(교육학박사)
전 한국교육정치학회 회장, 경희대학교 교육대학원 원장
현 한국교육학회 부회장, 경희대학교 교육대학원 교수

김숙이(Kim, Sook Yi)
대만 국립정치대학교(교육학박사)
전 홍익대학교 교육경영관리대학원 교수
현 서경대학교 교수

김지연(Kim, Ji Yeon)
중앙대학교 대학원(교육학석사)
전 한국교육개발원 해외교육통신원
현 베트남 교육전문컨설턴트

라혜수(Rha, Hye Soo)
영국 University College London 대학원(석사)
현 서울대학교 대학원 교육학과 박사과정

박선형(Park, Sun Hyung)
호주 University of Tasmania 대학원(철학박사)
전 한국교육정치학회 회장, 한국교육행정학회 회장, 동국대학교 교양교육원 원장,
   동국대학교 평생교육원 원장, 미래융합대학 학장
현 동국대학교 사범대학 학장/교육대학원 원장, 교육학과 교수

박채원(Park, Chae Won)
서울대학교 대학원 협동과정 글로벌교육협력전공(교육학박사)
현 한국외국어대학교 브릭스 전공 객원강의 교수

백순근(Baek, Sun-Geun)
미국 University of California at Berkeley 대학원(철학박사)
전 한국교육개발원 원장, 한국교육평가학회 회장, OECD CERI(교육연구혁신센터) 운영위원
현 한국교육학회 수석부회장(차기회장), 서울대학교 교육학과 교수

신태진(Shin, Tai Jin)
캐나다 University of Toronto 대학원(철학박사)
전 연세대학교 교수, 한국교육학회 부회장
현 연세대학교 인문예술대 퇴임교수, 연세대학교 RC융합대학 강사

신효숙(Shin, Hyo Sook)
한국학중앙연구원 한국학대학원(철학박사)
전 남북하나재단 교육지원부장, 한국교육개발원 부연구위원, 북한대학원대학교 겸임교수
현 국민대학교 강사, 한국통일교육학회 부회장

어규철(Eo, Kyu Cheol)
미국 Vanderbilt University 대학원(교육학박사 수료)
전 WFP China Education Specialist, UNESCO Beijing Program Specialist, 한국국제협력단(본
    부 교육전문관, 몽골사무소 ODA전문가, 탄자니아사무소장)
현 한국국제개발협력센터 본부장

이원석(Lee, Won Seok)
국립부경대학교 대학원(교육학박사)
전 한국해양대학교 겸임교수
현 한국비교교육학회 사무국장, 국립부경대학교 강사

이정미(Lee, Jeong Mi)
프랑스 Université de Strasbourg(교육학박사)
전 Université de Haute-Alsace 박사후 연구원, Lycée international des Pontonniers 교사
현 한국교육개발원 연구원

이한승(Lee, Han Seung)
한국항공대학교 대학원(박사 수료)
현 한국교육개발원 연구원

이현철(Lee, Hyun Chul)
경북대학교 대학원(교육학박사)
미국 Gordon-Conwell Theological Seminary 대학원(목회학박사)
전 한국교육학회 부편집위원장
현 한국비교교육학회 상임이사, 고신대학교 기독교교육과 교수

정동철(Jung, Dong Chul)
연세대학교 대학원(사회학박사)
전 국가교육회의 연구원
현 한국교육개발원 선임연구위원

정영근(Tschong, Young Kun)
독일 Universität zu Köln 대학원(철학박사)
전 교육철학학회 회장, 한독교육학회 회장
현 상명대학교 교육학과 명예교수

정종진(Jeong, Jong Jin)
건국대학교 대학원(교육학박사)
전 한국초등상담교육학회 회장, 한국교육심리학회 부회장
현 대구교육대학교 교육학과 명예교수

조시정(Cho, Si Jung)
영국 The University of Oxford(학사, 석사)
서울대학교 대학원(철학박사)
현 삼성전자 인재개발원 L&D Senior Professional

최영표(Choi, Young Pyo)
대만 국립정치대학교(교육학박사)
전 동신대학교 명예교수, 한국중국교육학회 회장, 한국교육개발원 책임연구원

세계교육·비교교육 총서 ②

세계의 교육제도와 교육개혁:
아시아 · 오세아니아를 중심으로

World Education Systems and Education Reform:
Asia and Oceania

2024년 10월 10일 1판 1쇄 인쇄
2024년 10월 15일 1판 1쇄 발행

엮은이 • 한국비교교육학회
지은이 • 정일환 · 권동택 · 주동범 · 윤종혁 · 곽재성 · 구자억 · 김라나
　　　　김병찬 · 김숙이 · 김지연 · 라혜수 · 박선형 · 박채원 · 백순근
　　　　신태진 · 신효숙 · 어규철 · 이원석 · 이정미 · 이한승 · 이현철
　　　　정동철 · 정영근 · 정종진 · 조시정 · 최영표
펴낸이 • 김진환
펴낸곳 • ㈜**학지사**
　　　　04031 서울특별시 마포구 양화로 15길 20 마인드월드빌딩
대표전화 • 02-330-5114　　팩스 • 02-324-2345
등록번호 • 제313-2006-000265호

홈페이지 • http://www.hakjisa.co.kr
인스타그램 • https://www.instagram.com/hakjisabook

ISBN 978-89-997-3238-6　93370

정가 17,000원

출판미디어기업 **학지사**

간호보건의학출판 **학지사메디컬** www.hakjisamd.co.kr
심리검사연구소 **인싸이트** www.inpsyt.co.kr
학술논문서비스 **뉴논문** www.newnonmun.com
교육연수원 **카운피아** www.counpia.com
대학교재전자책플랫폼 **캠퍼스북** www.campusbook.co.kr